국제기구와
교육·문화·노동·스포츠:
UNESCO·ILO·IOC

유네스코 아태교육원 국제기구 총서 **4**

국제기구와
교육 · 문화 · 노동 · 스포츠:

UNESCO · ILO · IOC

인 쇄: 2015년 2월 27일
발 행: 2015년 3월 3일
기 획: 유네스코 아시아태평양 국제이해교육원
공저자: 최동주 · 정우탁 · 조현주

발행인: 부성옥
발행처: 도서출판 오름(www.oruem.co.kr)
등록번호: 제2-1548호(1993. 5. 11)
주 소: 서울특별시 중구 퇴계로 180-8 (필동 1가)
       서일빌딩 4층
전 화: (02) 585-9122, 9123 / 팩 스: (02) 584-7952

ISBN 978-89-7778-435-2   93340

이 저서는 2012년 정부(교육과학기술부)의 재원으로 한국연구재단의 지원을 받아
수행된 연구임(NRF-2012S1A5B4A01035996)

유네스코 아태교육원 국제기구 총서 4

국제기구와
교육·문화·노동·스포츠:
UNESCO·ILO·IOC

최동주·정우탁·조현주 공저

APCEIU 오름

International Organizations in Education, Cultural, Labor and Sports Issues:

UNESCO · ILO · IOC

CHOI Dongju · CHUNG Utak · CHO Hyunjoo

APCEIU · ORUEM Publishing House

Seoul, Korea

2015

머리말

전 세계적으로 일개 국가의 힘만으로는 해결할 수 없는 문제들이 계속해서 증가함에 따라 글로벌 거버넌스와 그 핵심적 주체인 국제기구에 대한 관심과 중요성이 날로 커지고 있다. 또한 2007년 반기문 유엔사무총장의 취임 이래 국내의 국제기구에 대한 관심 역시 매우 증가하였다. 특히 국내 대학생과 일반인들의 국제기구에 대한 관심은 지대하였다. 이러한 관심을 반영하듯 반기문 총장 개인에 대한 저서와 국제기구 체험 및 취업을 다룬 다수의 도서가 출간된 바 있다. 하지만 이러한 도서들은 일부 개인의 경험이나 성공담을 바탕으로 하고 있기에 국제기구에 대한 오해와 환상 그리고 편협한 시각을 제공할 수밖에 없었다. 따라서 국제기구에 대한 그릇된 환상을 제거하고 균형 잡힌 시각을 제공할 수 있는 체계적인 연구의 필요성이 절실하게 제기되었다. 그리고 이러한 필요에 대한 응답으로서 이 책은 국제기구에 대한 정확하고 체계적인 분석을 통해 올바르고 균형 잡힌 정보를 제공하고자 기획되었다.

2012년 한국연구재단의 토대연구과제로 선정된 국제기구 총서 연구는 2012년부터 2015년까지 3개년 동안의 연구를 통해 총 10권의 국제기구에 대한 연구서를 발간할 예정인데, 이 책은 2013년에 이미 발간된 국제기구 총론 『국제기구의 과거·현재·미래』(제1권)와 대표적인 국제기구인 유엔에 대해 연구한 『유엔과 세계평화』(제2권) 그리고 올해 이 책과 함께 발간될 인권관련 『국제기구와 인권·난민·이주: UN인권(헌장·협약·지역)기구·UNHCR·IOM』(제3권)에 이은 국제기구 총서 제4권으로 교육·문화·노동·스포츠와 국제기구에 대해 연구를 목적으로 한다.

구체적으로 이 책에서는 교육·문화·노동·스포츠 분야의 가장 대표적인 국제기구인 ILO(국제노동기구), UNESCO(유엔교육과학문화기구), 그리고 IOC(국제올림픽위원회)에 대해 연구하고 이들 각 기구의 기능, 역할 그리고 국제적인 쟁점 등을 분석하고 있다. 이러한 연구를 위해 연구자들은 기존의 문헌들에 대한 연구, 해당 국제기구의 자료와 간행물 등을 꼼꼼히 분석하였으며, 뿐만 아니라 직접 국제기구에서 활동하고 있는 현장 전문가들에 대한 인터뷰를 통해 이론과 현실을 아우르는 종합적인 시각을 갖고자 하였다. 이러한 균형 잡힌 연구를 통해 국제기구 총서가 국제기구학의 토대연구로서 뿐만 아니라 국제무대로 나가고자 하는 일반인들과 학생들에게도 훌륭한 길잡이 역할을 할 수 있으리라 믿어 의심치 않는다.

끝으로 이 연구의 진행을 위해 애써준 국제기구 총서 연구의 주관기관인 유네스코 아시아태평양 국제이해교육원과 집필자로도 참여한 정우탁 원장 그리고 연구를 실질적으로 총괄한 김도희 박사와 각종 자료의 정리를 통해 집필을 충실하게 도와준 이미지 연구원에게 감사를 표한다. 또한 국제기구에 관한 균형 잡힌 시각의 제공이라는 본 연구의 취지에 공감하여 기꺼이 인터뷰에 응해준 현장의 전문가들께도 감사를 전한다. 마지막으로 국제기구 총서 제4권을 구성하고 있는 챕터를 집필해주신 동료 집필자 여러분의 노고에 다시 한번 감사의 말씀을 드리며 글을 맺고자 한다.

2015년 2월
대표 집필자 최동주

차례

부 록

제 1장

국제기구와 글로벌 거버넌스:
노동, 교육과 문화, 스포츠

최동주

   2014년 2월 러시아 소치에서 열렸던 제22회 세계동계올림픽에서 한국선수단은 종합 13위의 값진 성과를 달성하였다. 하지만 소치 올림픽은 그 성과보다 피겨스케이터 김연아 선수의 메달 논쟁으로 인해 IOC(세계올림픽위원회)라는 조직을 사람들의 뇌리에 깊이 새기는 계기가 되었다. 흔히 사람들은 올림픽에서 누가 무슨 메달을 땄는가에 더 집중하기 마련이지, IOC라는 국제기구에 대해 그다지 신경 쓰지 않는다. 하지만 소치 올림픽에서 김연아 선수의 메달이 정당한 대가가 아니라는 한국인들의 생각은 불공정한 판정을 바로잡지 않고 오히려 그를 정당화하려는 듯 보였던 IOC에 대한 항의로 이어졌다. 실제 언론에 따르면 김연아 선수의 메달에 대한 불공정성을 IOC에 항의하는 서명에 200만 명 이상이 참여했다고 한다. IOC가 이렇게 사람들의 관심의 대상이 된 적이 또 있었던가. 사실, IOC는 스포츠 분야의 가장 대표적인 국제기구로 스포츠와 관련된 전지구적인 이슈들을 총괄하는 국제기구이다. 즉, 스포츠 분야 글로벌 거버넌스의 가장 대표적인 핵심 행위자의 하나이다.
   실제 1945년 유엔이 창설된 이래 전통적으로 군사 및 안보분야에 치중하는 것으로 생각되었던 국제기구는 지구촌 개념과 글로벌 거버넌스의 확산으로 인해 여러 다양한 비전통적인 분야로 그 활동범위를 확대한 바 있다. 이러한 비전통적 분야로의 영역 확대는 가장 대표적으로 경제 분야, 그리고 아동, 여성 등 취약계층에 대한 관심은 물론이고 사회·문화·스포츠 등의 전지구적인 이슈들로 확대되어왔다. 특히 지속가능한 인류의 발전이라는 측면에서, 전 세계는 하나의 영향권 내에 속해 있고, 세계적 시각, 국제적 감각, 보편적 가치, 문화 간 이해, 지구적 문제에 대한 관심 등의 자질을 갖춘 세계시민 육성이 핵심적 사업으로 떠오르면서 이들 사회·문화·스포츠 분야 국제기구의 중요성은 더욱더 높아졌다. 예를 들면, 세계시민교육 분야의 대표적인 국제기구인 유네스코는 진정한 세계평화를 이룩하기 위해 지적·문화적 영역의 국제협력의 필요성을 강조하고 사회, 인권, 문화, 환경 등 다양한 주제에 대한 통합적인 교육을 실시하는 '국제이해교육'을 활발히 추진하고 있다. 이는 이들 분야가 더 이상 특정 국가의 문제에 국한되지 않는 글로벌 거버넌스의 핵심적 영역임을 뒷받침한다고 하겠다.

또한 국가적인 측면에서 보면 이들 사회(노동인권), 교육·문화 및 스포츠는 일찍이 조셉 나이Joseph S. Nye에 의해 그 중요성이 강조된 소위 소프트파워Soft Power1)의 영역에 속하는 주제들이다. 사실 이들 영역은 저명한 현실주의 정치학자 한스 모겐소Hans J. Morgenthaw에 의해 비물질적 권력2)으로 분류된 국민의 사기, 정부의 지도력, 외교기술, 민족적 성격 등과 가장 밀접한 연관을 맺고 있는 분야로서 과거 전통적으로 그 중요성이 폄하되어 왔으나 이제는 일국의 국제적 역량을 평가하는 데에 핵심적 요소로 간주되는 매우 중요한 분야이다. 이러한 맥락에서 이들 사회·문화·스포츠 분야의 대표적인 국제기구에 대한 연구를 통해 이 분야 글로벌 거버넌스에 대해 이해하고, 나아가 한국의 역할과 리더십에 대해 고민해보는 것은 매우 시의적절하고 가치 있는 일이라고 하겠다. 특히 이들 소프트파워를 이용한 외교나 거버넌스는 주요한 정책의 직접적인 수립보다는, 이를 위한 환경을 조성하는 방식 등의 간접적인 접근이 많다는 것과 기대하는 성과를 얻기 위해서는 상대적으로 오랜 기간이 소요된다는 특징3)이 있다. 따라서 간접적 외교 그리고

---

1) Joseph S. Nye, 『소프트파워』(서울: 세종연구원, 2004), p.35.

2) Hans J. Morgenthaw, *Politics Among Nations: The Struggle for Power and Peace*, 5th edition (New York, Alfred A. Knof, 1973), pp.30-31.

3) Niall Ferguson, "Think Again: Power," *Foreign Policy*, No.128(2003).

다자간 외교의 매개체로 활용할 수 있는 국제기구에 대한 이해와 장기간에 걸친 네트워킹을 통한 국제사회의 리더십 확보의 토대를 구축한다는 측면에서 본권에서 다루는 국제기구들에 대한 이해는 매우 중요하다고 할 것이다.

뿐만 아니라 이들 사회·문화·스포츠 분야에서의 국제적 활동은 단순히 다른 나라의 문화를 받아들이고 이해한다는 수동적인 측면에서뿐만 아니라, 우리 문화와 한국사회의 세계화라는 측면에서, 보다 능동적으로 국제사회의 거버넌스에 대한 이해와 비판적 해석을 통해 인류사회의 진화를 위한 자발적인 기여를 할 수 있다는 측면도 있다. 즉 본 총서 제4권은 단순히 받아들이기만 하던 기존의 학문적 틀을 넘어서서, 한국의 국제학적 역량을 미래세대에 전수하고자 하는 의미에서 주요 국제기구들에 대한 이해와 분석 및 비판과 활용을 함께 모색하고자 하였다. 나아가 이는 동아시아의 맹주로서 세계시장에서 두각을 나타내는 중국, 그리고 전통적인 아시아의 선진국인 일본과의 삼각구도 속에서 예측할 수 없는 대북관계를 평화적으로 관리함과 동시에 아시아적 가치의 실현과 리더십을 함께 유지하고자 하는 시도의 일환으로 이해할 수 있다. 이런 측면에서 본다면 국제적 규범의 형성과 가치의 실현을 주도적으로 이끌고 있는 이들 분야의 국제기구들은 현 국제사회의 흐름과 맥락을 이해하는 데에 있어 매우 핵심적인 행위자이며, 반드시 이해하고 동반자적 관계를 구축해야 하는 상대이기도 하다.

따라서 본 총서 제4권은 사회·문화·스포츠 분야의 글로벌 거버넌스에서 핵심적 역할을 담당하고 있는 세 개의 국제기구, 국제노동기구[ILO], 유엔교육과학문화기구[UNESCO], 그리고 국제올림픽위원회[IOC]에 대해 연구하고 있다. 이 책의 구성은 다음과 같다. 우선 제2장은 최초의 유엔 전문기구로서 가장 오랜 역사를 지니고 있는 국제기구 중의 하나인 ILO에 대해 살펴보고 있다. 국가가 아닌 노사정 삼자 협의체가 의사결정 참여자로서 매우 독특한 형태를 가지고 있는 ILO의 조직구성과 주요사업에 대해 살펴보고, 그 성과와 도전과제를 정리하고 있다. 다음 제3장에서는 교육, 과학, 문화 분야 국제협력의 중심체로서 성공적으로 활동해온 UNESCO의 조직, 활동, 성과, 그리고 과제 등에 대해 전반적으로 살펴보고 한국과의 관계에 대해 고찰하였다.

마지막으로 제4장에서는 오늘날 가장 대중적인 국제기구이나 많이 연구되지 않은 IOC에 대해 전반적으로 연구하고 있다. 구체적으로 IOC의 설립배경과 목적, 조직구조와 재정, 그리고 한국의 대 IOC외교에 대해 논의하고 있다.

제2장 국제노동기구(ILO)

본 국제기구 총서 제4권 제2장에서는 먼저 사회영역의 가장 대표적인 국제기구로 최초의 유엔 전문기구로서 가장 오랜 역사를 지닌 국제기구인 국제노동기구^{ILO}를 살펴보았다. 역사적으로 산업화가 절정에 달했던 19세기 중후반 유럽의 산업 국가들은 정치사회 문제에 있어 노동입법문제를 가장 중요한 국제적인 도전과제로 인식하게 되었고, 특히 17세기 이후 20세기에 이르기까지 유럽 각국의 산업화가 노동자의 인권과 권익을 침해하는 수준까지 이르면서, 극심한 사회갈등을 유발하고 이러한 갈등이 산업국가 전반에서 노동자의 조직화와 몇몇 주요 국가들의 사회주의 혁명으로 이어졌다. 이중 특히 1917년 러시아혁명은 주요 산업 국가의 리더십에 경종을 울리는 계기가 되었으며, 이러한 경험을 기반으로 자본주의체제의 모순을 시정에 대한 자정의 의식이 확산되었다. 활발해진 국가 간 교역에 따른 급속한 무역팽창의 과정에서 개별 국가차원의 노동조건 개선이 국제적으로 타국과 비교해 볼 때, 노동비용적 측면이나 국제경쟁력 유지 차원에서 상대적으로 불리한 여건으로 작용할 수 있다는 우려가 제기되었고, 각국은 이 문제에 공동으로 대응할 수 있는 적용 가능한 국제노동기준의 설정의 필요성에 동의했다. 이러한 국제환경의 배경에서 ILO는 1919년 1차 대전 이후 체결된 베르사유 조약에 의거하여 당시 세계 정부를 표방하던 국제연맹^{League of Nations} 하의 노동 전문기구로 탄생했다. 그 이후 1944년 필라델피아 선언으로 인해 관련 규약이 수정되면서 1946년에 유엔 산하의 전문기구로 자리 매김하기에 이르렀다.

다른 국제기구와 달리 ILO는 국가별 대표가 표결권을 갖는 전통적인 유엔기구 의사결정 방식과는 달리 국별 대표와 더불어 노동단체와 사용자단체가 삼자의결 구도tripartism를 형성하고 있으며, 세 개의 각기 다른 대표성은 그대로 표결권에 반영된다는 점에서 매우 독특하다. 또한 ILO 정책의 근간 은 삼자의결구도 외에 노동자 권리보호를 위한 기준 마련, 양질의 일자리 창출, 사회적 보장제도 확대 등인데, 이들이 바로 다른 국제기구와는 차별화 된 ILO만의 특성을 보여주는 이른바 ILO의 '4대 정책 기둥'이다.

우선, ILO의 4대 정책 기둥 중 가장 핵심적인 사항인 국제노동기준의 설 정과 이행은 ILO가 존재하는 이유라고 해도 과언이 아니다. 기구 설립 직후 인도적 취지의 인권규범으로 자리 잡으면서 그 중흥기를 거친 ILO의 국제노 동기준은 국가 간 경쟁이 심화되면서 무역과의 연계논의로 점차 정치경제 및 사회적 측면에서 복잡한 양상을 띠기 시작했고, 최근에는 기업활동과 연 계되어 다각화되기도 하였다. 또한 국제노동기준의 마련이라는 전통적인 직 무 외에도, 우선 통계자료의 수집과 분석능력이 유엔전문기구 중 가장 우수 한 것으로 알려진 ILO는 개발협력을 위한 기초자료를 위해 항시적으로 강제 노동, 청년실업, 아동노동, 일반실업 통계를 관리한다. 또한 ILO 직업사전 International Standard Classification of Occupation, 고용상태 구분International Classifi- cation of Status in Employment, 산업재해분류Classification of Occupational Injuries 등 노 동관련 통계를 산출한다. 개별 회원국의 자발적 참여를 전제로 한 협약의 구속력에 대해 의문이 제기되기도 하지만, ILO의 협약은 우선적으로 협약을 비준하기 위해서는 국내 법제도가 협약과 배치되는지 여부를 검토한 후 비 준하기 때문에 협약의 비준이 국내 관련 법규나 정책의 긍정적 변화를 초래 한다는 측면에서 매우 효과성이 크다. 또한 ILO의 협약은 노동이나 복지에 대한 인식을 새롭게 변화시키는 순기능을 한다. ILO가 채택하는 협약들은 그 기준이 인권과 관련한 기본적이고 본질적인 권리로 국제사회가 인식하게 하여 개별 국가의 정책형성 과정에 영향을 미치는 것이다.

다음으로 '양질의 일자리' 개념과 관련하여 ILO는 1999년 3월 제9대 ILO 사무총장으로 취임한 후안 소마비아Juan Somavia의 시대에 이르러 이른바 제2 의 부흥기를 맞이하게 되었다. 소마비아 사무총장은 그동안 ILO가 축적해 온 정책적 지향과 관련 지식을 '양질의 일자리'란 개념으로 함축해 제시함으로써 국제의사결정 무대에서의 ILO 입지를 강화하고 체계적·통합적 ILO 사무국 활동의 준거로 삼을 수 있도록 대대적인 노력을 기울였다. 특히 2008년 선언은 양질의 일자리 전략을 각 회원국이 자국의 국내정책에 적용하여 보다 효과적으로 실천할 수 있고 여타 국제기구(특히 WTO, IMF 등 경제관련 국제기구)들과의 공조체계를 더욱 강화할 수 있도록 하기 위해 만들어진 결의이다. 뿐만 아니라 ILO는 국제기구들 간의 다자간 정책공조의 중요성을 강조하면서 '양질의 일자리를 통한 공정한 세계화'를 주제로 경제협력개발기구^{OECD}, 국제통화기금^{IMF}, 세계무역기구^{WTO}, 유엔무역개발회의^{UNCTAD}, 세계은행^{World Bank} 등 대표적인 다자간 국제경제기구들과의 협업을 적극적으로 실시하고 있다. 이러한 결과 2007년 유엔의 새천년 개발목표 ^{MDGs}에 '완전하고 생산적인 고용과 양질의 일자리 창출'이란 목표를 추가적으로 반영할 수 있었고, G20 정상회의 과정에도 양질의 일자리 개념을 효과적으로 투영시켰다.

끝으로 갈수록 복잡해지고 있는 노동인권 분야의 글로벌 거버넌스의 추세를 고려해 볼 때 향후 국제노동기준의 양적 증가는 크지 않을 것으로 예측되지만, 다자관계에 있어서 ILO의 중심적 역할은 지속될 것으로 예상된다. 그 이유는 첫째, 아직 많은 취약국가^{fragile states}들이나 분쟁경험지역 등에서의 근로조건 개선 등, 국제적 노동인권과 관련된 ILO의 기본이념은 큰 의미를 지닌다. 둘째, 매체의 발달과 전지구적 삶의 질 향상은 단결권 확보 등 전통적 의미에서의 기본권 보호에 대한 인식을 넘어 다양한 근로형태에 대한 관심과 보호 그리고 진화된 단결권의 차원이 형성될 가능성이 높다. 셋째, 국제노동기준은 지속적인 사회 정책과 균형경제 및 사회발전계획 수립을 지원하고 기술적인 문제를 다룰 수도 있다. 마지막으로 점차 상호의존성이 강화되는 국제사회에서 국제적 활동의 필요성이 증대되어, 그 토론과 협의의 장으로서 ILO의 기능은 유지될 것으로 보인다.

제3장 유네스코(UNESCO)

제3장에서는 문화영역으로 전통적인 문화, 교육, 과학을 모두 아우르는

유네스코를 살펴보고 있다. 문화와 같은 무형의 자산을 소재로 하는 국가 간 교류활동은 지금의 국제문화교류의 정책화 이전부터 지속적으로 그 영역을 확장시켜 왔고, 점차 그 중요성이 증대되면서, 비 문화부처에서까지도 '문화외교'나 '공공외교'의 역할을 중요시하기 시작한 것이 사실이다. 여기에 국가브랜드 이미지를 제고하는 수단적 가치가 더해지면서, 문화외교의 중요성이 부각되고, 그 자체가 '목적'과 '수단'의 기능 모두를 하는 시대가 되기에 이르렀다. 특히 2011년 7월 1일 발효된 한-EU FTA(자유무역협정)에서는 유네스코 협약의 원칙에 기초하는 '문화협력에 관한 의정서'가 협정문의 일부로 포함되기도 하였다. 구체적으로 그 내용은 "한국과 EU 각국이 자국의 문화정책 및 산업을 발전시키고, 지방/지역 문화콘텐츠 진흥 체계로부터 재정적 혜택을 받을 수 있는 자격을 부여받을 수 있도록 하며, 서로의 문화적 상품 및 서비스의 교류 기회를 증진하는 것"을 그 목적으로 한다는 것인데, 이는 국가 간의 문화적 교류의 확산이 국제 경제적 흐름에까지 영향을 미치게 되었다는 것을 반증하는 것이다.

이에 본 장에서는 유엔 전문기구 중 교육·과학·문화 분야의 가장 대표적인 국제기구이면서 오늘날 가장 첨예한 정치적 대립과 재정적 어려움을 겪고 있는 유네스코를 총체적으로 분석하고 조망하고 있다. 사실 유네스코는 유엔 전문기구 중 다음 두 가지 점에서 매우 독특하다. 첫째, 1920년대 서유럽 지식인들의 자발적 모임에서 유네스코가 기원하고 있으며 지금도 지식인, NGO와의 관계가 다른 어떤 유엔기구보다 깊다는 점이다. 둘째, 미국이 주도하는 대부분의 다른 유엔 전문기구들과는 달리 애초부터 서유럽 국가들이 적극 주도하였으며, 지금도 유럽, 남미, 아프리카 국가들이 유네스코 의사결정과 활동을 주도하고 있다는 점이다. 이러한 특성은 유네스코의 장점이기도 하지만 동시에 문제점이 되기도 한다. 각국의 대표적 지식인들이 주도하던 초창기 유네스코는 1980년대 '신국제정보질서' 논쟁과 미국의 유네스코 탈퇴를 계기로 1990년대 이후 정무 대표가 주도하는 국제기구로 탈바꿈하였다. 이러한 유네스코의 역사적 변신은 유네스코가 어떤 국제기구여야 하는가 하는 정체성 문제를 던져주고 있다. 즉, 초창기 유네스코는 전문 지식을 토대로 회원국의 교육, 과학, 문화 발전을 조언하고 지원하였으나, 오늘날에는 다른 유엔기구들처럼 빈곤퇴치를 위해 개발 원조 자금을 제공하는 국제개발 원조기구 역할을 요구받고 있다.

한편, 지난 70년간 유네스코는 전 세계 교육, 과학, 문화 분야의 국제협력의 중심으로서 세계문화유산 지정, 평생교육 확산, '모두를 위한 교육'사업 추진 등 인류 역사에 족적을 남기는 다양한 사업을 펼쳐왔다. 그러나 아직도 풀어야 할 과제가 산적해 있다. 첫째, 팔레스타인의 회원국 가입으로 인한 미국의 분담금 동결은 유네스코 조직과 활동을 심각하게 위축시키고 있다. 국제 정치 외교적 사안으로 유네스코라는 국제기구가 조직 존립의 위기를 맞고 있는 것이다. 둘째, 단일한 활동 영역을 지닌 다른 유엔기구들과는 달리 유네스코는 교육, 과학, 문화 등 너무 다양한 활동 영역을 다루고 있어, 활동 초점이 흐리고, 사업이 너무 파편화되어 있다는 비판이 있다. 셋째, 유네스코의 교육, 과학, 문화 분야 전문성도 떨어질 뿐만 아니라 재정 지원 역량도 부족하여 회원국들로부터 외면받고 있다. 유네스코는 이러한 산적한 문제점들을 슬기롭게 극복하고, 21세기 지구촌 시대에 맞는 새로운 기능과 역할로 재탄생해야 하는 시점에 와 있다. 본 장에서는 이와 같은 문제의식에 입각하여 유네스코의 과거 탄생과 성장 역사를 살펴보고, 유네스코의 조직, 구조와 기능을 분석하며, 오늘날 활동과 성과를 점검한 다음, 주요 쟁점을 추출하고, 바람직한 향후 방향을 제시 및 한국과 유네스코의 관계를 살펴보는 것으로 마무리하고자 한다.

제4장 국제올림픽위원회(International Olympic Committee)

본 장에서는 스포츠와 관련하여 가장 대표적인 국제기구인 IOC에 대해 살펴보고 있다. 사실 1988년 서울 하계 올림픽을 성공적으로 개최하였고, 현재 2018년 평창 동계 올림픽의 개최를 준비하고 있는 점 등을 고려해보면 국제 스포츠 거버넌스에 있어서 한국의 국제적 위상은 상당한 수준에 이르렀다고 할 수 있다. 하지만 이러한 위상과는 달리 IOC를 비롯한 올림픽 및 스포츠관련 국제기구에 관한 국내의 연구는 상당히 희박한 실정이다. 특히 전통적인 역할 외에 스포츠를 통한 외교, 나아가 스포츠를 통한 국제평화 촉진 등과 같은 스포츠 글로벌 거버넌스의 측면에서 볼 때 이들 스포츠 관련 국제기구에 대한 이해는 매우 중요하다고 하겠다. 따라서 본 장은 "스포츠의 유엔"으로 불리는 IOC의 다양한 역할과 위상 그리고 이를 바라보는 여러 관점들에 대해 소개함으로써 IOC에 관한 기초지식을 제공하여 보다 진전된 연구를 위한 토대를 구축하고자 한다.

먼저 IOC의 설립배경과 목적에 대해 살펴보고 있는데, 고대 그리스의 신을 위한 제사에 태생적 연원을 두고 있는 올림픽 제전이 근대 서구의 체육인 지도자들의 모임과 프랑스의 귀족 쿠베르탱에 의해 오늘날의 올림픽 경기로 부활된 점, 이 기구에서 올림픽 경기를 중심으로 관련된 모든 행사를 관장하고, 행정적 업무 처리와 미래지향적 유산관리를 위한 국제행정기구의 탄생이 연결된 점 등을 중점적으로 서술하였다. 또한 이러한 현상의 바탕에 깔린 서구 중심주의적 철학 기반인 '올림피즘'과 이러한 정신이 지향하는 바, 또한 이를 총체적으로 포함하는 지금의 올림픽 운동에 대하여 함께 설명하였다.

다음으로는 행정조직으로서의 IOC를 살펴보았다. 당시에는 보기 드문, 그러나 오늘날 시민사회에서 한 축을 자치하는 국제 비영리기구NPO의 형태로 창설되어, 지금의 초국가적 기업TNGs형 수익창출 모델을 가지고 있는, 여타 국제기구와 비교했을 때, 매우 드문 재정 자립도 100%의 IOC가 어떤 형태의 의사결정구조를 가지고 있는지, 그리고 국가올림픽위원회를 비롯한 각 종목연맹들이 독립적이면서도 종속적으로, 어떻게 유기적으로 IOC와 얽혀 있는지를 보여주고자 했다. 그 외의 IOC의 주요 네트워크 기관으로서, 국제 스포츠 외교관계에 있어 크고 작은 영향을 미치는 국제 스포츠 중재재판소나 반도핑 위원회 등을 그들 고유의 기능을 중심으로 간략히 설명하였다. 또한 지극히 비정치적이어야 하는 스포츠가 때로는 매우 정치적으로 보이는 이유 중의 하나로, IOC와 국가가 가지는 조직 대 조직의 관계를 설명하고, 이러한 측면에서 국제기구의 대표 격인 유엔과의 관계에 대해서도 간략히 기술하였다.

이후, 다른 국제기구들과 가장 큰 차이를 보이는 IOC의 재정 부분에서, 올림픽 경기를 중심으로 하는 콘텐츠를 통한 미디어 수익과 스폰서십의 운영 노하우 등을 살펴보았고, 이러한 수익을 중심으로 IOC가 국제사회에 어떤 활동들을 하고 있으며, 이들이 지속적인 스포츠의 발전을 위해 어떤 영향을 주는지 생각해 보았다.

마지막으로 이러한 IOC에 관한 연구가 한국의 스포츠 외교에 주는 시사점에 대해 정리하였다. 구체적으로 한국의 대 IOC 외교가 어떠한 방향으로 진행되어야 하는지, 공공 외교적 관점에서 스포츠를 위한 외교와 스포츠에 의한 외교의 차이점은 무엇인지, 그리고 올림픽 운동을 활용한 남북관계의 발전 방향은 어떻게 설정되어야 하는지 등에 대한 필자의 비판적 소견을 덧붙이면서 본 장을 마무리하고 있다.

제2장

국제노동기구

최동주

I. 서론

국제노동기구International Labour Organization: ILO는 최초의 유엔 전문기구로서 가장 오랜 역사를 지닌 국제기구 중 하나이다. 산업화가 절정에 달했던 19세기 중후반 유럽의 산업국가들은 노동입법문제를 가장 중요한 정치사회적·국제적인 도전과제로 인식하게 되었다. 17세기 이후 20세기에 이르기까지 유럽 각국의 산업화는 노동자의 인권과 권익을 침해하면서 그 착취의 심화가 이루어졌다. 이는 곧 극심한 사회병리 현상과 사회갈등을 유발했고, 산업국가 전반에서 노동자의 조직화와 몇몇 국가의 사회주의 혁명으로 이어졌다. 특히 1917년 러시아혁명은 주요 산업국가들에게 경종을 울리는 중요한 계기가 되었으며, 자본주의체제의 모순을 시정해야 한다는 사회적 인식이 산업국가 사이에 급속히 확산되는 계기가 되었다. 한편 급속한 무역팽창의 과정에서 한 국가만의 노동조건 개선이 노동비용과 국제경쟁력 유지 차원에서 상대적으로 불리한 여건으로 작용할 수 있다는 우려가 제기되었고, 각국은 이 문제에 공동으로 대응하기 위해 현실적으로 적용 가능한 국제노동기준 설정의 필요성에 동의했다.

결국 ILO는 1919년 1차 대전 이후 체결된 베르사유 조약에[1] 의거하여 당시 세계 정부를 표방하던 국제연맹League of Nations하의 노동 전문기구로 탄생했다. 그 이후 1944년 필라델피아 선언[2]으로 인해 관련 규약이 수정되면서 1946년에 유엔 산하의 전문기구로 자리매김했다. 이 기구는 국별대표가 표결권을 갖는 전통적인 유엔기구 의사결정 방식과는 달리 국별대표와 더불어 노동단체와 사용자단체가 삼자 의결구도tripartism를 형성하고 있으며, 세 개의 각기 다른 대표성은 그대로 표결권에 반영된다. ILO의 정책근간은 삼자 의결구도 외에 노동자 권리보호를 위한 기준 마련, 양질의 일자리 창출, 사회적 보장제도 확대 등이다. 이를 ILO의 '4대 정책 기둥'으로 부르기도 한다.

유엔의 성립 이전에 전문 인권기구로 창설된 ILO에 대한 연구는 국가가 유일한 의사결정 참여자가 아닌 노사정 삼자 협의체라는 점에서, 그리고 전 지구적 차원에서의 사업 수행 능력이 가장 우수한 국제기구라는 점에서 매우 흥미롭다. 이 글은 다음과 같이 구성되어 있다. 다음 절에서는 기구설립의 역사적 배경과 선도적 역할을 자임한 인물들을 살핀다. 또한 시대적 환경에 적응하며 변화해온 기구의 존재 이유와 정책 운영의 기본원칙을 분석한다. 3절에서는 기구의 거버넌스와 운영 체계 및 조직 구성과 주요 사업들에 대해 조사하고 평가한다. 4절은 ILO의 전통적 기능인 국제노동기준의 제정 및 비준과 관련된 제반 주요 절차와 과정, 통제시스템 등에 대해 세부적으로 기술한다. 5절에서는 ILO가 쌓아온 성과와 도전과제를 정리하고 새로운 방향성의 가능성을 평가한다. 6절에서는 한국과 ILO의 관계를 재조명하고, 군 위안부 문제와 국내 규범과의 충돌현상을 중심으로 분석한다.

---

1) 베르사유 조약은 제1차 세계대전의 전후 처리를 위하여 31개 연합국과 독일이 맺은 평화 협정으로 1919년 6월 28일 베르사유 궁전에서 조인되었으며, 1920년 1월 10일 효력을 발휘하기 시작했다.

2) 필라델피아 선언은 1944년 5월 10일 미국의 필라델피아에서 개최되었던 국제노동기구(ILO) 총회에서 채택된 선언으로서, 국제노동기구의 목표와 목적, 회원국의 정책에 지침이 되는 모든 원칙을 담고 있다. 원문은 ILO 홈페이지 자료를 참조(http://www.ilo.org).

II. 설립의 역사적 배경과 기본 원칙

1. 시대적 요구를 반영한 노동계와 사용자의 시민의식의 결과물

17세기 이후 20세기 초반까지 진행된 유럽 제국 사이의 치열한 산업화 경쟁과 진전은 심각한 노동문제를 잉태했다. 이러한 문제에 직면하자 산업 국가를 중심으로 한 국제사회 주도세력들은 자본주의의 모순을 합리적으로 해결할 방안을 모색하면서, 국제노동기준의 수립을 통해 국가별 산업경쟁력 의 공평성을 확보하고 국제노동운동의 양성화는 물론 활성화를 도모하고자 하는 요구가 대두되었다. 특히 19세기 후반 급속한 산업화의 진전 속에서 노동운동은 급성장했으며, 이 운동의 국제적인 연대의 움직임도 조직화되는 향상을 보이기 시작했다. 같은 시기에 러시아에서는 사회주의 혁명[3]이 발 생했고 이는 곧 사용자단체는 물론 산업국가들에게 큰 부담으로 작용했다.

지구사회의 산업화를 주도한 유럽 내 자본주의체제 스스로 이러한 운동 을 주도한 측면도 간과할 수 없다. 19세기 중반 생산력이 확대된 유럽 자본 주의는 국외시장 개척과 무역확대라는 도전에 직면했다. 자본가와 기업들은 이 도전을 극복하기 위해 근로자의 근무조건을 희생시키고 아동노동을 활용 하는 등의 방법을 동원하며 생산원가를 절감하는 목적을 실현하고 있었다. 이를 목도한 프랑스의 제조업자인 다니엘 그랑^{Daniel Grand, 1783~1859}은 10여 년에 걸쳐 수차례 유럽의 주요 국가 정부에게 노동입법문제에 대한 공동 협정을 통해 더 이상 근로자의 인권을 침해하는 현상의 확대를 막아야 한다 고 주장했다. 그는 국제노동기준의 창설을 위한 정치적 계몽의 선구자로 평 가된다.[4]

---

3) 러시아사회주의혁명은 1917년 2월(러시아 구력)과 10월(러시아 구력)에 러시아에서 일어나 세계 최초의 마르크스주의에 입각한 공산주의 국가가 수립된 혁명이다.

4) Nobel Lecture, http://www.nobelprize.org/nobel_prizes/peace/laureates/1969/ labour-lecture.html(검색일: 2014.4.22).

같은 맥락에서 박애주의자이자 자본가였던 로버트 오언Robert Owen, 1771~ 1858도 주목할 필요가 있다. 오언은 특히 아동노동의 심각성을 인식하고 관련 근로조건을 규제할 수 있는 국제협정을 추진한 인물이다. 그는 파리평화회의보다 백 년 앞선 1818년에 열린 신성동맹회의의 참가국 지도자들에게 편지를 보내 산업혁명이 근로자에게 미친 부정적인 영향과 위험을 설파하면서, 이 문제들의 해결에 각국 정부의 적극적 역할을 강조하고 노동자 보호를 위한 최저 기준의 국제적 합의에 대한 필요성을 주장했다.5)

지구상 최초의 노동입법은 1802년 영국에서 이루어졌다. 뒤이어 일부 유럽 산업국가에서는 소년과 여성 등 취약집단을 보호하기 위한 국내법 제정에 대한 노력을 기울였다. 1980년 5월 베를린에서 개최된 국제 광산 근로자 대회에서 근로자의 업무환경 개선과 취약노동자 처우 개선에 대한 논의가 이루어지고 권고가 제정되었으나, 국제협약으로 성립되지는 못했다. 1897년 8월 14개국 출신 400여 명의 기독교 근로자들로 구성된 대표들이 취리히에서 개최된 1차 국제노동보호회의에 참석하여, 스위스 정부에 국제노동입법 작업을 추진하도록 요구하였고, 각국 정부가 독립된 노동국을 설치할 것을 요구하였다. 이 영향으로 1900년 7월에 국제노동법규협회가 설립되었고, 이는 국제노동기구의 전신으로 인정받고 있다. 1901년 5월 1일 국제노동절 당일에 국제노동법규협회는 스위스의 바젤에서 국제노동국을 설립하고 1905년, 1906년 두 차례 회의를 통해 〈백린 사용금지 협정〉과 〈여성근로자 야간근무 제한 규범〉 등 두 협정을 통과시키기도 했다. 두 협정은 최초의 국제노동조약으로 평가된다. 그 이후 파리평화회의는 노동문제를 본격적으로 해결하기 위한 제도적 조치의 마련을 위해 국제노동법제위원회Commission on Inter- national Labor Legislation의 설치를 결의하기에 이른다. 이 결의에 의해 1919년 1월 25일 미국, 프랑스, 영국, 이탈리아, 일본 등 5대 강국에서 2명,

---

5) 오언에 대한 보다 상세한 정보는 라나크 홈페이지(http://www.newlanark.org)와 전권이 e-book으로 소개된 그의 자서전 Robert Owen, *The Life of Robert Owen* (London: Effingham Wilson, 1857)을 참조.

벨기에, 쿠바, 폴란드, 체코 4개국에서 1명씩의 대표자로 구성된 이 위원회를 설치하였다. 1919년 6월 28일 베르사유 평화조약이 서명될 때, 이 조약의 13조 노동조항에 위원회의 보고서가 원문대로 수록되었고, 이에 근거하여 ILO가 설립되었다. 이후 1934년 9월 ILO 사무국은 제68차 ILO 이사회의 승인을 얻어 베르사유 평화조약 13조를 헌장으로 개칭하여 채택했다.

1944년 4월 20일부터 5월 12일까지 미국 필라델피아에서 열린 제26차 ILO 총회는 필라델피아 선언으로 불리는 〈ILO의 목표와 목적에 관한 선언〉을 채택했다. ILO가 이 선언을 채택한 이유는 제2차 세계대전 이후의 사태에 대처하기 위해서 창설 이후의 많은 경험과 교훈을 토대로 목적과 원칙을 수정하고 확대할 필요가 있었기 때문이다. 그 이후 1964년 몬트리올에서 열린 제29차 총회에서는 이 결의를 실현하기 위해 필라델피아 선언을 ILO 헌장에 삽입하기로 결정한 후, 이를 부속서로 규정하는 헌장개정 문서를 채택하였다. 헌장의 제1조 1항은 이 필라델피아 선언이 ILO의 목적을 명기하고 있다고 규정한다.[6]

에드워드 피란Edward Phelan 전 ILO 사무총장이 "혁명의 기운에 대한 두려움"이라고 설파했듯이 기구창설의 배경은 기본적으로 기득권을 누리고 있던 산업국가들의 위협인식이었다. 19세기 초부터 개별 산업국가는 물론 국제사회 일각에서도 노동 갈등 현상에 대한 심각한 우려가 제기되면서 이른바 노사 협조주의자들이 등장하여, 활발한 활동을 펼치기 시작했다. 비사회주의 산업국가에 등장한 이들은 노사 간의 타협과 상호 양보를 통한 중재의 필요성을 제기하며, 열악한 근로조건 개선을 위한 인도주의적humanitarian, 사회불안과 공산혁명의 방지를 위한 정치적political, 공정무역 경쟁을 위한 산업 환경 조성의 경제적economic 동기를 근간으로 베르사유 조약 13장 〈노동의 규정〉에 근거하여 이 기구를 설립한 것이다. 즉 '사회정의에 기초한 항구적 보편적 평화의 달성'을 위해 설립된 것이다.

ILO의 노동사회정책 패러다임은 ILO 헌장(베르사유 조약 제13장) 및 3차

---

6) 이을형, 『국제노동기관』(서울: 숭실대학교출판부, 1994), pp.307-309.

레의(1944년, 1998년, 2008년) 역사적 선언에 담겨 있다. 이 헌장과 선언들
은 전지구적 고용노동 및 사회정책 이슈에 대처하는 ILO의 전략과 활동방향
을 규정한다. 1919년 제정된 ILO 헌장은 사회정의에 기초한 보편적 항구적
세계평화를 달성하기 위해 '노동은 상품이 아니다Labor is not a commodity'라는
원칙 아래 노동조건 개선을 ILO의 임무로 부여했다. 이에 따라 근로시간(주
당 48시간 근로시간 규제가 ILO의 제1호 협약), 야간근로, 아동근로, 여성근
로, 산업안전보건상 위해물질 규제 및 4대 사회보험 설립 관련 국제노동기
준이 탄생한 것이다.

　2차 대전 종전 즈음 천명된 1944년 필라델피아 선언은 노동 및 사회
문제에 대한 ILO의 대응을 사회복지 차원에서 인권 차원으로 격상되었다.
이는 기존의 노동조건 보호 및 사회보장 시스템 구축 노력을 인권증진 차원
에서 더욱 강화하고 특히, 노동조합의 자유로운 결성 및 협상권 보장, 고용
상의 차별철폐, 강제노동 및 아동노동 근절을 위한 노력을 배가하기 위한 고
려였다.

　그 후 1998년 '근로자 기본권 선언Declaration on Fundamental Principles and Rights'
과 2008년 '공정한 세계화를 위한 사회정의 선언Declaration on Social Justice for
a Fair Globalization(일명 양질의 일자리 선언으로도 불림)'은 1980년대 이후 신자유주의에
입각해 추구돼 온 세계화의 현실 내지 부작용에 대응하기 위해 ILO를 매개
로 한 국제사회의 공동노력이 이룬 결과물이다. 1998년 근로자 기본권 선언
은 4대 핵심 분야(강제노동/아동노동/고용차별 철폐 및 근로자 결사의 자유
증진)의 노동기본권 향상을 천명한 1995년 코펜하겐 사회개발 정상회의
World Summit for Social Development의 후속 이행조치로 국제적 차원에서 사회정
책의 최저수준을 제시하고 그 이행을 촉진하기 위해 제정되었다. 하지만
1998년 선언은 공정한 국제교역을 촉진하기 위해 선진국 그룹이 지지하는
다자간 국제무역협정의 사회조항Social Clause 성격도 갖고 있었다. 이 선언의
채택과정에서 무역보호주의의 일환으로 사용될 가능성을 우려한 개도국 그
룹의 반대가 극심하였고 4대 핵심노동권 증진만을 언급하고 있어 세계화의
사회적 측면에 대한 종합적인 정책방향을 제시하고 있다고는 할 수 없는

상황이었다.

2008년 사회정의 선언은 세계화의 부작용에 보다 본격적이고 종합적으로 대응하고자 하는 현대판 ILO 정책비전이라고 할 수 있다. 1999년 3월 제9대 ILO 사무총장으로 취임한 후안 소마비아Juan Somavia, 1999년 3월~2012년 9월는 ILO가 축적해온 정책적 지향과 관련 지식을 양질의 일자리decent work란 개념으로 함축해 제시함으로써 국제의사결정 무대에서의 ILO 입지를 강화하고 체계적·통합적 ILO 사무국 활동의 준거로 삼고자 대대적인 노력을 기울였다. 양질의 일자리 아젠다는 2005년 유엔 정상회의를 통해 국제사회의 인정을 받았고, 2008년 선언은 양질의 일자리 전략을 각 회원국이 자국의 국내정책으로 보다 효과적으로 실천할 수 있고 여타 국제기구(특히 WTO, IMF 등 경제관련 국제기구)들과의 공조체계를 더욱 강화하기 위해 만들어진 결과라고 할 수 있다. 또한 2008년 선언은 1998년 선언과 같이 세계화에 대응하기 위한 ILO의 처방전이라는 점에서 유사하지만, 전자는 후자보다 훨씬 포괄적·종합적인 정책지향을 담고 있는 동시에 회원국 노사정 그룹의 전폭적인 지지를 받으면서 채택됐고 여타 경제 관련 국제기구 등과의 사전 교감도 충분히 이뤄져 그 실행력이 높다는 점에서 후자와 차별화되는 것으로 평가된다.

2. 4대 기본원칙: 결사의 자유, 3자 협의, 사회적 보장 그리고 양질의 일자리

ILO의 존재이유는 필라델피아 선언에 다음과 같이 나타나 있다. 첫째, 사회정의의 실현으로 세계평화를 도모한다. 둘째, 민주적 사회를 유지하기 위해 결사와 표현의 자유를 확보한다. 셋째, 자유와 존엄, 경제적 안정과 기회균등의 확보라는 민주주의의 기본 요소를 확보하기 위해 국가와 국제사회의 정책은 인간다운 생활을 보장한다. 넷째, 완전고용과 생활수준의 향상을 위해 노력한다. 다섯째, 공정한 부의 분배와 최저생계비 보장을 위해 노력한다. 여섯째, 단체교섭권의 승인, 동일노동, 동일임금의 실현, 생산성의 향상을 위한 노사협력, 사회보장제도의 확대와 산업안전 및 보건조치, 아동 및 임산부의 보호, 교육과 직업의 기회균등이 이루어지도록 노력한다.

이는 결국 ILO가 근로조건을 개선하여 사회정의를 실현하고, 국제사회의 지속적 평화를 유지하는 데 그 목적이 있다고 할 수 있다. 그 목적의 달성을 위해 세계 각국의 근로조건에 대한 자료를 수집, 검토하여 관련 협약 및 권고로 구체화시킴으로써 국제적 근로기준을 설정한다는 것을 의미한다. 이러한 목적을 달성하는 과정에서 ILO가 가장 중시하는 기본원칙은 결사의 자유와 단결권이다. 이 원칙은 베르사유 조약 13장에 가장 기본적인 원칙으로 명시되어 있고, ILO헌장과 필라델피아 선언에도 반복되어 강조되고 있다. ILO의 모든 회원국은 가입과 동시에 규정된 의무를 준수할 것을 선언하므로, 결국 회원국은 결사의 자유를 보장하기 위한 제반 조치와 의무를 다할 것을 요구받는다. 결사의 자유와 단결권의 원칙은 ILO가 존속하고 그 기능을 지속하기 위한 기본적 사명이라고 볼 수 있다. 결사의 자유의 원칙은 ILO협약 87호 〈1948년 결사의 자유 및 단결권의 보호에 관한 협약〉과 97호 〈1949년 단결권 및 단체교섭권에 관한 협약〉에 자세히 설명되어 있으며, 이 협약을 근간으로 보다 강화된 실천적 협약들이 채택된다.

두 번째 원칙은 노사정 3자 협의의 원칙이다. 이 원칙은 ILO의 모든 의사결정 주체는 노사정 3자로 구성되어 있으며, 회원국 내에서도 이 3자 협의체는 제도적 의사결정의 골간을 이룬다. 총회 등 모든 의사결정뿐 아니라 투표과정에도 3자는 함께 참여한다. 또한 각 회원국의 ILO활동과 관련된 정책과제와 의견의 제시도 3자 협의 메커니즘을 활용하고 국가 내부의 주요 경제정책을 결정할 때에도 적극적으로 이를 활용하도록 권고하고 있다. 이는 노동자와 산업사회의 민주적 운영은 3자 협의체제를 통해서만 가능하다고 보는 ILO의 기본시각을 반영한다고 볼 수 있다. 3자 협의의 원칙과 관련하여 ILO는 1976년 제61차 총회를 통해 ILO협약 144호 〈1976년 국제근로기준의 시행을 촉진하기 위한 3자 협의에 간한 협약〉과 ILO권고 152호 〈국제근로기준의 시행 및 ILO활동에 관한 국내조치를 촉진하기 위한 3자 협의에 관한 권고)를 채택한 바 있다. 이 협약과 권고에 근거하여 회원국은 국제노동기준의 비준과 시행, ILO사무국이 요구하는 답변서의 작성, ILO에 제출할 정기보고서의 작성, 비준협약의 폐기 등의 거의 모든 결정에 3자협의 원칙을 준수하도록 요구받으며, 규정에 따라 연 1회 이상 개최할 의무가 있다.

위의 두 가지 원칙과 더불어 ILO는 세계화라는 새로운 시대적 흐름에 부합하는 원칙을 제시하고 있다. 1980년대부터 시작된 경쟁과 효율을 중시하는 신자유주의 추진 정권의 등장과 성공적 집권, 정보통신기술의 급속한 발전, 동구 공산권 국가의 몰락 등은 무역자유화, 글로벌 생산방식으로 특징지을 수 있는 세계화 현상을 야기했다. 세계화는 시장확대와 효율성 향상을 토대로 경제성장을 촉진하는 측면이 있지만, 부와 소득의 불균형 분배를 야기했고 또한 인류의 생존과 자아실현에 필요한 양질의 일자리를 충분히 제공하는 데 실패했고 2008년 글로벌 경제위기의 원인을 제공해 경제성장 전략으로도 의심받는 상황이다. ILO는 세계화의 긍정적 효과를 부인하는 것도 그 도도한 흐름에 원천적으로 반대하는 것도 아닌 자세로 세계화가 진정 사회적·경제적·환경적으로 지속 가능한 인류번영에 이바지하려면 지금과 같은 무분별한 세계화 현상에 적절한 규제와 통제가 있어야 한다는 입장을 견지한다. 즉 경제정책과 사회정책은 공조돼야 한다는 취지에서 ILO는 사회적 측면을 고려하지 않고 시장개방과 성장 측면만을 강조한 경제정책에 입각한 세계화가 빈부격차 확대 및 양질의 일자리 축소, 소비수요 감소, 저성장이라는 악순환을 초래한다는 입장인 것이다.

ILO는 이를 제어하기 위해서 사회정책이 경제정책과 대등한 입장에서 균형을 이루며 추진돼야 하며 정책공조는 국내외 정책결정과정에 모두 필요한 개념이지만, 국제적 차원에서 다자간 국제기구의 정책공조가 중요하다고 주장한다. 특히 ILO는 '양질의 일자리를 통한 공정한 세계화'를 주제로 OECD, IMF, WTO, UNCTAD, 세계은행 등 대표적인 다자간 국제경제기구들과의 협업을 적극적으로 실시한 결과, 2007년 유엔의 새천년 개발목표[MDGs]에 '완전하고 생산적인 고용과 양질의 일자리 창출'이란 목표를 추가적으로 반영할 수 있었고, G20 정상회의 과정에도 양질의 일자리 개념을 효과적으로 투영시켰다고 평가받는다.

ILO는 사회정책의 핵심은 고용창출, 사회적 보호, 노동기준 및 사회적 대화라고 인식하면서 성장과 개방 그리고 효율 위주의 경제정책과 동일한 비중으로 다뤄져야 한다는 것이다. 바로 이것이 양질의 일자리 의제가 선택된 배경이다. 이 의제는 고용창출, 사회적 보호, 노동기준 및 사회적 대화의 4개 기둥으로 구성된다. 고용창출과 사회적 보호는 사회정책이 추구해야 할 실체적 정책가치라고 할 수 있고, 노동기준 및 사회적 대화는 이를 실현하기 위한 수단으로서의 의미를 지닌다. ILO가 글로벌 경제위기에 대응하기 위해 일종의 정책처방전으로 2009년 제시한 '세계 일자리 정책 패키지Global Jobs Pact'는 양질의 일자리 아젠다의 개념을 효과적으로 표출한 것으로 평가받는다.

전술한 바와 같이 ILO는 무분별한 자본주의 팽창의 부작용을 효과적으로 제어함으로써 인류평화와 인간존엄성을 증진하기 위해 1차 세계대전의 전후 질서 재편을 배경으로 1919년 탄생했다. 1990년대 본격화된 세계화는 초기 자본주의 형성과정에서 발생한 폐해에 비견할 만한, 그렇지만 그 정책적 대응은 더욱 정교해질 것을 요구하는 문제를 인류에 제기하였다. 세계화에 대응하는 ILO판 정책 패러다임을 형성하고자 하는 시도는 1990년 초반부터 시작됐지만 사실상 2008년 경제위기 이후에서야 국제사회의 주목을 받았고 게다가 그 구체적 실행전략 마련은 아직 미완성이라고 할 수 있다.

III. 기구의 운영과 의사결정 메커니즘

1. 가입/탈퇴 및 분담금 책무

ILO 회원 가입신청은 신청국가가 유엔의 회원국 가입 여부에 따라 그 과정이 다르다. 신청국가가 회원국인 경우 ILO 헌장의 의무를 수락하는 내용을 포함한 가입신청을 ILO 사무총장에게 접수한 날로부터 회원국이 된다. 그러나 신청국가가 비회원국인 경우, 가입신청서를 총회에 제출하고 총회는 선정위원회를 열고 소위원회를 설치하여 심의를 한 후 ILO 총회에 건의하는 절차를 밟는다. 총회에서는 호명투표 방식에 의해 가입수락 여부를 결정함에 있어서 출석투표를 하는 정부대표 3분의 2 이상의 찬성을 전제로 노사정 대표 3분의 2 이상의 찬성이 승인의 요건이다. 회원국이 탈퇴하고자 하는 경우, 탈퇴의사를 ILO 사무총장에게 서면으로 통보하고, 그날로부터 2년 후에 탈퇴의 효력이 발생한다. 탈퇴시 미납된 분담금이 있을 경우 자동적으로 면제되지 않으며, 탈퇴 후 완납하지 않은 경우에는 재가입을 할 때 징수하도록 되어 있다. 탈퇴한 국가가 비준한 협약이 ILO에서 폐기되지 않는 한, 탈퇴국가에 대한 협약의 효력은 유지되어 적용된다. 탈퇴 후 재가입할 경우의 절차는 신규가입과 같다.

ILO 헌장 제13조에 따라 회원국들은 국제노동기구의 경비를 부담하여야 한다. 각 회원국은 연체액이 지난 만 2년 동안 지불하여야 할 분담금의 금액과 동액이거나 또는 이를 초과하는 경우, 총회와 이사회에서 투표권을 상실할 수 있다. 분담금 배정 기준은 다음과 같다. ILO 정규분담률은 유엔 분담률을 기준으로 회원국 수 등을 고려하여 조정 후 결정된다. 국민소득GNI 을 기초로 하며 1인당 GNI가 $9,385 이하인 국가는 GNI에서 외채 상환액만큼 축소하여 산정기준을 조정하고, 1인당 GNI가 세계평균($4,797)보다 낮은 경우는 GNI를 축소하여 산정기준을 조정하되, 분담률 상한은 22퍼센트, 하한은 0.001퍼센트(미국은 22퍼센트이며 최빈국은 0.01퍼센트 미만)이다.

산정 공식은 [(과거 6년 평균 GNI + 과거 3년 평균 GNI) ÷ 2]이다.7) 주요
국가별 분담금 현황은 다음과 같다.

〈표 1〉	주요 국가별 분담금 현황, 2013년8)	
국가	비율(%)	분담금
미국	22.000	79,613,688
일본	12.535	45,361,708
독일	8.021	29,026,427
영국	6.607	23,909,438
프랑스	6.126	22,168,793
이탈리아	5.001	18,097,639
캐나다	3.208	11,609,123
중국	3.190	11,543,985
스페인	3.178	11,500,559
멕시코	2.357	8,529,521
한국	**2.261**	**8,182,116**
호주	1.934	6,998,767
네덜란드	1.856	6,716,500
브라질	1.612	5,833,512
러시아	1.603	5,800,943

7) 고용노동부 정책홈페이지의 "국제기구 활동: ILO 분담금 현황," http://www.moel.
go.kr/policyinfo(검색일: 2014.5.3).

8) 정책별 예산분배에 대한 상세한 자료는 ILO, *ILO Regular Budget Supplementary
Account* (October 2013)를 참조.

2. 3자 협의 원칙(tripartite principle) 기반의 의사결정 구조

ILO는 유엔 국제기구 중 유일하게 노동단체와 사용자단체가 옵서버가 아닌 정식표결권을 행사하는 정규회원 자격을 갖는 독특한 노사정 3자주의 tripartism 의사결정 시스템을 지니고 있다.[9] 주요 의사결정은 노사정 3개 그룹이 공히 표결권을 행사하는 이사회(연 3회)와 총회(연 1회)를 개최해 ILO 활동(국제노동기준 제정, 글로벌 노동사회정책 보고서 생산 등)에 대해 보고, 논의, 심의한다.

1) 총회

총회International Labour Conference는 3자 구성 원칙에 따라 정부 2명, 노사대표 각 1명(총 4명)으로 구성된 대표단이 참석하며, 협약 및 권고 심의·채택, 회원국 가입 승인, 예산 및 분담금 결정 등 통상 매년 5월 말 또는 6월 초부터 약 3주간 개최된다. ILO가 이러한 3자 구성의 원칙을 도입한 것은 1차 세계대전 이후 파리평화조약의 노동관련 규정에 다수국의 노동조합이 근로조건에 관한 국제적 토의를 할 경우에는 근로자 대표를 참석시켜 노동조합의 의견을 반영할 것을 명기했기 때문이다. 이 과정에서 노사의 균형적 의견을 반영하기 위해 사용자 대표의 참여가 이루어졌다.

3자 구성의 원칙에 근거하여 총회는 각 회원국 출신 4인의 대표자로 구성된다. 그중 2인은 정부대표이고 나머지 2인은 가입국의 사용자대표와 근로자 대표이다. 4인의 대표는 총회의 모든 심의사항에 대해 개별적으로 투표할 권리를 지닌다. 하지만 가입국이 민간대표 1인을 지명하지 않은 경우나

9) 한국 고용노동부 ILO 파견 전문가와의 인터뷰에 의하면, 삼자협의 구도에서 노동자는 자신의 주장을 관철하기 위해 어필하고, 정부와 사용자는 방어적이며 대응적인 기제를 갖는다. 노동자 측은 주로 제소를 하고 사용자 측은 대응에 전력하는 형국이다. ILO 제소 전 국내에서의 노사정 합의는 그 성사 여부가 대개 민주화 정도와 시민사회의 성숙도에 의해 영향을 받는다. 한국은 상대적으로 이러한 메커니즘이 아직 잘 작동되지 않는 국가군에 속한다. 2014년 5월 22일 방콕.

총회가 특정 대표의 승인을 거절한 경우에는 노사대표의 균형을 고려하여, 다른 한 민간대표는 총회출석이 가능하고 발언을 할 수는 있으나 투표권은 행사할 수 없다. 또한 각 대표는 총회 의사결정의 각 의제와 관련한 2인 이하의 고문을 동반할 수 있다. 특이한 것은 여성문제와 연관된 의제의 경우 고문 중 1인은 반드시 여성이어야 한다. 고문은 투표권이 없으며, 수반한 대표가 요청하고 총회의장이 허가한 경우에만 발언이 허락된다. 그러나 대표가 의장에게 사전에 제출한 문서에 고문 1인을 대리자로 임명한 경우에는 발언권과 투표권이 부여된다.

대표나 고문의 성명은 가입국 정부에 의해서 ILO 사무국에 통보된 후 위임장 심사를 받아야 한다. 총회는 정부대표, 사용자대표, 근로자대표 각 1명으로 구성된 자격심사위원회 Credentials Committee 의 보고에 기초하여 대표와 고문의 승인이 그 절차를 지키지 않았다고 판단하는 경우 출석대표 투표 3분의 2에 의해 승인을 거부할 수 있다.

2) 이사회

이사회 Governing Body 는 정부대표 28명, 사용자대표 14명, 근로자대표 14명으로 구성되며, 임기는 3년이다. 정부대표 28개국 중 10개국이 상임이사국이다. 이사회는 총회의 의제를 결정하고, 사무총장 선출과 사무국 감독 등이 주 업무이며 연 3회(3월, 6월, 11월) 개최된다. 10개 상임이사국은 산업적으로 중요성을 지니는 국가(브라질, 중국, 프랑스, 인도, 이탈리아, 일본, 러시아, 영국, 미국, 독일)에 고정되어 있고 나머지는 3년마다 총회에서 선출된다. 어느 국가가 주요 산업국가인지에 대한 판단은 이사회의 권한이다. 이사회는 주요산업국인 회원국의 명단을 수정하는 문제가 특정한 의제로서 그 회기의 의사일정에 포함되어 있지 않거나, 관련 보고서가 이사회에 제출되지 않은 경우에는 이 문제를 의제로 상정할 수 없다. 이사회의 임원은 주요산업국의 명단 수정을 이사회에 건의하기 전에 이사회에 의해 임명된 전문가가 포함된 위원회의 자문을 받아야 한다. 전문가들은 분담금액과 국민소득, 무역량, 경제활동 인구를 주요한 판단기준으로 삼는다. 정부대표

중 주요 산업국을 제외한 나머지 18명의 선정은 10개 상임이사국을 제외한 총회의 정부대표들이 모여 비밀투표로 선정한다. 여기서 선정된 회원국이 정부측 이사를 임명한다. 또한 14명의 노동자측 이사와 14명의 사용자측 이사는 각각 총회의 노동자측 대표와 사용자측 대표로 구성된 선거인단에서 비밀투표로 선출한다. 정부측 이사 선정과는 달리 노동자나 사용자측 이사의 선출은 국가가 아니라 개인을 지명하여 투표한다. 한편 부이사로 분류되는 비상임이사는 정부대표 28명, 사용자대표 19명, 노동자대표 19명이다.

이사회는 매년 3회의 통상회의ordinary sessions를 개최하여 ILO의 정책과 사업에 대한 제반 사항을 결정한다. 그러나 이사회의 개편이 있는 경우, 총회회기 중 비상임이사국 사용측 이사 및 근로자측 이사의 선거가 치러져야 하기 때문에 총회 회기 전에 열리는 이사회와 총회 폐지 후 열리는 회의가 별개의 회기로 계산되어 1년에 4회 개최된다. 16명 이상의 이사 또는 정부단체 16명, 사용자단체 12명, 근로자단체 16명의 서명이 있는 요청서를 수령한 경우 이사회의장은 이사회 특별회의special meeting를 소집해야 한다. 의장은 언제든지 직권으로 회의를 소집할 수 있는 권한이 있다. 회의는 보통 5~6일에 걸쳐 진행되며, 총회 회기 전 2일과 총회 직후 1일을 회의기간으로 하는 것이 관례이다. 이사회는 항상 ILO 사무국 본부에서 개최된다.

이사회의 임무는 다음과 같다. 첫째, 총회 및 모든 지역회의 그리고 3자 구성위원회, 전문가위원회 등의 개최일시·장소·의제를 결정하고 협약과 권고의 채택 전에 완전한 기술적인 준비 및 회원국의 협의, 의제를 결정한다. 더불어 회원국에 보고서를 송부하는 일, 총회 의사규칙 개정안을 작성하여 총회에 제출하고, 사무국이 작성한 예산안과 분담금 비율을 심의하여 총회에 제출한다. 둘째, 사무총장을 임명하며 사무국의 업무를 감독하고 지시를 내린다. 셋째, 회원국 정부가 총회에서 채택된 협약 및 권고에 대해 자국에서 취한 비준 준비조치에 관한 보고서의 내용항목들을 결정한다. 이를 불이행했을 경우에는 총회에 보고한다. 또한 비준하지 않은 협약에 대해 보고서를 제출할 것을 요청하는 권한을 갖고 있다. 비준한 협약에 대해서도 실행여부를 설명하는 정기적인 보고서를 제출하도록 요구할 수 있다. 비준한 협약이나 결사의 자유원칙을 준수하지 않는 회원국에 대해 진정이나 제소가 접수되면, 이를 심의하여 정부에 답변을 요청하거나 현지조사를 실시할 권한을 갖고 있다. 특히, 협약과 권고의 적용을 감독하는 임무를 갖고 있는 전문가위원회의 구성원을 임명할 권한을 갖고 있다. 넷째, 헌장이나 협약의 해석에 대해 국제사법재판소의 권고적 의견을 요청하거나, 협약의 해석과 관련한 분쟁 또는 이의를 해결하는 재판소의 설치에 관한 규칙을 작성한다.

이사회는 그 활동의 효율화와 임무를 충실히 수행하기 위해 7개의 상설위원회를 설치하여 예비적인 검토를 하고 있다. 위원회의 위원은 3년마다 이사회의 개선과 동시에 갱신되며 이사회의 개회 전 통상 10일간의 회합에서 예비적인 검토를 행한다. 7개의 상설위원회는 다음과 같은 기능을 수행한다. 첫째, 결사의 자유에 관한 위원회Committee on freedom of Association는 노·사·정 각각 3명, 합계 9명의 정위원과 정부측 3명, 사용자측 6명, 근로자측 3명, 합계 12명의 부위원으로 구성한다. 이 위원회는 국제노동기구의 핵심원칙인 단결권과 단체교섭권 및 기본권과 관련한 제반 진정과 제소를 심의하는 등 이사회의 가장 중요한 기능을 담당하고 있다. 원래의 설치목적은 진정이나 제소가 접수되었을 때 이에 대한 예비심사를 주로 하였으나, 그 중요성과 심각한 위반사례의 증가로 인해 심의뿐만 아니라, 정부측과 직접 접촉하여 문제해결을 추진하고 단결권 원칙에 대한 유권해석을 하는 중요한 상설위원회이다.

이 위원회 산하의 소위원회인 사실조사조정위원회Fact-Finding and Conciliation Commission on Freedom of Association는 제기된 이의complaints와 진정representations을 조정하는 기능을 담당한다. 헌장에 명시된 관련규정(26~29조와 31~34조)10)에 의거하여 회원국 정부나 노사가 다른 회원국의 비준협약 준수 위반을 이유로 ILO에 이의를 제기하는 경우 이 위원회는 조사 후 시정조치를 권고한다. 한편 진정representations은 노사단체가 특정회원국이 비준협약을 준수하지 않음을 이유로 헌장 24~25조에 근거하여 제기한다. 진정의 경우는 노사

---

10) 헌장규정.

단체가 당해국 정부를 향해 갖는 불만사항을 ILO가 접수하여 이사회 논의를 거쳐 해당 정부에 답변과 해명을 요구하는 절차를 거친다. 해당 정부의 답변이 불성실하거나 미비한 경우 이사회는 진정내용을 공개할 수 있다.

이러한 문제를 총괄하기 위해 1950년에 설치된 이 위원회는 결사의 자유와 관련된 기구 내 최고 특별기구로 인정받으며, ILO 이사회가 임명한 9명의 독립적인 위원으로 구성되어, ILO 이사회가 회부하는 사건을 심의한다. 특히 결사의 자유와 관련된 협약을 비준하지 않은 국가의 경우 해당 정부의 동의를 전제로 조사단을 파견하여 진상을 직접 조사하기도 한다.

일본의 사례

- 1958년 기관차노동조합 및 전국 체신노동조합이 총평과 연명으로 결사의 자유와 단결권에 관한 일본 정부에 대한 항의서를 ILO에 송부
- ILO 결사의 자유위원회에서 (제179호) 안건으로 채택
- '64. ILO 제158회 이사회는 동 안건을 「사실·조사조정위원회」에 송부
- 동 위원회는 일본 정부의 동의를 얻어 조사활동 시작:
  일본 정부는 1965년 협약 제87호 비준

둘째, 재정관리 위원회Financial and Administrative Committee는 이사회 의장, 정부측 8명, 사용자측 8명, 근로자측 6명 합계 23명의 정위원과 정부측 10명, 사용자측 7명, 근로자측 6명, 합계 23명의 부의원으로 구성된다. 재정관리위원회는 사무국에서 제출한 예산안 및 결산보고서, 회계감사보고서, 회계감사관의 임명, 경리 상황, 사무국직원의 임금 및 연금문제, 사무국직원을 위한 고충처리위원회의 구성에 대한 예비검토를 하고 이를 이사회 전체회의에 보고한다.

셋째, 의사규칙 및 협약·권고의 적용에 관한 위원회Committee on Stranding

Orders and the Application of Conventions and Recommendation는 정부측 6명, 사용자측 및 근로자측 각각 4명, 합계 14명의 정의원과 정부측 4명, 사용자측 6명 및 근로자측 5명, 합계 15명의 부위원으로 구성된다. 의사규칙 및 협약·권고의 적용에 관한 위원회는 총회, 이사회, 산업별위원회의 의사규칙이나 헌장 개정안을 심의함과 동시에 협약과 권고의 적용에 관해 회원국이 제출하는 정기보고서를 심의하고 비준하지 않은 협약에 대해 정부의견서를 요구하는 문제를 검토한다. 이 위원회 산하의 협약·권고 적용 전문가위원회는 이사회가 설치하는 하부 상설기관으로 사무총장의 제청으로 이사회에서 임명한 임기 3년의 20명 위원으로 구성된다. 이 위원회는 비준협약 적용상황, 미비준 협약 적용 실태 및 위원회에 회부된 각종 보고의 전문적 검토를 하고 당해국에 답변서를 직접 요청하여 얻어낸 검토의견observation을 총회의 기준적용위원회에 상정하는 역할을 한다. 기준적용위원회는 총회에 참가하는 노사정 대표단으로 구성되는 비상설기구이다. 이 위원회는 전문가 위원회에서 상정한 안건을 심의하고 안건 해당국 정부 및 노사정 대표의 의견을 청취한 후 권고안을 채택하여 이사회와 총회에 상정하는 역할을 수행한다.

넷째, 분담금할당위원회Allocations Committee는 정부측만의 8명의 정의원과 3명의 부위원으로 구성된다. 분담금할당위원회의 임무는 가맹국 전체의 분담금률의 결정과 신가맹국이 있는 경우에 그 분담비율의 결정과 이에 따른 구가맹국의 분담비율의 인하 및 분담금의 지급을 지체하고 있는 가맹국의 요청에 의한 지체금의 정산방법 등을 이사회에서 또는 이사회의 사전허가를 얻어서 총회 정부대표자의 재정위원회 등에 직접적으로 권고를 한다.

다섯째, 산업별위원회에 관한 위원회Committee on Industrial Committee는 정부측 8명, 사용자측 8명, 근로자측 8명, 합계 24명의 정위원과 정부측 9명, 사용자측 6명, 근로자측 6명, 합계 21명의 부위원으로 구성된다. 산업별위원회에 관한 위원회의 임무는 산업별노동위원회의 심의결과를 검토함으로써 그 활동을 조정하고 장래의 계획을 수립하는 데 있다.

여섯째, 국제기구위원회International Organizations Committee는 정부측 6명, 사용자측 6명, 근로자측 6명, 합계 18명의 정위원과 정부측 10명, 사용자측

7명, 근로자측 4명, 합계 21명의 부위원으로 구성된다. 이 위원회의 임무는 국제노동기구와 다른 국제기구 간의 문제를 검토하고 그 결과를 이사회에 보고하는 것이다.

마지막으로 운영계획위원회 Committee on Operational Programmers 는 정부측 14명, 사용자측 7명, 근로자측 7명, 합계 28명의 정위원과 정부측 13명, 사용자측 7명, 근로자측 7명, 합계 27명의 부위원으로 구성된다. 운영계획위원회의 임무는 국제노동기구의 각종 지원활동과 현지에서의 실제 활동을 검토하고 그 성과를 심사·평가하며, 이러한 검토·심의의 결과를 이사회에 대하여 권고와 보고를 한다.

3) 사무국

국제노동기구의 상설사무국을 국제노동사무국 International Labour Office 이라고 부른다. 기구 명칭인 International Labour Organization은 "Big ILO," 다른 유엔기구와는 다른 사무국 명칭인 International Labour Office는 "Small ILO"로 내부에서는 부르기도 한다.[11] 사무총장은 이사회가 임명하고, 이사회의 지시에 따른 사무국의 효율적인 활동에 대하여 책임을 진다. 사무총장은 이사회가 승인한 규정에 의거하여 사무국 직원을 임명한다. 사무총장과 사무국 직원은 매우 국제적인 기능을 수행하기 위해 국제노동기구 이외의 어떠한 정부나 어떠한 기관으로부터도 지시를 받지 않는다. 모든 가맹국은 사무총장과 사무국 직원의 국제적인 성질을 존중하지 않으면 안 되며 그들에 대해서 영향력을 행사해서도 안 된다.

사무국 관할하의 모든 사업과 운영을 책임지는 사무총장은 5년의 임기를 수행하며 연임이 가능하고 연임 횟수의 제한은 없다. 1919년 기구 창설 이후 현재의 사무총장을 포함 총 10명이 직무를 맡아왔다. 역대 사무총장 임기와 기본 정보는 〈표 2〉와 같다.

전직 사무총장 9명 모두 전문관료, 외교관, 정치인 출신인 것과는 다르게

---

11) 이정근 박사 인터뷰. 2014.5.14. APCEIU.

〈표 2〉			역대 ILO 사무총장

이름	임기	국적	주요 경력
가이 라이더 (Guy Ryder)	2012~	영국	전 국제노동조합총연맹 사무총장 캠브리지대 대학원 노동경제 석사
후안 소마비아 (Juan Somavia)	1999~2012	칠레	전 주유엔 칠레대사/유엔본부 간부 파리대학 졸/철학박사(명예)
미셸 안센 (Michel Hansenne)	1989~1999	벨기에	전 국회의원/장관(노동/佛문화/시민사회) 리쥐(Liege)대학 경제학박사 현 EU의회 의원
프란시스 블랑샤르 (Francis Blanchard)	1974~1989	프랑스	전 국제난민기구 외교관/ILO 부사무총장 소르본느대 문학학사 2009년 작고
윌프레드 젠크스 (C. Wilfred Jenks)	1970~1973	영국	전 ILO 전문외교관/부사무총장 캠브지리대/제네바국제대 국제정치전공 1973년 작고
데이비드 모스 (David A. Morse)	1948~1970	미국	전 변호사/미국방부 인력담당관 하바드대 법대 1990년 작고
에드워드 필란 (Edward Phelan)	1941~1948	아일랜드	전 ILO 설립위원회 부위원장 리버풀대학 문학학사 1967년 작고
존 위난트 (John G. Winant)	1939~1941	미국	전 뉴햄프셔주 상원의원/주지사 ILO 부국장/주영 미국대사(임기후) 프린스턴대학 법학학사 1947년 작고
해롤드 버틀러 (Harold Butler)	1932~1938	영국	전 ILO 1차 총회 사무총장/부사무총장 발리올리대학 문학박사 1951년 작고
알버트 토마스 (Albert Thomas)	1919~1932	프랑스	전 군수장관/ILO 집행이사회 사무국장 파리대학 문학/역사학 학사 1943년 작고

출처: ILO 홈페이지 및 기타자료 종합

현 ILO 사무총장인 가이 라이더^{Guy Ryder}는 〈표 2〉에서 알 수 있듯이 국제노동운동을 주도해온 지도자 출신이다. 2013년 5월 28일 열린 사무총장 선출투표에서 가이 라이더는 프랑스 교육부장관 출신의 쥘 드 로빙엥 후보 등 8명의 경쟁자를 제치고 당선되었다. 그는 1980년대 영국 최대 노동조합 상급단체인 노동조합회의^{Trade Union Council}의 국제부문에서 노동계 활동을 시작했고, 2006년부터 2010년까지 국제노동조합총연맹^{International Trade Union Council} 사무총장을 역임했다. 가이 라이더는 2012년 10월 1일부터 5년 임기의 사무총장직을 수행하고 있다. 그는 노동운동계에서 오랜 경력을 쌓아 왔던 이유로 보다 적극적으로 노동계 의견을 청취하고 반영하는 리더십을 표방하며 일자리 중심의 정책전환과 민생문제 해결에 집중할 것으로 기대되고 있다.

　제네바에 본부를 둔 ILO 사무국 소속 직원은 본부와 40개의 지역 및 국별 사무국을 합쳐 약 2,700명에 이른다. 그중 900명 정도는 기술협력 사업과 프로그램에 종사하며, 2014년 기준 사업예산 12억 달러(2개년)를 매년 집행한다. 조직은 사무총장과 직원으로 구성되며, 총회·이사회와 달리 상설기구로서 총회·이사회 활동을 위한 기술적 준비작업과 노동문제에 관한 정보 수집 및 출판활동 등의 역할을 수행한다.

　사무국이 담당하는 주요 업무는 첫째, 총회를 위하여 의사일정 상의 각종 의제에 관한 서류를 준비하고, 둘째, 총회의 결정에 의거하여 행하는 법률 및 규칙의 입안과 행정상의 관행 및 근로감독제도의 개선에 관하여 정부의 요청이 있을 경우에는 가능한 한 모든 적당한 지원을 하며, 셋째, 협약의 효과적인 준수와 관련하여 본 헌장의 규정에 의하여 사무국에 요구되는 임무를 수행하며, 넷째, 국제적인 이해관계가 있는 산업 및 고용의 문제를 다루는 출판물을 이사회가 필요하다고 인정하는 언어로 편집하고 또한 간행한다. 이외에도 일반적으로 사무국은 총회 또는 이사회가 부여하는 여타의 다른 권한 및 임무를 가신다.

　사무국은 정책국, 운영·혁신국, 지역·국가사무소 관리국 등 크게 3개국으로 구성되어 있다. 정책국은 각종 정책을 분석하기 위한 기초자료를 수집하고 정책방향성을 수립하며, 수행정책을 평가하고 모니터링하는 역할을 담당한다. 정책국 산하에는 국제노동기준과, 고용정책과, 기업과, 사회보장과, 분야별 행동Sectoral Activities과 거버넌스·삼자협의과, 노동조건·평등과 등으로 구성되어 있다. 운영·혁신국은 기본적으로 본부의 시설관리 및 제반 지원체계를 위한 직무를 수행한다. 총무·행정과, IT운영과, 전략프로그래밍운영과, 재무과, 인적자원운영과, 행사출판과 등으로 구성된다.12)

우선 통계자료의 수집과 분석능력이 유엔전문기구 중 가장 우수한 것으로 알려진 ILO는 개발협력을 위한 기초자료를 위해 항시적으로 강제노동, 청년실업, 아동노동, 일반실업 통계를 관리한다. 사무국 직무 중 또 다른 중요한 통계자료 및 출판자료는 ILO 직업사전International Standard Classification of Occupation, 고용상태 구분International Classification of Status in Employment, 산업재해분류Classification of Occupational Injuries 등 노동관련 통계와 연관되어 있다. 이 중 ILO 직업사전은 1957년에 채택되어 1968년, 1988년, 2008년 세 차례의 개정과정을 거쳤다.

한편 사무국은 지역·국가사무소 관리국을 통해 지역별 혹은 국가별 사업을 총괄 지휘하고 감독하는 역할을 수행한다. 지역은 아프리카, 미주대륙, 아랍, 아시아·태평양, 그리고 유럽·중앙아시아로 구분되어 관리된다. 아프리카 지역사무소는 에티오피아의 아디스아바바, 미주대륙은 페루의 리마, 아랍지역은 레바논의 베이루트, 아시아·태평양은 태국의 방콕, 그리고 유럽과 중앙아시아는 제네바 본부에서 직접 관장한다. 5개의 지역사무소는 관할 지역 회원국과 연계된 사업들을 지원하고 예산을 배분하고 감독하는 기능을 수행한다. 다른 유엔기관과는 달리 ILO 지역사무소의 국별 사업 관리 기능은 매우 체계적이고 국별 사무소는 관장사업 전반에 대해 홈페이지를 통해 실시간 정보를 제공하며, 그 결과를 공개한다.

---

12) ILO 본부와 사무국의 조직 구성 및 기능과 역할에 대한 상세한 설명은 ILO, *Reform of International Lanour Organization's Headquarters Organizational Structure* (2013)를 참조.

지역사무소는 크게 세 분류의 하부 사무소를 운영한다. 첫째는 ILO의 최우선 정책 아젠다인 양질의 일자리 정책지원팀Decent Work Technical Support Teams: DWTs이다. 아시아·태평양 지역을 관할하는 방콕사무소는 이 조직을 방콕과 뉴델리에 상주시켜 각각 동(남)아시아 및 태평양과 남아시아를 담당케 한다. 둘째는 11개에 이르는 국별 사무소이다. 이 사무소들은 주로 사업 현안이 집중되는 국가들을 위해 존재한다. 방글라데시 다카사무소, 중국과 몽골을 담당하는 북경사무소, 피지, 파푸아 뉴기니, 솔로몬 제도, 키리바시와 태평양 도서국가를 담당하는 피지의 수바 사무소, 인도네시아와 동티모르를 관장하는 자카르타 사무소, 역내 제2의 지원 체계로 기능하는 일본 도쿄 사무소, 네팔의 카트만두 사무소, 파키스탄의 이슬라마바드 사무소, 필리핀의 마닐라 사무소, 스리랑카와 몰디브를 관장하는 콜롬보 사무소, 태국, 캄보디아, 라오스를 담당하는 방콕사무소, 베트남의 하노이 사무소 등이 여기에 해당한다. 마지막으로 ILO 아시아·태평양 지역사무소는 노동기준 취약지역의 집중사업을 관리하기 위해 연락사무소나 현지사업지원사무소를 두기도 한다. 아프가니스탄 카불, 캄보디아 프놈펜, 라오스의 비엔티엔, 몽골의 울란바토르, 미얀마의 양곤, 파푸아 뉴기니, 동티모르의 틸리에 그러한 사무소들은 배치되어 있다.

총회와 이사회의 기간별 활동과 사무국의 항시 활동을 보조하는 중요한 기능들이 ILO가 갖는 또 다른 특징이다. 지역총회Regional Conference는 해당 지역과 관련이 있거나 영향을 미치는 ILO 활동이나 각종 토의 주제에 관한 예비 토론을 주도하며, 통상 4년마다 개최(아시아·태평양, 아프리카, 미주, 유럽 지역)된다. ILO에는 12개 산업별 위원회(화학, 사업, 음식료품, 의료, 기계 및 전기공학, 광업, 석유·가스, 우편, 공공사업, 운송, 공익설비)가 설치되어 있으며, 각 산업별 위원회 회의의 제목, 의제, 참가국 숫자 등은 2년마다 이사회가 결정하고 초청받은 국가 정부는 노사정 각 2명의 대표와 고문을 파견한다.

IV. 기구의 주요 역할과 기능

ILO는 2012년 현재 189개 협약convention, 202개 권고recommendation(비준대상은 아님) 형태로 국제노동기준을 제정해 바람직한 글로벌 고용노동 및 사회정책 방향을 제시하고 있고, 국제사회는 ILO의 이러한 노력을 인정해 1969년 노벨평화상을 수여한 바 있다. 국제노동기구는 3자 협의 원칙에 입각하여 ILO 헌장과 필라델피아 선언에 명시된 목적을 달성하기 위하여 국제노동기준의 설정과 기술협력활동,13) 조사연구 및 각종 책자, 지침서, 연구결과 보고서의 발간14) 등 여러 국제기구와 협력하여 폭넓은 활동을 하고 있다. 그러나 이러한 여러 활동 중 가장 중심이 되는 것은 국제노동기준을 설정하기 위한 국제협약과 권고의 채택이다.

1. 국제노동기준: 사회적 조항과 경제적 조항의 조화

국제노동기준은 국제적인 노동관련 레짐에서 통과된 조약이나 권고 그리고 협정을 통해 체계화된 노동관계와 연루된 논쟁 및 갈등 사안을 해결할

---

13) 1949년부터 시작되어 특히 실업과 불안전고용, 기술근로자의 부족, 저생산성 등 개발도상국이 당면하는 제반문제 해결을 위해 정규예산을 통해서뿐만 아니라 유엔개발계획(UNDP)의 기술원조부문 및 특별기금부문을 통해 각국에서 기술협력활동을 수행하고 있다. 한편, 우리나라 관련 협력사업으로 ILO는 1957년에서 1971년까지 한국에 대해 전문가 파견, 해외훈련, 직업훈련원 운영 등에 약 250만 불을 지원하였으며, 1978년에는 국립노동과학연구소 설립에 약 82만 불을 또한 지원한 바 있다. 그리고 1998년 6월 이후 우리 실업 대책 추진과 관련하여 ① 실업자 재취업훈련의 성과평가, ② 일용직 사회안전망 구축, ③ 직업안정 서비스의 질 제고 등 3개 분야에서 협력사업을 추진하고 있다.

14) 국제노동연구소와 국제직업훈련원(튜린센터)을 설치하여 노동문제의 과학적 연구와 교육, 개발도상국에서 필요한 분야에 대한 훈련을 실시하고 있으며 각종 자료를 각국 언어로 발행하고 있다.

때 적용되는 원칙과 규범을 가리킨다. 노동기준은 다른 형태로 표현되기도
한다. '인권-사회 조항', '무역-사회조항', '무역-노동기준', '인권사회기준', '무
역-사회연계' 등이 그것이다. 이러한 다양한 표현들이 내포하는 개념의 주요
가치는 인권과 관련된 윤리도덕과, 산업과 관련된 경제효과의 두 측면에서
조명된다. 윤리와 도덕의 가치는 노동자의 권리, 인격 존중, 근무조건 개선
등의 문제를 포함하며, 후자는 무역효과와 연계된 사회복지 차원의 대우기
준을 포함한다.

　기본적으로 국제노동 기준은 협약과 권고의 형태로 만들어진다. 이 중
협약은 회원국이 비준하는 경우 해당 회원국은 이를 이행할 법적 의무가
발생한다. 반면 권고는 협약 내용과 관련하여 회원국의 정책과 활동이 나아
가야 할 방향을 제시하는 지침의 성격을 가지고 있으며, 이를 이행할 법적
의무는 없다. 기준의 다른 형태는 ILO 총회와 각종 회의 시 채택되는 직업
규약, 결의, 선언 등이다. 이들은 비록 일정 규범을 설정하는 효과는 있으나,
협약 및 권고와 같이 공식적인 성격은 없으며, ILO의 국제노동기준 체계에
는 포함되지 않는다.

　국제노동기준의 설정이란 근로자의 근로조건의 향상과 공정한 무역경쟁
을 촉진하여 세계평화에 이바지할 목적으로 국제적인 근로기준을 정한 ILO
협약과 권고를 제정하고 채택하는 것을 말한다. 일반적으로 협약은 가맹국
에 의한 비준이라는 행위를 수반하는 의무창설문서이며, 권고는 비준이라는
행위가 수반되는 것이 아니고, 국내조치를 위한 가이드라인이다. 협약을 비
준하면 그 가맹국은 이미 각종 행위에 구속을 받지만, 권고는 그 나라의 상
황에 적합한 입법, 단체협약 또는 그 외의 조치를 위한 지침이다. 따라서
협약은 국제적인 최저노동기준을 정해서 비준이라는 행위에 의한 국제적의
무의 수락을 목적으로 하는 반면, 권고에서 정한 기준은 현상적인 기준과
세계적인 현상의 평균적인 관행이라는 양자의 타협점에 가까운 것이다. 따
라서 권고는 의무보다는 오히려 진보적인 지침^{program}을 나타내는 것이다.

　결국, ILO 협약은 국제적인 근로기준의 향상과 나아가 공정한 국제경쟁
의 촉진을 목적으로 하는 것으로서 다른 국제협약과 같이 비준이라는 절차

에 의해 효력이 발생한다. 따라서 하나의 협약이 법적 효력을 갖기 위해서는 일정수의 가맹국이 비준을 등록하면서부터 일정 기간이 경과할 것을 필요로 한다. 또 협약을 비준한 나라는 이에 구속되어 자국법으로 이를 시행할 의무를 부담하며, 가맹국이 이것을 폐기하지 않는 한, 가령 국제노동기구를 탈퇴하더라도 일정기간 내에는 그 협약에 구속된다. 이에 반해, ILO 권고는 법률이나 단체협약의 작성에 있어서 유력한 지침에 불과하다. 즉, 의무라기보다는 오히려 진보적인 지침을 나타내는 것이다. 또한 최근에는 동일한 사안에 대하여 협약과 권고를 동시에 채택하여 원칙적인 내용은 조약에 넣고 세부적인 내용은 이를 보충하는 권고로서 규정하는 경우가 많아지고 있다. 이런 의미에서 권고에서 정한 기준은 이상적인 기준과 세계현상의 평균적인 관행 간의 타협점에 가깝다.15)

ILO 총회에서 채택된 ILO 협약과 권고는 그 법적 성질에 있어서 근본적인 차이가 있다. ILO 협약은 의무창설문서Obligation Creating Instrument로서 비준에 의하여 법적 구속력을 가지는 국제협약으로서 효력이 발생한다. 이에 반해, ILO 권고는 국내조치의 기준이 되는 기준설정문서Standard Defining Instrument로서 본질적으로 국내조치의 지침에 불과하다. 그러나 만약 ILO 협약이 비준되지 않을 경우에는 아무런 법적 구속력이 없으며 총회에 의해 승인된 국제적 기준을 문서화한 것에 불과하다. 이런 점에 있어서 비준되지 않고 있는 ILO 협약은 단지 국내조치의 지침에 불과하기 때문에 법적 효력 면에서는 권고와 다른 점이 전혀 없다.

국가별 발전수준의 차이, 문화적 가치의 상이성, 정치사회체제의 차별성 등을 고려할 때 보편적 인권과 각국의 상황적 근거에 따른 노동기준을 동일시하는 것은 매우 어려운 일이다. 이러한 도전적 과제에 대응하기 위해 ILO는 1995년에 핵심노동기준에 대한 공통인식을 위한 7개 조약을 비준했다. 1998년 국제노동자대회에서 역시 통과된 핵심노동기준은 첫째, 결사의 자유 및 노동조합 조직화와 단체협약 추진의 자유, 소년공 노동금지, 강제노

---

15) 이을형(1994), pp.166-167.

동 금지,16) 동일노동에 대한 동일임금 및 취업차별의 제거 등이 그 골자이다.

2012년 8월 현재까지 ILO는 189개 협약과 202개의 권고를 채택하였다. ILO협약 비준절차 및 감시제도, 분야별 주요협약 및 국제노동기준 ILO협약의 종류는 다음과 같다. 우선 ILO 협약은 기본인권, 고용, 노사관계, 노동행정, 근로기준, 사회보장 등 여러 분야를 망라하며, 그중에서 다음과 같이 근로자의 가장 기본적인 권리를 다루는 4개 분야 8개 협약은 핵심협약 fundamental Conventions으로 분류하여 비준의 이행이 특별히 강조되고 독려된다.

핵심협약(Fundamental Conventions)

- 차별금지 남녀 동등보수 협약(제100호)
- 고용·직업상 차별금지 협약(제111호)
- (아동노동금지) 취업상 최저연령 협약(제138호)
- 가혹한 형태의 아동노동 철폐 협약(제182호)
- (강제노동금지) 강제노동에 관한 협약(제29호)
- 강제노동 철폐에 관한 협약(제105호)
- 결사의 자유 및 단결권 보호 협약(제87호)
- 단결권 및 단체교섭권 협약(제98호)

한편 다음과 같이 노동관련 제도 및 정책에 본질적으로 중요한 문제를 다루는 4개의 거버넌스 협약Governance Convention이 있으며, 이 협약들 또한 회원국이 우선적으로 비준하도록 장려한다.

---

16) 강제노동과 관련된 제반 정의와 국제적 추세에 대해서는 ILO, *ILO Global Estimate of Forced Labour: Results and Methodology*(2012)를 참조.

거버넌스 협약(Governance Conventions)

- 근로감독 협약(제81호)
- 근로감독(농업) 협약(제129호)
- 고용정책 협약(제122호)
- 삼자협의 (국제노동기준) 협약(제144호)

한편 소위 사회적 조항social clause은 노동기준과 인권 등의 상황을 무역과 투자의 합법성을 인정하는 제도적 근거로 삼는다. 이 조항은 무역제재를 실시하도록 허락해야만 기본적 사회 권리의 실현을 보장할 수 있고, 세계적인 공동의 사회보장 기준을 마련할 수 있다는 인식에서 발기되었다. 기본적으로 사회적 조항의 핵심 내용은 ILO의 핵심노동기준이다. 사회적 조항은 첫째, 근로자의 기본권리 조약은 무역 및 국제금융기구의 주요 협정에 포함된다. 둘째, 사회적 라벨social label for ethical trade 제도를 실행하여 교역국의 생산과정이 핵심노동기준에 부합하도록 요구한다.[17] 셋째, WTO와 ILO는 공동으로 감독기구를 설립하고 무역제재를 통해 노동기준이 실시되도록 유도한다. 이러한 정책 지향성은 1996년 싱가포르에서 개최된 국제노동장관회의에서 사회적 조항이 정당한 제도적 명분을 지니고 WTO 제반회의에서 일반의제로 다루는 것에 대한 합의가 이루어졌다.

국제노동기준과 관련된 협약은 첫째, 협약의 비준이 국내 법제도와의 배치 여부를 검토한 후 이루어지며, 둘째, 국제기구가 제시하는 협약은 개별국가의 정책 형성에 있어 일종의 기준이나 시나리오로 가능하며, 실제 정책설계에 영향을 크게 미치고, 셋째, 개별국가는 협약을 위반함으로써 국가의

---

17) 사회적 라벨 제도와 관련된 상세한 논의는 Simon Zadek, Sanjiv Lingayah and Maya Forstater, *Social Labels: Tools for Ethical Trade—Final Report*, European Commission (1998)을 참조.

대외이미지 하락^{naming and shaming}에 민감하게 반응하게 되는 효과가 있다는 면에서 매우 중요한 ILO 기능의 작동 메커니즘이다. 예를 들면 1955년 미얀마 강제노동이 제재결의안에 회부되어 노동관련 국제활동을 금지시킨 사례 등이 있다.[18]

미얀마 사태의 진전: 정치적 환경변화에 대한 ILO의 대응

강제노동과 인권탄압으로 국제사회의 지탄을 받아오던 미얀마는 2012년 4월 민간 정부 출범 1년 만에 이루어진 보궐선거에서 아웅 산 수지(Aung San Suu Ki) 여사가 이끄는 민족민주동맹(National League for Democracy: NLD)이 압승을 거두면서 미얀마의 강제노동과 노동탄압 문제에 깊이 관여해온 ILO 내에서도 중요한 진전이 이루어졌다. ILO는 1998년 미얀마 내에 광범위하게 자행되고 있는 강제노동에 대한 실사위원회의 보고에 따라, 이를 개선시키기 위한 수많은 권고를 내린 바 있다. 특히 2000년 총회에서는 이러한 권고를 이행하지 않는 미얀마에 대한 회원국의 투자 및 외교관계의 재고를 강력히 요청하기도 했다. 1999년 이후 ILO는 강제노동 철폐 활동 이외의 어떠한 실무협력을 제공하지 않았으며, ILO 주관의 어떤 회의에도 미얀마 정부를 초청하지 않았다. 그러나 제101차 총회와 제102차 총회에서 회원국은 전체회의 투표를 통해 미얀마에 대한 주요 제한을 철폐하는 데 동의했다. 이에 따라 미얀마 정부와 ILO는 강제노동 철폐를 위한 공동전략의 추진에도 합의했고 강제노동 현황에 대한 ILO의 조사도 받아들였다. 미얀마에 대한 낙관론은 시기상조이지만, 향후 미얀마 정부가 강제노동 철폐와 인권보호에 대해 ILO라는 국제사회와의 약속을 어떻게 지켜나갈 것인지 주목되고 있다.[19]

---

18) 1955 미얀마 강제노동에 관한 내용은 고용노동부, 「ILO 이사회 결과보고서」(2002)를 참조.

19) 이인덕, *ibid.*, pp.139-140; ILO, "ILO lifts remaining restrictions on Myanmar," *Press Release*(June 13, 2013).

노동기준을 마련하고 회원국들에게 이를 전파하기 위해 다양한 협약과 권고를 마련하는 역할을 하는 ILO는 대표적 노동기준인 최저임금제가 제2차 세계대전 이후 세계적으로 확산되는 과정에서 중심적 역할을 수행했다.[20] 특히 개도국에서 나타나는 최저임금제의 확산은 ILO의 기준을 국내법으로 수용하는 과정에서 상당한 영향을 받았다. 임금이란 노사간의 근로 관련 계약이나 단체협약에 의존하여 결정되는 것이 원칙이지만, 노사간의 대등한 교섭능력이 담보되지 않는 것이 일반적이기 때문에, 이를 자치적인 메커니즘에 의존할 경우 근로자들의 적정임금을 보장하기는 어렵다. 결국 이러한 경우가 빈번해지면서 정부가 임금의 결정과정에 개입하여 최저 수준을 직접 정할 필요가 생긴 것이다. 이러한 필요에 의해서 정부가 시장의 자율적 임금결정을 제한하게 된 것이다. 그 역사적 시초는 뉴질랜드에서 1894년 시행된 산업조정 및 중재법Industrial Conciliation and Arbitration Act 이 제도의 시초이다.[21] 초창기의 최저임금제는 그 적용범위가 상당히 제한적이며, 제2차 세계대전 시기까지는 선진국이나 유럽국가들을 중심으로 제도가 발달하였지만 그 이후 개도국을 중심으로 널리 확산되어왔다. 국제노동기구에 따르면 현재 전 세계 약 90퍼센트의 국가에서 최저임금제를 실시하고 있다.

ILO가 제공한 노동기준 중에서 〈최저임금결정제도의 수립에 관한 협약 제26호〉, 〈농업부문에서의 최저임금결정제도 수립에 관한 협약 제99호〉, 〈개도국을 중심으로 한 최저임금결정에 관한 협약 제131호〉 등 세 개의 협약과 〈최저임금결정제도 수립에 관한 권고 제30호〉, 〈농업부문에서의 최저임금결정제도 수립에 관한 권고 제89호〉, 〈개도국을 중심으로 한 최저임금

---

20) 최저임금결정제도(minimum wage-fixing) 혹은 최저임금제란 노동시장 내 임금결정 기구만으로 해소되지 않는 저임금을 일소하고 저임금 노동자들의 생활수준을 개선할 것을 목적으로 임금의 최저한도를 정하고 사용자에 대하여 그 수준 이상의 임금을 지급하도록 강제하는 제도이다. 김유선, "최저 임금 제도가 저임금 근로자 및 근로조건 등에 미친 영향 평가"(노동부, 2004); 황정윤·장용석, "개발도상국에서의 국제노동협약 확산의 영향 요인: 최저임금결정을 중심으로," 한국행정학회 추계학술대회논문집(2013), p.2에서 재인용.

21) 황정윤·장용석(2013), p.3.

결정에 관한 권고 제135호)가 최저임금제와 관련된 것들이다. 그중 제26호 협약과 제131호 협약은 중요한 의미를 지닌다. 제26호 협약은 이를 비준한 국가들이 농업을 제외한 산업부문에서 최저임금결정제도를 마련·실시할 것을 주요 내용으로 한다. 반면 제131호 협약은 이를 비준한 국가들이 산업별 구분 없이 모든 직종의 근로자를 적용대상으로 하는 일반적 최저임금제의 마련·실시할 것을 주요내용으로 한다.[22]

위에서 살펴보았듯이 ILO의 최저임금 관련 협약은 이를 비준한 회원국이 최저임금제를 수립하고 시행하도록 하는 내용을 담고 있다. 전 세계적으로 나타나는 최저임금제의 도입현상은 ILO가 마련하고 있는 최저임금 관련 기준을 국내법으로 수용하는 과정에서 나타난 것이다. 일례로 헝가리 정부는 1932년 ILO의 최저임금 관련 협약을 비준하고 이를 법령으로 공포함으로써 최저임금제를 도입하였다. 이는 최저임금제 영역에서 ILO의 노동협약이 상당한 중요성 및 관련성을 지닌다는 것을 의미한다.[23]

2. ILO 협약의 비준 및 이행

ILO 협약과 권고의 채택 절차는 〈그림 1〉과 같다.

협약은 비준 시에 이를 이행해야 하는 국제법적 구속력이 발생하는데, 비준 여부는 회원국에서 결정하며, 협약을 비준한 국가만이 당해 협약에 기속된다. 결사의 자유 관련 협약 제87호 및 제98호는 미비준 시에도 예외적으로 준수의무가 있다고 해석되며, 〈결사의 자유위원회〉가 이행 여부를 감시하며, 협약비준 등에 대해 헌장 제19조와 제22조에 근거하여 총회에 보고한

---

22) 황정윤·장용석(2013), p.4. 두 협약 사이의 보완관계에 대해서는 A. Sulaiman, L. I.
  Olanrewaju and F.M. Tinuke, "Minimum Wage Implementation and Management
  in a Post-Recession Economy: The Nigerian Experience," *European Scientific
  Journal*, 8(7), (2012), pp.18-35를 참조.
23) 황정윤·장용석(2013), p.7.

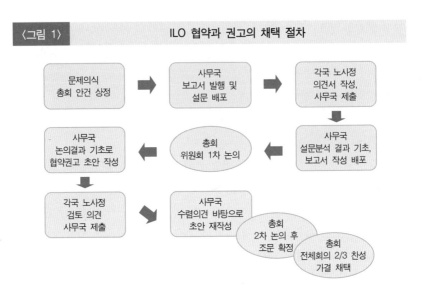

<그림 1>　　　　　　　　　　ILO 협약과 권고의 채택 절차

다. 채택된 ILO 협약 및 권고는 권한 있는 기관(국회)에 제출되어야 하며
회원국 정부는 이와 관련한 조치를 ILO에 통보하며, 회원국은 미비준협약의
이행상황에 대해서도 이사회가 정한 기간별로 보고할 의무가 있다. 회원국
의 협약·권고 이행상황, 미비준 요인 등을 파악하여 ILO의 정책 수립에 반
영되며, 대부분의 협약은 비준 후 1년이 되면 효력이 발생되고 회원국은 해
당 협약의 이행을 위해 취한 조치를 주기적으로 보고해야 한다.

　국제노동기구의 협약 및 권고의 채택절차는 ILO 헌장 제14조에서 제19조
까지 규정하고 있는데, 이를 정리하면 다음과 같다.

　첫째, 이사회에서 국제노동기구의 사무국에 특정주제와 관련한 회원국의
법률 및 관행에 관한 비교연구를 요청한다.

　둘째, 이사회에서 사무국의 보고서를 기초로 하여 국제기준의 설정여부,
즉 총회의 의제로 채택할 것인가에 대하여 최종결정을 한다.

　셋째, 총회의 의제로 채택하기로 결정하면 사무국에서 보다 상세한 보고
서를 작성하고 협약 및 권고 등의 초안을 질문서의 형태로 작성한다.

　넷째, 국제노동기구의 사무국은 회원국에 보고서 및 질문서를 적어도 총

회 개최 1년 이전에 송부한다.

　다섯째, 국제노동기구의 회원국은 적어도 총회 개최 8개월 이전에 노사단체의 의견을 첨부하여 국제노동기구에 답변내용을 제출한다.

　여섯째, 회원국의 답변내용을 토대로 국제노동기구 사무국에서 사실상의 제1차 토의 안을 작성하여, 적어도 총회개최 4개월 이전에 회원국에 송부한다.

　일곱째, 총회에서 제1차 토의하는 단계로서 3자로 구성되는 총회위원회를 구성하여 검토를 한다. 총회위원회는 통상적으로 합의된 초안과 차기회의 안건으로의 상정을 요구하는 결의문을 총회에 첨부하는데, 초안이 합의되지 않거나 총회에서 의제로 채택하지 않을 경우에 논의는 종료된다.

　여덟째, 총회 폐회 이후 2개월 이내에 사무국은 총회에서 제안된 안을 송부하고 각 회원국은 노사단체와의 협의를 거쳐 3개월 내에 수정안을 다시 사무국에 제출한다.

　아홉째, 사무국은 회원국의 답변서를 토대로 최종안을 작성하여 총회개최 3개월 이전에 회원국에 송부한다.

　마지막으로 총회에서 제2차 토의하는 단계로서 총회위원회의 검토가 끝난 후, 총회출석대표 3분의 2의 찬성으로 협약 또는 권고로 확정한다.

3. 회원국의 협약과 권고 비준 의무

　개별 ILO 협약은 비준 시 국내법과 같은 효력을 가지므로 기본적으로 입법절차와 동일한 단계를 거쳐 비준된다. 다만 비준 시 국내입법이 필요(새로운 권리나 의무의 수반)하거나, 예산상 조치가 필요하지 않을 경우 국회의 동의 없이 대통령 재가로 비준절차가 마무리된다는 점이 특징이다. 협약을 비준함으로써 발생하는 회원국의 의무는 협약의 규정을 이행하기 위하여 필요한 국내 조치를 취하는 것과 ILO 사무국에 비순협약 이행현황에 관한 연차보고서를 제출하는 것 등이다.

　일반적인 회원국내 비준절차는 다음과 같다.

- 비준대상 협약결정
- 대상협약별로 주관부서 의견수렴, 부처선람(이견이 있을 경우 비준 유보)
- 공식 번역문 작성(외교부)
- ILO자문의뢰(의문사항이 제거될 경우)
- 법제처 심의
- 차관회의
- 국무회의
- 국회 동의(새로운 의무가 발생할 경우)
- 대통령 재가(새로운 의무가 발생할 경우)
- ILO사무총장에 통지(비준서 기탁)(새로운 의무가 발생하지 않을 경우)
- 유엔사무총장에 통지(새로운 의무가 발생하지 않을 경우)

국제노동기구 총회에서 협약 및 권고가 채택되면 국제노동기구의 모든 회원국은 총회에서 채택된 모든 협약 및 권고를 입법 또는 다른 조치를 위해 총회회기 종료 후 늦어도 1년 이내에 또는 예외적인 사정 때문에 1년 이내에 불가능한 경우에는 가능한 한 신속히 또한 어떠한 경우에도 총회 회기 종료 후 18개월 이내에 협약 또는 권고를 권한 있는 기관에 제출하여야 한다.[24] 여기서 권한 있는 기관이란 법을 제정하는 입법기관으로서 통상 국회를 말하는 것이다. 따라서 협약 및 권고를 권한 있는 기관에 제출하는 목적이 각국의 권한 있는 기관을 통하여 협약 및 권고를 실시하기 위해 국가적 단계에서 어떠한 조치를 할 것인가를 결정하는 데 있다고 볼 때, 협약과 권고를 입법기관에 제출할 의무는 협약의 입법조리 의사를 적극적으로 나타내기 위한 제도이며, 국내여론을 반영하도록 하기 위한 배려이다. 또한 권고에 있어서는 비준이 있을 수 없기 때문에 권고에 관하여 권한 있는 기관이란 국내법에서 권고의 규정을 실시하기 위해 필요한 권능이 있는

---

24) ILO 헌장 제19조 제5항(b) 및 제6항(b) 참조.

기관이다.25)

입법기관에 제출하는 제반사항에 관한 통지의무의 경우 국제노동기구의 회원국은 총회에서 채택된 협약 및 권고를 원칙적으로 총회회기 종료 후 1년 이내에 권한 있는 기관에 제출할 의무가 있으나 이 의무의 이행을 확보하기 위해 입법기관에 제출하는 제반 사항 등을 국제노동기구 사무총장에게 통지할 의무를 회원국에게 부담시키고 있다.26) 이러한 의무를 이행하지 않는 경우에는 다른 회원국은 이 사항을 이사회에 회부할 권한이 있다. 이사회는 이러한 조치의 불이행이 있었다는 것을 확인한 경우에는 이 사항을 총회에 보고하여야 한다.27) 회원국은 미비준협약 및 권고의 상황을 보고할 것을 의무로 받아들인다. 회원국은 협약을 비준하지 않은 경우 협약이 취급하고 있는 사항에 관한 자국의 법률 및 관행의 현황을 이사회가 요구하는 적당한 기간마다 국제노동기구 사무총장에게 보고하여야 한다. 이 보고에는 입법 및 행정적 조치, 단체협약 또는 다른 방법으로 협약이 시행되고 있는가 또는 시행될 협약이 시행되고 있는가 또는 시행될 범위를 기재하고 또한 협약의 비준을 방해하거나 지연시키는 장애에 대하여 기술하여야 한다.28)

한편, 권고에 대해서는 회원국은 권고에서 취급하고 있는 사항에 관한 자국의 법률 및 관행의 현황을 이사회가 요구하는 적당한 기간마다 국제노동기구 사무총장에게 보고하여야 한다. 이 보고에는 권고의 규정이 어느 정도 시행되고 있는가 또는 시행되려고 하고 있는가 및 이러한 규정을 채택하거나 적용함에 있어서 필요하다고 인정된 또는 인정될 수 있는 수정사항을 명시하여야 한다.29)

회원국은 입법기관의 동의를 얻은 때에는 당해 협약을 비준할 의무가 있다. 회원국은 비준을 결정한 때에는 그 정식비준을 국제노동기구 사무총장

25) 이을형(1994), pp.179-180.
26) ILO 헌장 제19조 제5항(c) 및 제6항(c) 참조.
27) ILO 헌장 제30조 참조.
28) ILO 헌장 제19조 제5항(e) 참조.
29) ILO 헌장 제19조 제6항(d) 참조.

에게 통지하여야 한다. 사무총장은 이 협약의 비준을 등록함으로써 그 협약은 비준국에 대해서 효력이 발생하여 비준국을 구속하게 된다. 특히, 국제노동기구 협약의 비준에는 유보(조건)를 붙일 수 없다. 즉, 조건을 첨부한 비준은 인정되지 않는다. 이는 국가만의 이익이 구현되고 있는 것이 아닌 노·사·정 3자 구성으로 채택한 협약이기 때문이다.30)

V. 기구의 성과와 도전 요인 극복을 위한 노력

1. 성과: 복지국가의 확대

선행 경험적 연구들은 노동과 근로자 복지 영역에서 추진해온 ILO의 주요 활동들이 지구사회의 복지국가 확대에 크게 기여한 것으로 평가한다. 이는 곧 ILO의 영향력이 세계화와 더불어 증대되면서 ILO의 이념과 정보가 널리 확산된 결과 많은 국가들이 사회복지 지출 비중을 증대하는 데 영향을 미쳤다는 것을 의미한다.31) 개별 회원국의 자발적 참여를 전제로 한 협약의 구속력에 대해 의문이 제기되기도 하지만, ILO의 협약은 다음과 같은 측면에서 매우 중요한 역할을 하고 있다고 판단된다.

우선 협약을 비준하기 위해서는 국내 법제도가 협약과 배치되는지 여부를 검토한 후 비준하기 때문에 협약의 비준이 국내 관련 법규나 정책의 긍정적 변화를 초래한다. ILO가 채택하는 협약은 협약의 대상이 되는 노동,

---

30) 이을형(1994), p.191.

31) David Strang and Patricia M. Y. Chang, "ILO and the Welfare State: Institutional Effects on National Welfare Spending, 1960-1980," *International Organization*, 47(2), (1993), pp.1-49. 황정윤, "국제노동협약 확산에 대한 영향요인 연구," 연세대학교 대학원 행정학과 석사학위논문(2013), pp.21-24에서 재인용.

복지 기준에 대한 정의 및 대상, 적용범위와 자격조건 등을 기술하기 때문에, 이 세부적이고 구체적인 노동기준은 개별국가의 정책결정의 토대로 기능한다. 몇몇 노동선진국의 과거 사례는 이러한 논리를 뒷받침한다.

일례로 스웨덴은 〈1973년 실업보장법Unemployment Insurance Act〉을 제정하면서 일급의 범위를 〈ILO의 사회보장협약Social Security Convention, 1952〉에서 정하는 요건 이상으로 정할 것'을 명시했다.[32] 이는 ILO의 협약이 실제 개별국가의 정책수립과 설계의 과정에 있어서 기준으로 작동한 것을 의미하며, 이러한 현상은 개발도상국에서 더욱 두드러진다.[33] 프랑스의 경우 2005년 실업문제의 대처를 위해 도입한 '신고용계약제도'가 ILO의 네 가지 협약을 위반했다는 진정이 ILO에 제기되자, 파리 항소법원은 ILO의 협약조항을 직접 언급하며 국제노동기준의 직접적인 국내 적용을 인정하였다. 캐나다에서도 2000년대 농업노동자들의 단체교섭과 관련한 분쟁에서 법원의 판단 근거로 ILO의 기준이 언급되었다. 이는 결국 ILO의 협약이 단순한 상징적 의미를 넘어 실제 개별국가의 국내법에도 영향을 미치고 있다는 사실을 증명한다.

ILO의 협약은 노동이나 복지에 대한 인식을 새롭게 변화시키는 순기능을 하기도 한다. 현대사회에서는 최소한의 노동조건과 복지를 보장하는 것을 인간이 누려야 할 기본적인 권리로 인식한다. 이런 면에서 보면 ILO가 채택하는 협약들은 그 기준이 인권과 관련한 기본적이고 본질적인 권리로 국제사회가 인식하게 하여 개별 국가의 정책형성 과정에 영향을 미치는 것이다. 1930년대의 스페인 좌파세력과 1960년대 그리스 사회민주 세력이 자신들의 정책을 정당화하기 위한 방편으로 ILO의 노동기준을 활용한 사례는 그러한

---

32) 스웨덴의 관련정책의 발전과정과 국제적 파급에 대해서는 최근 발간된 ILO, "Building economic recovery, inclusive development and social justice," *World Social Protection Report* 2014-15 (June 3, 2014)를 참조. 이 보고서는 http://www.ilo.org/global/research/global-reports에서 다운로드 가능.

33) Earnest Alfred Landy, "Influence of International Standards: Possibilities and Performance," *International Labor Review*, 101(1970), p.555. ILO(June 3, 2014), p.22에서 재인용.

영향력을 방증한다. 한편 ILO가 채택하는 협약은 비록 회원국들의 자발적인 참여에 의해 비준이 이루어지지만, 감시와 제재를 위한 메커니즘이 존재한다는 사실도 회원국들이 협약의 비준에 순응하도록 하는 수단이 된다. 특히 ILO가 채택하는 협약과 권고 중 협약은 국제법상의 조약으로서 회원국이 이를 비준할 경우 법적으로 구속력이 발생하므로, 협약을 비준한 국가는 이를 이행할 의무를 부담하게 된다. 결국 협약을 비준한 국가는 협약과 관련된 제도를 도입해야 하며, 정기적으로 협약의 이행사항을 보고해야 할 의무를 지니게 된다. 또한 개별국가가 협약을 위반하여 초래할 국제사회에서의 체면 손상에 대해 매우 민감하게 반응한다는 것도 비준국가의 책무에 대한 부담을 준다는 긍정적 효과가 있다.

황정윤은 다양한 선행연구의 검토를 통해 이를 증명하고 있다. 그의 연구에 의하면 국가들이 인권협약을 비준한 후 국제사회에서 활동하는 시민이나 다양한 행위자들을 의식하기 때문에 실제 인권탄압의 정도가 감소했고, ILO의 복지관련 협약의 비준이 실제 개별국가의 복지지출 증대로 이어진다고 분석했다. 더불어 ILO의 활동 자체가 개별국가의 복지프로그램 도입에, 그리고 ILO의 협약 비준이 개별국가의 노동비용 상승에 상당한 영향을 미친다는 결론을 도출했다. 이외에도 일본에서 1970년대 산업재해 관련법이 제정된 것이 ILO의 관련 협약을 비준했기 때문이라는 점도 협약의 국내 정책에 미치는 영향력을 보여준다.[34]

2. 도전요인 극복 과제: 협업의 확대

국제노동기준을 어떻게 설정하고 시행할 것인가? ILO의 회원국이 협약을 비준하는 것을 통하여 실시하는 방식은 유일한 실시방식인가? 이러한 방식은 근로자 권리를 보호하는 작용을 할 수 있는가? 국제노동기준 실시의 행

---

34) 황정윤·장용석(2013).

위주체는 과연 누구인가? 이러한 방식은 모두 유효한가? 만약 효과가 미비하다면 어떤 다른 방식을 모색해볼 수 있는가? 이러한 질문들은 ILO가 처한 도전요인들을 배경으로 제기되고 있다.

1) 취약국가(fragile state)에 대한 적극적 접근

ILO는 개인의 기술개발과 훈련을 만족스러운 일자리 보장과 빈곤극복의 해결방안으로 인식하고 다음과 같은 정책적 도전에 적절히 대처할 것을 권고하고 있다.

첫째는 교육훈련에 관한 투자문제이다. 교육훈련에 대한 종합적인 투자는 특히 개발도상국에서 시급히 해결되어야 하는 과제이며, 모든 국민이 교육훈련을 이수할 수 있는 경제전략, 고용증진 전략 및 고용증진 프로그램과 긴밀히 연계되어야 한다. 이를 위하여 정부가 일차적인 책임을 지고 기업과 사회적 파트너, 그리고 개인이 일정한 책임을 분담해야 한다.

둘째는 기초 교육 및 문해 교육, 그리고 필수기술^{core skills}의 습득에 관한 것이다. 기초 교육과 극빈 국가의 국민에 대한 문해 교육은 긴급히 개혁될 필요가 있다. 의사소통이라든가 문제해결능력 등 필수 직무기술의 개발은 각 개인들이 지식기반사회를 준비할 수 있도록 해 주기 위한 개혁의 중요한 부분이다.

셋째는 직업교육과 훈련체제의 개혁에 관한 것이다. 모든 사람들을 위한 평생학습^{lifelong education for all}이 실현되기 위해서 각국은 직업교육훈련체제에 일대 혁신을 가할 필요가 있다. 학교에서 직업세계로의 체계적인 이행을 통하여 젊은 층의 교육과 직업현장학습간의 통합이 이루어져야 한다. 훈련체제 또한 급변하는 기술요건에 대응하여 좀 더 유연해질 필요가 있다. 개혁은 특정 직업 영역을 위한 훈련에 초점을 맞추기보다는 어떻게 학습이 촉진될 것인가에 초점을 맞추어야 할 것이다.

넷째는 개인이 갖춘 기술(기능)의 인정에 관한 것이다. 대부분의 사람들은 종전과는 다른 다양한 채널을 통하여 기술을 습득하고 있다. 그러나 이렇게 습득한 기술은 대개 공식적으로 인정되지 않고 있다. 개인이 습득한 기술은 어떻게 그 기술을 습득했는가와 상관없이 국가자격 틀^{national} qualifications framework 에 따라서 그 일부분으로 인정하는 것이 매우 중요하다.

다섯째는 훈련에 관한 사회적 대화 social dialogue 의 촉진에 관한 문제이다. 바람직한 개혁과 훈련에 대한 투자가 증진되기 위해서는 훈련정책과 기술개발에 관한 논의에 사회적 당사자들을 긴밀하게 개입시키는 것이 시급하다. 정부 단독으로 교육훈련에 관한 방향을 설정하는 것이 더 이상 설득력을 얻기 어렵기 때문이다. 좀 더 강력한 사회적 대화 과정을 통해서 훈련체제가 지지를 얻게 될 것이다.

국제노동기구에서 여성을 포함한 성인의 만족할만한 고용 및 수입을 확보하기 위하여 별도로 추진하고 있는 프로젝트는 '기술·지식·고용가능성에 관한 중점 프로그램InFocus Programme on Skills, Knowledge and Employability: IFP/SKILLS' 이다. 극빈자를 감소시키는 것을 목적으로 한 응집력 있는 고용 전략 수립을 촉구하는 유엔총회의 결의에 대응하여 국제노동기구는 '세계고용의제 Global Employment Agenda'를 제안하였다. 하지만 그 보편적 규범의 창출에 실패하면서 구호성 아젠다로 변색되고 있다. 지속가능한 고용능력의 유지와 확대, 국제적인 고용 취약계층의 능력과 스킬 제고를 위한 근본적이면서도 보다 이타적인 행보의 증대를 통해 국제사회의 요구에 더욱 적극적으로 부응해야 하는 의무가 ILO에게 요구된다.

ILO에서 장기간 근무한 바 있고 현재는 APB 수석 컨설턴트로 재직 중인 한 전문가는 ILO가 직업훈련에 관한 정책의 수립과 추진에 있어서 별 진전 없이 최근에는 일종의 자문회사 수준으로 전락한 것에 대해 비판적 견해를 피력했다. ILO 내에는 차제 직업훈련 전문가가 부족한 상태에서 외부 전문가를 고용하여 ADB, World Bank, EU, 캐나다, 호주가 지원하는 직업훈련 프로젝트를 수행하는 수준에 머물러 있다는 주장이다. 유네스코가 주장해온 '모두를 위한 교육Education for All: EFA'이 '모든 아이들을 위한 양질의 무상 초등 의무교육 달성'을 목표로 내세웠지만, 문해능력과 초등교육만으로는 직업을 갖기 어려운 상태이므로 저개발국들은 직업훈련 인프라가 절대적으로 필요한 상황인데, 이에 대해 ILO가 소극적이라는 지적이다.³⁵⁾

ILO에서 한국 정부의 신탁기금 사업을 총괄하는 고용노동부 파견 공무원과의 인터뷰에서도 ILO가 직업기술 발전, 노동자의 사회적 보호 기반 강화, 연금제도 구축 지원 등을 양질의 일자리 창출이라는 최대 과제의 세 가지 중점 추진방향으로 설정했기 때문에 직업훈련 지원에 대한 ILO의 역할이 확대될 필요가 있다는 의견이 제기된 바 있어 위의 지적은 매우 중요한 사안으로 평가된다.[36]

2) 사용자의 위기 인식 확대에의 대응

전임 소마비아 사무총장이 80퍼센트라는 높은 지지율로 당선되어 손쉽게 3선 연임에 성공한 반면, 현 가이 라이더 사무총장은 6차례의 투표 끝에 최종적으로 56표 중 30표의 찬성을 얻어 당선되는 곤욕을 치렀다. 이는 라이더 사무총장이 임기 중 사용자 측의 소극적이고 비협조적인 의사결정 과정 참여에 의해 상당히 많은 난관에 봉착할 환경이 조성되었다는 것을 의미한다. 그러한 조짐은 2012년 새 사무총장 선출이 진행되던 제101차 총회장의 분위기에서도 잘 나타나고 있다. 선거 직후 개최된 ILO 총회 기준적용위원회에서는 노동자의 기본권과 생존권을 전면 부정하는 초유의 사태가 발생했다. ILO 전문가위원회의 연차보고서에 기초해 각국의 비준협약 이행 상황을 점검하는 이 위원회에서 사용자 측이 파업권과 관련된 모든 국가의 사례 논의를 거부한 것이다. 이는 협약 이행에 대한 ILO 감시기구가 작동한 1926년 이후 최초의 사태이기도 하다. 노동자 측은 이러한 사태는 글로벌 경제위기 속에서 더욱 노골화된 사용자들의 공세라고 주장하기도 한다.[37]

사용자 주장의 요지는 글로벌 리포트의 〈결사의 자유에 관한 ILO협약 제87호〉와 관련해 전문가들이 파업권을 언급한 점을 용납할 수 없다는 내용

---

35) 본고의 초고 발표에 대한 토론 내용에서 발췌. "제4-2차 국제기구 총서 학술대회: 인권, 사회문화, 보건, 환경, 글로벌 거버넌스와 국제기구," 2014년 5월 14일, APCEIU.

36) 방콕 현지 인터뷰. 2014년 5월 22일.

37) 이인덕, "노동기본권과 양질의 일자리를 국가정책의 핵심에,"『노동사회』165권(한국노동사회연구소, 2012), pp.134-135.

이다. 사용자그룹은 이 협약에는 파업권에 대한 직접적 언급이 없음에도 불구하고 전문가위원회가 이를 자의적으로 해석해 파업권을 거론한 것을 결코 받아들일 수 없다고 주장했다. 또한 이에 대한 판단을 내릴 수 있는 결정기구는 전문가위원회가 아니라 총회이고, ILO 헌장 제37조에 의해 국제사법재판소만이 국제노동협약의 해석을 내릴 수 있다는 점을 그 논거로 제시했다. 이에 대해 노동자 측의 입장은 파업권이란 결사의 자유에 반드시 수반되는 권리이므로 제87호 협약에 파업권이 포함되는 것은 너무도 당연하다고 주장한다.38) 노동탄압 사례의 검토와 논의를 거부한 사용자 측의 태도는 대부분의 정부대표와 ILO 사무국도 비판적 자세를 보이기에 충분했다.

결국 사용자 그룹은 글로벌 리포트의 파업권과 관련된 전문가위원회의 언급에 대해 이견이 있다는 사실을 기록으로 남기고, 이사회를 통한 적절한 후속조치를 요구하는 타협안을 제시했다. 이러한 사용자 측의 돌발적 의견 표출은 100년 가까운 ILO의 역사에 오점을 남긴 사태로 이해되는 한편, 향후 삼자 협의 구도의 균형이 와해될 여지에 대한 우려도 남기게 되었다. ILO의 새로운 성격의 리더십과 사용자와 국가 그룹의 충돌이 잠재적으로 존재하는 상황이라고 볼 수 있다.

전술한 바와 같이 ILO는 유엔기구 중 유일하게 노사정 3자 협의 방식을 유지하며 국제사회의 노동기본권 수호와 노동자의 권리를 증진하는 데 크게 기여했다. 그러나 1944년 필라델피아 선언, 1969년 노벨평화상 수상, 1998년 작업장의 기본원칙과 권리선언이라는 중요한 업적에도 불구하고, ILO에 대한 비판은 줄어들지 않는다. 이러한 비판은 ILO의 협약과 권고가 구속력이 없어 각국 정부의 자발적 비준과 이행에 기초하고 있다는 내재적인 한계에서 비롯된다. 더불어 최근 총회에서의 사용자 그룹과 노동자 측의 전에 없던 충돌은 노사정 3자주의의 위기를 의미하며, 이 문제를 해결하기 위해 조직과 기능을 새로이 정비하고 협약과 권고가 실질적으로 이행되도록 하기 위해 더욱 강화된 노력이 필요하다. 또한 ILO의 협약과 권고 등 각종 기준

---

38) 이인덕(2012), p.135.

과 해석은 전 세계에 적용될 수 있는 보편성을 띠고 있으므로, 각국 정부가 자의적으로 악용할 수 있는 소지를 안고 있다. 최근 몇몇 정부가 소수노조의 단체교섭권에 대한 ILO의 방침을 정부에 유리하게 해석해 노동탄압의 빌미로 삼고 있는 것은 그 단적인 예이다. ILO가 이에 대한 합리적인 해결책을 강구하지 않는다면 다른 유엔기구와의 차별성을 인정받기 어려울 수 있다.[39]

　앞 절에서 논의한 바와 같이 ILO가 유럽 중심으로 운영되고 있다는 개도국의 비판에 주목해야 한다. 칠레출신의 소마비아 전 사무총장을 제외하고 역대 사무총장이 모두 선진국 출신이라는 점을 고려할 때, 이러한 비판은 영국출신인 가이 라이더 사무총장 리더십하에서도 지속될 가능성이 있다. 향후 어떻게 저개발국과 개발도상국의 이해관계를 탄력있게 조율하고 국가 간 격차를 축소시키기 위한 정책의 지향성을 확립하는 과제가 남아 있다.

　실질적으로 국제기구들이 국제적인 문제의 해결에 나름대로 기여를 해왔다. 하지만 이 기구들에 가입한 회원국들이 자국의 경제적 이익을 희생하면서까지 인권, 환경정의, 전지구적인 평등과 복지, 세계평화 등 지구 차원의 문제 해결에 적극적으로 나서리라고 기대하기는 어렵다. 그래서 더 많은 국제적 연대를 위해 많은 국제적 연대들이 생겨나고 있다. 전지구적인 문제를 해결하기 위해 유엔을 비롯한 다양한 국제기구에 압력과 영향력을 행사하는 지구시민사회의 가치를 공유하는 비정부기구들과 기존 국제기구들과 협업은 필수불가결한 사안이 된 것이다. 초국가적 혹은 사적인 글로벌 행위자들과 국제기구의 연대 혹은 협업은 이렇듯 유엔이 추구해온 헌장과 보편적 가치에 동의하면서 재정적이거나 정책적 차원의 지원과 네트워킹을 추구하는 설득력 있는 비정부기구 혹은 초국가적 행위자와 함께 추구될 때 가능할 것이다. 국제기구는 이를 위해 기구의 보편적 규범가치이며 존재의 이유인 헌장과 제도를 시대적 요구에 부응하는 자세로 지속적인 개혁의 노력을 늦추지 말아야 하며, 이러한 국제기구 스스로의 정당성과 효율성의 개선은 결

---

39) 이인덕(2012), pp.138-139.

국 네트워킹 대상 행위자들과의 협력관계를 통해 발전된 역할과 기능을 할 수 있을 것이다.[40)]

이러한 의미에서 볼 때, 유엔기구 중 유일하게 ILO는 노동자와 사용자 대표라는 시민사회 성격의 비국가적 회원을 삼자의결구도하에서 구성하고 있다는 점이 독특하다. 그럼에도 불구하고, 특정 전문정책 분야에서는 비정부기구들로부터 자문을 받고, 현장 사업 수행과정에서 그들과 협력적 관계를 유지하면서, 비교적 활발히 비정부기구 중심의 시민사회에 대해 개방적이고 협력적 자세를 지닌다. 이 비정부기구들은 그 전문성에 따라 총회에 초청되어 자신들의 전문성에 기반한 의견을 제시하는 기회를 얻기도 한다. 또한 비정부간국제기구들 중 노동자나 사용자를 대변하는 정책전문성을 지니지 않은 영역에서 ILO의 본부 혹은 지역 수준의 미팅에 참여하여 자문역할을 수행하기도 한다. ILO 집행이사회는 1956년 필라델피아 선언에 기초하여, ILO와 협업을 추구할 능력을 지닌 비정부기구들을 선정하는 정책을 도입했고, 현재는 약 150개의 비정부기구들이 등록되어 활동하고 있다.[41)]

3) 기존 경쟁력의 유지 및 발전

(1) 지역 및 국별 사무소의 기능 확대

ILO는 유엔 산하 전문기구 중 본부와 지역 및 국별 사무소 간의 협업이 유기적이고 체계적인 것으로 잘 알려져 있다. 전지구적 차원의 노동자 인권 보호와 양질의 일자리 창출을 위한 정책적 노력이 전통적 업무영역인 협약

---

40) 최동주, "글로벌 거버넌스의 시각에서 본 국제기구의 위상 및 역할: 총론적 이해를 위하여," 최동주·조동준·정우탁 엮음, 『국제기구의 과거·현재·미래』(APCEIU, 2013), pp.256-258.

41) "Engaging Civil Society," ILO 홈페이지, www.ilo.org/pardev/civil-society/lang--en/index.htm(검색일: 2014.5.9). 150개 기관의 목록은 〈첨부〉를 참조. ILO 진출을 희망하는 석사 이상의 정책전문성을 지닌 인력들은 적극적으로 ILO와 협업하는 비정부기구들 사업 참여 기회를 모색하는 것이 매우 유리한 자격 및 능력기준 확보의 기회를 제공할 것으로 기대함.

의 발의와 비준의 직무보다 오히려 더 활발히 성장하고 있다. 비록 예산능력이 정체된 상태에서 현장사업들이 외부 공여에 의해 주로 수행되는 한계가 있기는 하지만, 외부 공여자들이 현장의 수요에 기초하여 국가의 특정 대상을 위한 목적기금을 공여하기 때문에, 우려처럼 공여자의 입김이 작용하는 사례는 매우 드물고 시민사회의 기능이 제도화되고 확산되는 추세이기 때문에 사업수행 국가 내부의 모니터링과 협업기능도 동시에 성장하고 있는 추세이다.

지역별 사업의 경우 종종 지역협력체와 공동으로 사업을 전개하기도 한다. 그 좋은 예가 아시아·태평양 사무소의 〈아세안지역 이민노동자의 인권 보호를 위한 삼자행동사업Tripartite Action for the Protection and Promotion of the Rights of Migrant Workers in the ASEAN Region〉이다. 캐나다 정부의 개발협력 신탁기금으로 조성된 ILO의 예산과 정책지원으로 수행되는 이 사업의 사업수행 파트너는 ASEAN 회원국의 삼자 의결구도를 구성하는 세 행위자, 즉 회원국 정부를 대표하는 아세안 사무국ASEAN Secretariat, 노동자 측인 아세안 노동조합회의ASEAN Trade Union Council, 그리고 사용자 측인 아세안 고용주협회ASEAN Confederation of Employers 등이다. 역내 국가들이 공통으로 고민하는 과제인 이민노동자의 강제 및 비강제 유입에 대한 법적·제도적 장치를 설립하고, 문제에 대한 공동의식을 함양하는 데 사업의 목적이 있다. 사업의 대상은 상대적으로 저개발 국가로 분류되는 캄보디아, 인도네시아, 미얀마, 라오스, 필리핀, 베트남 등이다. 이 사업은 철저하게 지역사무소의 직접 관할하에서 수행되며, 2012년 5월에 시작되어 2016년 12월에 종료될 예정이다. 한편, 일본과 아세안이 공동으로 출연한 기금Japan-ASEAN Integration Fund에 의해 수행되는 아세안 소기업 경쟁력 강화 프로그램ASEAN Small Business Competitiveness Programme은 자금 동원력이 상대적으로 열악한 아세안 개도국 회원국의 소기업활동을 지원하기 위한 재원공급 사업이다. 영세 소기업의 창업자금 지원과 기술능력 지원 등이 주요 목적이다.

국별 사업 수행의 경우, 가장 우수한 사업성과를 기록하고 있는 인도네시아 자카르타 사무소의 예를 들어 그 내용을 구체적으로 파악하는 것이 이해를 크게 도울 수 있다. 아시아·태평양 지역사무소 관할 34개국 국별 사무소 중 인도네시아의 자카르타 사무소는 가장 활발한 사업성과를 이루어왔다. 자카르타 사무소가 수행하는 주요 프로젝트를 살피는 작업은 ILO가 다른 유엔기관의 국별 사무소를 통한 사업수행과정에서 어떤 경쟁력을 보이는지 알 수 있게 한다. 국별 사무소가 수행하는 대개의 프로젝트들은 양질의 일자리 창출을 위한 ILO의 아젠다에 직접적으로 부합하는 프로젝트들이며, 재원은 거의 모두 공여국의 목적 신탁기금에 의존하여 수행된다. 사업의 주요 대상은 아동과 청소년, 여성, 그리고 중소기업으로 크게 나뉘어진다.

첫 번째 사례는 미국 노동부의 기금으로 2012년 3월부터 2016년 12월까지 수행되는 〈도시 아동노동 근절을 위한 도시 노동자를 위한 양질의 일자리 Decent Work for Domestic Workers to End Child Domestic Work〉 사업이다. 2011년 6월에 채택된 ILO 협약 189호 "도시노동자를 위한 양질의 일자리" 조항은 권리를 심각하게 침해받고 있는 도시의 여성과 아동의 노동을 근절하는 것을 목적으로 하여 성립되었다. 특히 이 협약은 노동가능 최소 연령 미만의 아동의 고용 자체를 근절하는 것을 목적으로 한다. 그 대표사업의 일환으로 세계 4대 인구 보유국인 인도네시아 사업을 추진하게 되었다. 이 사업의 추진을 위해 자카르타 사무소는 중앙 및 지방의 공공기관과 견실한 파트너십을 구축하고 도시 노동자의 역량개발, 지역별 도시 노동자의 능력향상을 위한 훈련 프로그램 개발, 지역 간 경험공유 체계 구축, ICT를 활용한 교육지원 및 법률 자문, 도시 노동자 현황 조사 및 통계자료 구축 등의 사업들을 집중적으로 수행하고 있다. 사업 책임자인 아름 라사와티 Arum Rathawati 정책자문관은 이 사업의 주요 파트너인 인도네시아 국립 도시노동자지원연대 Indonesian National Network for Domestic Workers Advocacy: JALA PRT, 로컬 시민단체인 도시노동자와 이민노동자를 위한 행동위원회 Action Committee for Protection of Domestic Workers and Migrant Workers: KAPPRT ─ BM, 아동노동방지연대 Child Labour Network: JARAK가 주요 사업 파트너임을 밝히며, 국가기관인 도시노동자지원연대와의 상호이해와 공동가치의 공유에 너무 많은 시간이 초기에 소비되어 사업의 난항을 겪었으나, 2년 차에 접어들어 그러한 문제점들이 많이 해소

되었다고 증언했다.[42] 이는 아직 중앙 정부 차원에서의 문제인식이 제한적일 수밖에 없는 사업대상국가에서 빈번하게 발생하는 일이며, 국가 차원에서의 문제의식의 확대가 매우 중요한 사안임을 확인시켜준다.

인권기구를 표방하는 ILO의 현지사업을 지원하기 위한 공여국의 주요 기금은 아동노동 근절을 위한 계몽과 교육지원을 위해 활용되기도 한다. 네덜란드 정부가 2010년 1월부터 2014년 12월까지 지원하는 '교육을 통한 아동노동과의 전쟁 Combating Child Labour through Education' 프로젝트는 인도네시아 공교육 콘텐츠에 아동노동의 위험성과 폐해 등을 포함시키고 교육과정에 반영하는 프로젝트이다. ILO의 아동노동 현황 통계 구축을 동시에 모색하는 이 사업은 2010년 5월 네덜란드 헤이그에서 97국 대표가 모여 합의한 2016년까지의 '악성 아동노동 근절을 위한 로드맵 Roadmap for Achieving the Elimination of the Worst Forms of Child Labour by 2016' 추진의 대표적 사업이다. 2016년 사업추진의 결과로 생산된 교육콘텐츠가 실린 새로운 교과서가 배포될 예정이다. 이 사업에는 인도네시아의 고용이민부, 교육문화부, 복지부, 인도네시아 고용주협회, 노동조합총연맹, 그리고 다수의 비정부기관이 파트너로 참여하고 있다.

정규학교의 교육 콘텐츠 개선을 통해 졸업 후 취업이 가능한 직업 훈련 교육과정의 개선을 목적으로 하는 스웨덴 국제협력청 지원사업도 주목할만큼 섬세하다. 2012년 8월부터 2013년 12월까지 수행된 이 프로젝트는 학교 교육 과정에서의 직업기술 능력 제고의 필요성에 대한 인식 확산, 경제발전 과정의 지속성을 염두에 둔 청소년 교육과정의 개선, 청년 작업을 위한 제반 제도의 개선 등을 목적으로 한다. 이 프로젝트는 부통령이 직접 파트너로 참여하는 것이 특징이며, 경제정책을 총괄하는 국가개발부도 주 파트너로 참여했다. 청년의 직업 기술 및 창업 능력에 대한 수혜국의 정서가 매우 적극적이고 우호적임을 알 수 있다.

자카르타 사무소가 추진하고 관장하는 또 다른 주요사업 영역은 중소기

---

42) 자카르타 사무소 아름 라사와티 정책자문관과의 현지 인터뷰. 2014년 6월 4일.

아동노동의 완벽한 근절 2016

ILO는 2002년 6월 12일을 '세계아동노동 반대의 날'로 지정한 바 있다. 세계적으로 1억 6천만 명이 넘은 18세 미만 아동들이 가혹한 형태의 노동과 저임금에 시달리고 있다. 현재 아동노동 착취를 통한 왜곡된 구조의 개선을 위해 공정무역 운동을 비롯한 다양한 노력들이 전개되고 있고, ILO는 구체적 사업을 통해 그 해결의 선도적 역할을 수행하고 있다. 아동노동은 18세 미만의 아동이 아이답게 자라는 것을 방해하는 노동 형태, 5~17세의 빈곤아동이 기본적 권리를 배척당한 채 가혹한 노동에 내몰리는 형태로 정의된다. ILO는 최저연령협약을 통해 아동노동의 대상을 15세 미만으로 규정(1973년)했으며, 1999년 '가혹한 형태의 아동노동 금지 협약'을 제정하면서 그 연령을 18세 미만으로 높였다. ILO 통계는 ILO를 중심으로 한 국제사회의 노력으로 2000년도 2억 2천만 명이었던 '일체의 권리 없이 노동만 강요받는 아동노동자'의 수가 2012년 1억 6천만 명으로 '위험하고 가혹한 형태의 아동노동자'는 같은 시기 1억 7천만 명에서 8천 5백만 명으로 감소되었음을 보고하고 있다. 아동노동자 중 60퍼센트 정도인 천만 명은 단순 노동 위주인 농업 관련 노동을 제공하고 있어, 교육을 통한 직업기술 능력이 제고될 경우, 정상적 취업을 통한 노동력의 양성화가 가능하다. 여성아동노동자는 2000년 대비 40퍼센트 축소된 반면, 남성 아동노동자는 25퍼센트 축소에 그쳤다. 이는 MDGs의 최우선 과제가 젠더이기 때문에 국제기구 및 국제사회의 관심과 지원이 집중된 결과로 분석된다. 반면 아시아 지역은 점차 아동노동이 줄고 있는 반면, 아프리카 대륙은 더욱 심화되고 증가하는 것으로 파악되고 있다.

출처: ILO-IPEC[43] homepage, http://www.ilo.org/ipec(검색일: 2014.5.28)

업 관련 사업들이다. 그중 하나는 노르웨이 개발협력청과 스위스 경제부가 공동으로 기금을 출연하여 ILO에 위탁한 인도네시아 중소기업 중간관리자

---

43) ILO가 아동노동 근절을 목적으로 추진하는 아동노동 근절을 위한 국제 프로그램 (International Programme on the Elimination of Child Labour).

아동노동의 유형분류

아동노동의 유형분류		공식 여부	
		공식 영역에서의 노동	비공식 영역에서의 노동
자발여부	자발적 노동	아동유형 I	아동유형 III
	강제적 노동	아동유형 II	아동유형 IV

위의 표에서와 같이 아동노동의 분류 기준으로 공식-비공식, 자발-강제를 조합하면 대체로 4가지 형태의 아동노동의 유형이 도출된다. 공식적이면서 자발적인 노동, 공식적이면서 강제적인 노동, 비공식적이면서 자발적인 노동, 그리고 비공식적이면서 강제적인 노동으로 구분이 가능하다. 〈유형 I〉에 해당하는 경우에는 선진국에서도 나타나는 아동노동 유형으로서 법에 정한 노동의 요건을 충족시키면서 아동 스스로 선택하여 근로하는 것을 의미한다. 나머지 세 영역이 본 연구에서 주로 다루게 될 아동노동의 유형이 된다. 먼저 공식적이면서 강제적 아동노동의 형태는 공식적인 절차에 따른 아동노동 형식을 취하지만 실질적으로는 아동들의 의사에 반하는 강제적인 노동형태에 해당한다〈유형 II〉. 강제적인 노동의 의미는 가족들의 생계를 담당하여야 하기 때문에 어쩔 수 없이 학교교육 대신에 노동을 선택한 경우와 인신매매에 의해 발생하는 아동노동을 포함한다. 〈유형 III〉과 같이 비공식적이면서 자발적인 노동은 아동 자신의 경제적 생존을 위한 노동이나 혹은 가정의 불화 등으로 인해 가출한 후에 어쩔 수 없이 노동에 종사하는 경우를 포함한다. 이는 경제성장이 어느 정도 이루어진 국가의 경우에 늘어나는 경향을 보이고 있는 자발적인 아동매춘, 자발적 거리 노동이나 관광산업에서의 노동 등이 이에 해당한다. 마지막으로 비공식적이면서 비자발적인 노동〈유형 IV〉는 가장 심각한 형태의 아동노동으로서 인신매매에 의해 발생하는 아동노동, 가내에서 발생하는 아동노동, 농업·어업 등에서 발생하는 비공식적이며 강제적인 아동노동 등의 경우를 모두 포함한다.

출처: 최동주, "인도·태국·필리핀의 아동노동 현황과 배경요인," 『동남아시아연구』 14(1), (2004), pp.202-204

경쟁력 강화사업Sustaining Competitive and Responsible Enterprises: SCORE 이다. ILO의 양질의 일자리 창출을 위한 정책 아젠다의 일환으로 2011년 1월에 시작하여 2016년 12월에 종료되는 이 사업은 세 가지 측면에서 중요한 의미를 지닌다.

첫째, ILO의 현장 지원 사업이 대개 한 국가의 지원을 통해 이루어지는 것이 일반적인 반면, 이 사업은 스위스와 노르웨이 정부가 공동인식을 갖고 공여를 한 사업이라는 점이다. 이는 곧 선진국들은 양질의 일자리 창출을 위한 ILO의 노력에 적극적인 지원을 하고 있다는 사실을 의미하기도 한다.

둘째, 현장 생산노동자의 생산성과 생산품의 질을 향상시킬 수 있는 관리 능력을 강화한다는 점에서, 기존 공무원 기술연수 등과 차별화된다.

마지막으로 이 사업은 로컬라이제이션Localization에 완전히 성공한 사업이라는 점이다. 인도네시아 경제인이 주축이 된 사회공헌 주도 기관인 아스트라 재단ASTRA Dhama Bhakti Foundation은 SCORE 사업의 진전된 교육모듈을 스스로 개발하여 SCORE 사업의 현지 핵심축의 역할을 수행하게 되었다. 지금은 ILO가 총 사업비의 10% 정도만 지원하고 있다. 또한 자카르타에서 시작된 이 프로젝트는 지역 확산성이 뛰어나 지난 3년간 네 개의 행정구역으로 확대되었다.[44]

스위스 정부는 소상공인 창업을 지원하는 금융지원 프로젝트를 지원했다. PROMISE IMPACTS Promoting Micro and Small Enterprises through Improved Entrepreneurs' Access to Finance라는 사업명의 이 프로젝트는 기본적으로 미소금융제도의 구축과 창업 희망자의 기본 자질을 함양할 수 있는 교육 콘텐츠의 지원에 그 초점이 맞추어져 있다. 특히 인도네시아 국영은행들은 이 사업의 교육과정을 통해 자체적인 창업지원 미소금융 체계를 구축하기 시작했으며, 인도네시아에 진출하는 외국금융기업들도 법적으로 미소금융지원을 제도화하는 것을 모색하게 되었다.[45]

---

44) 추가적 사업이 진행되는 지역은 중부 자바, 남부 술라웨시, 남동 술라웨시, 람풍 등이다.
45) 사업책임자 Tendy Gunawan과의 인터뷰. 2014년 6월 3일.

마지막으로 살펴볼 분야는 여성을 대상으로 한 양질의 일자리 창출 사업들이다. 호주 국제개발청에 의해 지원되는 관련 사업 Access to Employment and Decent Work for Women Project은 2012년 6월 18일부터 2016년 7월 31일까지 계획되어 있다. 이 사업의 첫 번째 목표는 고용시장 진입이 용이하지 못한 가사 전업 여성 노동자의 기본 직무 능력을 향상시켜 중소기업 고용이 가능하게 하는 것이고, 두 번째 목표는 이 여성노동자들이 노동현장의 공식 고용과정에서 차별을 받지 않게끔 제도적인 기반을 마련하는 것이다. 이 사업의 현장책임자인 미란다 파제르만Miranda Fajerman은 이슬람 국가임에도 불구하고, 여성의 노동시장 진입에 상대적으로 개방적인 인도네시아 정부의 지원이 당초의 예상보다 훨씬 높은 수준이라고 인식한다.46) 이민·인적자원부, 국가개발부, 여성아동부, 중소기업청, 복지부, 가족자원부 등 중앙 부처의 적극적 관심과 성실한 파트너십의 수행은 물론 인도네시아 고용자협회와 노동조합도 이 사업에 정부부처 및 ILO와 매우 긴밀한 파트너십을 구축하고 있다. 이런 유사한 프로젝트는 여성주류화를 위한 ILO-노르웨이 협력 협정 Gender Mainstreaming in the ILO-Norway Partnership Agreement기금으로 추진되는 사업이다. 호주지원사업과는 다르게 이 사업은 노동관련 법규의 개정을 통해 여성노동자의 취업과 현장에서의 권익을 보장하는 제도적 기반 마련을 목적으로 한다.47)

주목할 사실은 외부공여 형태의 목적 신탁기금이 매우 세밀하고 구체적인 현지 파트너십을 중심으로 된 사업에 투입되고 있으며, 그 모든 사업과 관련된 진전과 개선 등의 내용들이 자카르타 사무소의 홈페이지를 통해 공개되고 보고된다는 사실이다. 개발협력사업에 대한 중앙부처 및 현지 시민집단의 협력도 실질적 차원에서 이루어지고 있고, 사업의 중복성을 찾기가 힘들며, 오히려 같은 대상에 대해 순차적이고 보완적인 사업들을 수행하고 있다는 점이 매우 장점인 것으로 평가된다.

---

46) 인도네시아 현지 인터뷰. 2014년 6월 5일.
47) 사업담당자 Lusiani Julia와의 현지 인터뷰. 2014년 6월 5일.

또한 인도네시아와 같은 신흥 성장국가의 모범적인 국가사무소 사업의 추진과 그 결과는 개도국 및 저개발국 간의 진정한 남남협력을 추구하는 과정에서 매우 중요한 경험적 지식을 제공할 것으로 기대된다. 특히, ILO가 최우선전략으로 여겨온 38개 취약국가fragile state 및 분쟁국가에 초점을 맞춘 사업의 지속적 성공을 위해서는 민관협력 메커니즘의 적극적 활용이 요구된다.

(2) 민관협력과 남남협력을 통한 새로운 가능성 모색

탈냉전 이후 저개발국에서 집중적으로 증대해온 내전 유형의 분쟁 지역은 ILO의 정책 지향 방향 선정에 있어서 매우 중요한 대상으로 부상했다. 1996년에 ILO는 분쟁경험 국가의 위기대응과 재건을 주도할 행동강령을 채택하고 대응하기 시작했다. 2013년에 구성된 취약국가 및 재난 대응 국가그룹Fragile States and Disaster Response Group: FSDR은 ILO의 지속적인 노력을 반영한다. ILO는 분쟁지역 및 취약국가에 대한 대응과정에서 조기 대응 과제와 중장기적 대응과제를 분류하여 대응하는 체계를 구축하였고, 조기 대응 과정에서는 노동조합과 공조를 통해 평화협정을 이끌어내기도 했으며,48) 중장기적 대응과제의 설정을 통해 국가별 맞춤형 프로젝트를 회원국의 지원을 통해 성사시키는 성과를 올리기도 했다.

이 과정에서 ILO가 가장 중심을 둔 가치는 대상국 정부와의 공식적인 협력채널 구축이다. 이를 통해 취약국가 및 분쟁 후 재건을 모색하는 국가의 지속가능 발전을 위한 인적자원개발 등과 관련된 정책조언에 적극적으로 참여하고 주도했다.49) 이러한 성공적 경험은 ILO가 분쟁 취약국가들의 재건

---

48) 종족 분쟁을 경험한 아프리카 기니에서 ILO는 종족 간의 이익이 정치적으로 복잡하게 얽힌 고용시장의 특성을 파악하고, 종족별 혹은 지역별 맞춤형 고용시장 창출 및 직업기술 향상 사업을 추구하여 평화유지의 목적을 달성하는 데 이바지했다. 이 과정에서 ILO는 전통적 파트너인 노동조합연맹과 지속적인 연대관계를 유지하며 기본 책무를 완수하는 성과를 올렸다. 이러한 ILO의 정책 지향은 분쟁국가인 소말리아, 콩고, 동티모르에 대한 접근에도 그대로 성공적으로 적용되었다. ILO, *ILO in Fragile Situations: An Overview* (March 2014), p.4.

을 '양질의 일자리 창출'과 '청년 고용'이라는 양대 정책 축을 중심으로 주도할 수 있는 계기를 마련해주었고, ILO는 2014년 3월 성공적으로 G7을 비롯한 18개 국가들의 재정 및 정책 지원에 합의하는 양해각서를 맺는 데 결정적인 기여를 했다.

그러나 ILO 회원국을 중심으로 한 이러한 협력구도는 중장기적으로 한계를 지닌다. 회원국 부담금 외에 지불해야 하는 재정의 부담이 곧 주요 회원국의 문제로 다가올 것이 명백하고, 이는 곧 '선언적' 의미로 그 양해가 제한될 가능성을 내포한다. 하지만 ILO가 추구하는 취약국가를 대상으로 한 인본주의적 구호활동은 장기적으로 또 다른 협력 파트너의 확보로 인해 가능해보인다. 즉 민간섹터와의 공조체제를 추구해온 ILO의 노력이 그 근간이다. 일례로 마스터카드 재단과 협력한 청년을 위한 일자리Work4Youth 프로젝트는 28개 분쟁 및 취약국가의 청년들이 양질의 일자리를 찾는 것을 지원하는 프로젝트이다. 약 3년간의 기초조사를 바탕으로 상황이 가장 심각한 사하라 이남 아프리카 국가들을 대상으로 한 첫 번째 프로젝트가 2013년 12월 시작되었고, 2014년 중에 아시아·태평양, 동구, 중앙아시아 등에서 동시에 추진될 예정이다. 2008년부터 2013년 사이 급속히 증대한 민관협력을 통해 81개의 민간기관이 참여했다. 그중 기업이 56%, 각종 재단이 19%, 학회나 연구기관이 15%를 차지하고 그 외의 비정부 행위자들이 10%이다. 가장 많은 재원이 투자된 협력 분야는 양질의 일자리 창출을 위한 고용 영역으로 약 64%의 재원이 집중되었다.[50]

탈냉전 이후 취약국 및 분쟁국가에 대한 사업 노하우가 축적된 ILO는 2010년 이후 적극적으로 그 경험과 지식을 저개발국끼리 공유할 것을 지원하는 사업을 추진 중이다. 2010년 ILO는 본부가 소재한 제네바에서 사회보장과 양질의 일자리 창출을 모색하기 위한 전지구적 남-남 개발협력 엑스포

---

49) 상세한 내용은 ILO(March 2014)를 참조.

50) ILO, *ILO and Public-Private Partnerships*(2014). ILO와 민관협력을 추구하는 기관의 2014년 3월 현재 목록과 구체적 통계는 ILO, "An Analysis of PPPs," *Governing Body Meeting Agenda*(February 10, 2014)를 참조.

Global South-South Development Expo를 개최하고 인도, 브라질, 남아공 등이 이를 위한 사회적 대화의 주도자가 될 것을 요구하며, 현금지원 사업을 주도해줄 것을 요구했다. 특히 이 엑스포에서 결의된 내용들은 실질적인 남남협력의 아이템들을 지원한다. 그 사업 아이템들은 공공고용프로그램의 혁신, 남미의 볼리비아, 브라질, 에콰도르, 파라과이 등이 주도하는 노동환경 감시 정책, 노동조합과 대학이 참여하는 글로벌노동대학Global Labour University 사업을 통한 관련 지식 공유 및 역량강화사업 등이 그 골자이다.51) 남남협력을 위한 사업별 지식과 경험은 주로 지역 및 국별 사무소의 유사 사업 경험으로 축적된 지식과 역량을 기반으로 하기 때문에, 향후 그 발전과 성장이 매우 주목된다고 볼 수 있다.

VI. 한국과 ILO

1. 가입 및 활동과 현재의 위상

한국은 1991년 ILO 가입 후 2013년 현재 189개 협약 중 총 24개의 협약을 비준하여, ILO 회원국 평균 비준 협약수 41개와 OECD 평균 72개에 크게 못 미치는 실정이다. 한국의 분담금 현황은 2013년 기준 전체 분담금의 2.261%에 해당하는 약 818만 스위스프랑이며 회원국 중 11위 수준이다.

ILO협약에 대한 비준 및 이행에 따른 긍정적 효과는 첫째, 국제사회에서 국가위상을 제고시키고 OECD 회원국으로서 선진국으로 진입할 수 있는 기반이 되며, 둘째, ILO의 회원국으로서의 역할을 충실히 하며 국제산업보건

---

51) Anita Amorim et al., *Global South-South Development Expos: Decent Work Solutions: 2010-2013*(ILO, 2014).

〈표 3〉	ILO 핵심협약과 한국의 비준 현황		
분야	협약	비준	비준국가수
차별금지	제100호 남녀 동등보수 협약	O	168
	제111호 고용·직업상 차별금지 협약	O	169
아동노동금지	제138호 취업상 최저연령 협약	O	160
	제182호 가혹한 형태의 아동노동 철폐 협약	O	174
강제노동금지	제29호 강제노동에 대한 협약	x	175
	제105호 강제노동 철폐에 관한 협약	x	169
결사의 자유	제87호 결사의 자유 및 단결권 보호 협약	x	150
	제98호 단결권 및 단체교섭권 협약	x	160

출처: 김영미, "국제노동기준의 국내 수용에 관한 연구," 단국대학교 박사학위 논문(2012), p.29

기준의 가속화와 ILO기준에 의한 국제무역활동의 장벽에 능동적으로 대처할 수 있고, 셋째, 국민에게 산업보건의 중요성을 인식시키고 산업보건 분야의 발전을 도모할 수 있다. ILO협약의 비준에 따라 제기되는 문제점은 첫째, 국내법규가 국제기준에 부합되는지, 아니면 미흡한가에 대한 제도상의 정비문제가 발생한다. 이 경우 관련법규를 제·개정할 필요가 있다. 둘째, ILO협약의 이행 및 실태 등의 보고의무에 따른 각종 문제가 발생한다. 이 경우비준된 협약이 국가정책이나 산업현장에서 이행할 수 있는 실현가능성이 있는지를 고려하여야 하고, 이에 대한 법규로서의 이행강제성에 대하여도 검토되어야 한다. 따라서 협약의 비준에 대한 신중성이 요구되고, 비준을 한경우에는 법제도의 정비와 이행강제성 여부, 의무불이행에 따른 실제적 실현 방안 등을 강구할 필요가 있다.

한국의 직업형태가 선진국형으로 세분화되고 다양화되는 추세라는 점을감안할 때, 한국 정부는 이에 대한 관심을 높여야 한다. ILO의 직업사전은각국의 고용통계를 수집하고 분석하는 역할을 담당하지만, 이를 진로지도나취업지도에 활용할 수 없게끔 되어 있다. 따라서 미국이나 캐나다 등 선진국들은 별도의 국가별 직업사전Dictionary of Occupational Titles을 편찬하여 적극 활용한다. 한국도 ILO 사전과 국내용 분류를 합친 형태의 사전을 개발할 필요가 있다. 이럴 경우 고용통계와 직업지도 분야에 획기적인 변화를 도모할 수 있을 것으로 기대한다.[52]

한국은 1991년 ILO 가입 이후 주로 양질의 일자리 창출 영역에서 ILO와 활발한 국내외 협업 관계를 유지하고 있다.[53] ILO 사무국이 주관하는 노동통계의 작성과 고용관련 연구 외에 실시하고 있는 직업훈련 사업은 1990년대 초까지 활발하게 진행되다가 현재는 고용부문에 통합되었다. ILO는 1987년 7월 한국산업인력공단 산하에 국제직업훈련원Seoul Institute for Vocational Training in Advanced Technology을 설치하여 외국 직업훈련교사에 대한 재직훈련In-Service Teacher Training을 실시해왔으며, 2013년 3월 글로벌숙련기술진흥센터Global Institute for Transferring Skills로 개편되어 운영되어오다가 2014년 3월 글로벌숙련기술진흥원으로 확대 개명되었다.[54] ILO가 전수한 직업훈련 지식과 기술은 한국산업인력공단이 직업훈련 영역에서 국제적인 경쟁력을 갖추어 대 개도국 개발협력사업의 인적자원개발 영역의 직업훈련 부문에서 그 중심적 역할을 담당하게 하는 데 크게 기여했다.[55]

---

52) 본고의 초고 발표에 대한 토론 내용에서 발췌. "제4-2차 국제기구 총서 학술대회: 인권, 사회문화, 보건, 환경, 글로벌 거버넌스와 국제기구," 2014년 5월 14일, APCEIU.

53) 주요 내용은 ILO, *Korea-ILO: Cooperation Results*(May 2012)를 참조.

54) 이 기관의 활동가 성과에 대해서는 기관 홈페이지(http://gifts.hrdkorea.or.kr)를 참조.

55) 예를 들어 아프간 한국직업훈련원은 우리 정부의 아프간 재건지원사업의 일환으로 KOICA의 지원으로 현재 한국산업인력공단에 의해 운영되고 있으며, 전쟁으로 시달린 젊은이들에게 미래에 대한 꿈과 희망을 심어주고 국가가 필요로 하는 기술인력 양성에 역점을 두고 있다. 2010년에는 훈련생 85명 전원이 미국기업에 취업했으며, 2011년에도 훈련생 106명 전원이 졸업 전(前) 미국기업 플로어(Fluor)에 취업하는 성과를 올렸다. KOICA 홈페이지 게시판 참조(www.koica.go.kr).

2. 정책 및 규범적 가치의 충돌

ILO의 협약들이 강제적이라기보다는 권고의 성격이 강하긴 하지만, 한국은 ILO 비준 협약에 가장 소극적인 OECD 국가 중 하나로 평가된다. 이러한 이유로 한국은 사용자에게 상대적으로 불리한 핵심협약에 대한 비준율이 낮은 것으로 ILO 내부는 평가한다. 특히 안전문제 등 국내 제도변화가 우선인 협약 등에 있어서 비준율이 낮은 이유는 사용자가 각종 의무화 규정의 법제화에 대해 비용 등 기업의 부담을 이유로 회피하는 경향이 강하기 때문이다.56) 국제노동운동가 출신인 현 라이더 ILO 사무총장은 "ILO 핵심협약을 비준하지 않은 한국은 특별한 주목의 대상이며 … 한국 상황을 관심을 가지고 지켜보고 있다 … 특히 한국사회가 제대로 된 방향으로 가지 않고 오히려 거꾸로 가고 있다고 생각한다"고 공공연히 밝히고 있을 정도이다.57) 이는 곧 이사회 산하의 결사의 자유위원회나 기준적용 위원회가 결론을 내려 한국에 조사단을 파견할 수 있음을 암시하는 내용이라고 할 수 있다.

최근 몇 년간 비정규직 노동자 권리보장을 위한 입법의 방향을 둘러싸고 노사정 간에 많은 논의가 진행되어 왔다. 특히 최근의 논의를 중심으로 살펴보자면, 기간을 정한 근로계약을 맺은 비정규직의 경우 정부가 '기간제 및 단시간 근로자 보호 등에 관한 법률(안)'을 국회에 제출하였고, 파견근로의 경우 역시 정부가 같은 시기에 '파견근로자 보호 등에 관한 법률 개정안'을 국회에 제출한 바 있다. 이러한 법률안들에 대해서 노사정 각각의 평가와 입장이 크게 엇갈리는 가운데 현재에도 국회에 계류 중이다. 노동법상

---

56) 그러나 비준율이 높은 것이 노동협약의 수용과 국내 시행의 여부를 결정짓는 것은 아니다. 칠레의 경우 한국보다 월등히 높은 비준율을 보이나, 노동시장의 환경, 노동자의 노동환경, 사회적 보호체계의 이행 등에서 한국보다 월등히 열위에 있음이 이를 증명한다. 방콕 현지 인터뷰. 2014년 5월 22일.

57) "ILO 사무총장, 한국 특별 주목 대상," 『중앙일보』(ILO, 2013.6.12)는 2012년 3월 2009년 정부가 공무원 14만 명이 가입해 있는 전국공무원노조를 법외노조로 결정한 것과 관련하여 직접 한국 정부에 해당조항의 폐지를 권고하기도 했지만, 한국 정부는 ILO의 권고와 개입에 현재까지 대응을 하지 않고 있다.

근로자인지 여부가 쟁점이 되는 '특수고용'의 경우 노사정위원회 특수고용
근로종사자특별위원회에서 2년이 넘게 논의가 되어 왔는데, 특위의 논의가
종결되는 대로 이를 바탕으로 정부가 관련 입법안을 제출할 예정이다.

이처럼 수년간 노사정위원회와 정부를 중심으로 비정규직 고용형태에 관
한 입법논의가 진행되어 왔지만 노·사·정뿐만 아니라 사회 각계에서도 이
에 관한 이견이 좁혀지지 않고 있다. 여기에는 구체적인 법률 제·개정의
내용에 관한 의견차이뿐 아니라 더 근본적으로는 비정규직의 확산과 근로조
건의 불안정화를 어떻게 인식하고 어떠한 방향으로 해결책을 만들어나갈 것
인가를 둘러싼 가치관의 차이가 놓여 있다. 즉 경제환경과 노동시장의 변화
에 따라 비정규직의 증가를 불가피한 것으로 인식하면서 지나친 남용을 제
한하려는 입장과, 비정규직이라는 고용형태를 법제도적 보호의 사각지대에
놓인 노동의 문제로 바라보면서 이들의 권리를 확보하려는 입장이 대립하고
있다고 할 수 있다.

이런 가운데 최근 민주노총에서 한국 정부가 비정규직 노동자의 노동기
본권, 구체적으로는 ILO 헌장 제87호 및 제98호 협약이 보장하는 노동조합
결성권·단체교섭권·단체행동권 및 차별금지 원칙 등을 침해하였다는 취지
의 제소를 한 바 있다. 그 구체적 사례로서 파견·용역 등 간접고용 노동자
의 경우 사용사업주를 상대로 노동기본권을 인정받는 것이 어렵고, 특수고
용 노동자의 경우 정부와 법원이 노동법상 근로자 개념을 지나치게 협소하
게 인정함으로써 노동기본권이 박탈당하고 있다고 지적하고 있다.

3. 강제노동 협약과 위안부 문제[58]

유엔의 전문기구인 ILO는 노동과 관련된 인권 문제를 다루는 대표적 국

---

58) 이 절은 정진성, "국제노동기구(ILO)에의 문제제기의 구조: 강제노동조약(ILO Con-
vention 29)/전문가위원회를 통한 군 위안부 문제 제기,"『국제지역연구』10(1), (2001
봄), pp.61-80으로부터 발췌 요약한 내용과 필자의 의견을 종합함.

제기구로서 다양한 협약과 권고를 통해 비준국의 노동상황을 감독한다. 그 중 협약 제29호인 강제노동 관련 협약은 기구의 가장 중요한 협약으로 꼽힌다. 1992년 유엔에서 다루어지기 시작한 군 위안부 문제는 1995년부터 ILO에서도 강제노동협약 위반 사항으로 논의되어오고 있다. 군 위안부 문제는 인권의 보편성과 국제화라는 국제사회의 분위기에 매우 효과적으로 적응하여 국제 토론의 장에서 이 문제를 풀기 위한 시도라는 점에서 국내외 사회운동에 중요한 시사점을 준다. 군 위안부 문제가 ILO를 통해 제기된 것은 문제를 강제노동의 관점에서 접근했기 때문이다. 군 위안부관련 국내 대표적 시민단체인 정신대대책협의회(정대협)는 노동조합이 삼자의결구도의 한 축을 담당하며 의사결정 구도에 주도적 역할을 할 수 있다는 기대하에 ILO에 문제를 제기하게 되었다.

강제노동 협약은 제1조와 제11조에서 여성에 대한 강제노동을 금지하고 있으며, 제14조와 제1조에서 강제노동에 대한 보상의무를 규정하고 있다. 또한 제25조에서는 강제노동을 강행한 책임자를 형사 처벌해야 한다는 내용을 명기하고 있다. 또한 제2조는 강제노동 금지의 예외가 인정되는 비상사태의 조건을 규정하고 있지만, 군 위안부 강제동원은 이 예외적 조건에 해당하지 않는 것으로 ILO 전문가위원회는 조사 보고한 바 있다. 한편 일본은 강제노동협약을 1932년 11월 21일 비준했으며, 효력발생은 1933년 11월 21일부터이다. 이 효력은 발생 후 10년간 효력이 유지되므로, 1944년 11월 21일까지는 어떤 경우라도 그 효력을 배제할 수 없다.

ILO에 구체적인 근거를 제시하며 정대협이 활동을 시작한 것은 1995년 3월 한국노총에 의해서이다. 하지만 일본에서는 이미 1992년경부터 ILO에의 문제제기 가능성이 타진되고 있었다. 1995년 이후 한국노총, 민주노총, 그리고 일본의 여러 노조들의 참여가 확대되었으며, 전문가위원회의 보고서와 총회 기준적용위원회에서의 특별언급의 수준이 점차 그 수위를 높여가고 있다. 또한 문제의 범위도 군 위안부 문제로부터 시작하여 일본 노조들이 제기한 한국의 태평양전쟁피해자보상추진위원회가 가세하면서 강제연행 전반의 문제까지 포괄하게 되었다.

〈표 4〉	군 위안부 문제제기관련 연대기

년.월	주요 내용
1992.5	- 도츠가(일본변호사), 유엔현대형노예제실무회의에 강제노동금지협약 위반 사항으로 군 위안부 문제 최초 제기
1992.8	- 한국 정대협, 군 위안부 문제 유엔 인권소위원회에 제기
1994.9	- 일본 동경에서 개최된 관련 세미나에서 ILO 전문가위원회 위원 바그와티가 군 위안부 문제를 강제노동으로 규정
1995.1	- 한국변호사협회와 일본변호사협회, 군 위안부 문제가 강제노동금지협약 위반사항임을 발표
1995.3	- 한국노총, 군 위안부 문제를 ILO(사무국)에 최초로 공식 문제제기
1995.6	- 일본 OFSET 군 위안부 문제 의견서, ILO 전문가위원회에서 접수
1995.11	- ILO이사회, 이듬해 차기 이사회(1996.3)에서 군 위안부 문제 처리하기로 결정 - ILO 전문가위원회, 군 위안부 문제가 강제노동금지협약 위반임을 밝힘
1996.3	- ILO 이사회, 군 위안부 문제를 처리하지 않음(일본 정부와 렌고의 로비설) - ILO 전문가위원회, 첫 번째 관련보고서 발간
1996.11	- 정대협과 한국노총, ILO 전문가위원회에 추가자료 송부
1997	- ILO 노동자그룹회의의장, 군 위안부 문제제기 찬성하는 네덜란드, 대만, 필리핀 단체 등에 관련 자료 송부 - 일본 정부와 렌고, ILO 전문가위원회 보고서에 반박 및 항의 - ILO 전문가위원회, 일본에게 적극적 해결 촉구하며 두 번째 보고서 발간
1998	- ILO 전문가위원회에서 보고서를 발간하지 않고, 총회에서도 거론되지 않음 - 6월 총회 후 정대협, 한국노총, 민주노총, 일본 OFSET 등이 ILO 전문가위원회에 의견서 송부
1999	- ILO 전문가위원회에서 세 번째 보고서 발간(3월)하였으나, 총회(6월) 안건으로 상정되지 않음(일본 정부와 렌고 등의 강력반대)
2000	- 한국노총 및 정대협 등과 뜻을 같이하는 네덜란드 및 일본 노조에서 의견서 제출하나 역시 총회 안건상정 실패
2001~2003	- ILO 전문가위원회 보고서 연속출간하고 일본에 해결 권고 - 일본은 여전히 전문가위원회 보고서에 반박하고 권고 미수용 - 총회 의안상정 실패
2004~2009.6	- ILO 전문가위원회 보고서 출간, 한국노총 등의 의견서 송부가 지속되는 가운데, 총회에서 군 위안부 문제의 의안상정 연속 실패

출처: 정효민, "국제기구 역할에 관한 이론적 고찰: 국제노동기구(ILO)의 문제제기 구조와 관련된 경험적 사례를 중심으로," 고려대학교 정책대학원 석사학위 논문(2010.1.7)

그러나 군 위안부 문제를 비롯한 제반 강제동원 문제가 ILO에 제기되고
전문가위원회보고서가 발간된 지 20년이 다가오는 지금도 이 문제는 ILO총
회의 의제로 선정되지 못하고 있다. 그 주요 배경은 일본 정부와 일본노동
조합총연합회(렌고)의 강력한 반대와 로비 그리고 재정기여도 2위인 일본
정부의 막대한 로비가 작용하는 것으로 이해된다. 또한 전문가위원회의 권
고가 구속력을 지니지 못하는 한계도 지적될 수 있다. 한편 군 위안부 문제
가 ILO에 제기되는 과정에서 한국 정부의 활동은 거의 눈에 띄지 않고 있
다. 한국은 이 문제의 제기에 있어서 노조와 NGO만 참여할 뿐 정부는 소극
적인 관망 자세를 취하고 있는 것이다. 이는 이 두 집단의 문제제기 과정에
서 ILO회원국들의 의문을 확대시킬 수 있는 요소로 인식된다.

VII. 결론

"혁명의 기운에 대한 두려움."
ILO 창설에 국가 간 합의가 이루어진 배경은 바로 당시 산업화를 선도하
던 국가들이 직면한 이러한 위협인식이다. 개별국가가 주도하기 이전 19세
기 말 국제사회는 노사 간의 타협과 상호 양보를 통한 중재의 필요성을 대
두시키며, 열악한 근로조건 개선을 위한 인도주의적 humanitarian, 사회불안과
공산혁명의 방지를 위한 정치적 political, 공정무역 경쟁을 위한 산업 환경 조
성의 경제적 economic 동기를 제공하고 있었다. 사회정의에 기초한 항구적 보
편적 평화의 달성을 목적으로 ILO는 삼자의결구도 외에 노동자 권리보호를
위한 기준 마련, 양질의 일자리 창출, 사회적 보장제도 확대 등이다. 이를
ILO의 '4대 정책 기둥'으로 인식한다.
ILO 제2의 부흥기는 1999년 3월 제9대 ILO 사무총장으로 취임한 후안
소마비아가 ILO가 축적해온 정책적 지향과 관련 지식을 '양질의 일자리'란

개념으로 함축해 제시함으로써 국제의사결정 무대에서의 ILO 입지를 강화하고 체계적·통합적 ILO 사무국 활동의 준거로 삼고자 대대적인 노력을 기울이면서 시작되었다. 2008년 선언은 양질의 일자리 전략을 각 회원국이 자국의 국내정책으로 보다 효과적으로 실천할 수 있고 여타 국제기구(특히 WTO, IMF 등 경제관련 국제기구)들과의 공조체계를 더욱 강화하기 위해 만들어진 결과다. 또한 2008년 선언은 1998년 선언과 같이 세계화에 대응하기 위한 ILO의 처방전이라는 점에서 유사하지만, 전자는 후자보다 훨씬 포괄적·종합적인 정책지향을 담고 있는 동시에 회원국 노사정 그룹의 전폭적인 지지를 받으면서 채택됐고 여타 경제 관련 국제기구 등과의 사전교감도 충분히 이뤄져 그 실행력이 높다는 점에서 후자와 차별화된다.

ILO는 세계화의 긍정적 효과를 부인하는 것도 그 도도한 흐름에 원천적으로 반대하는 것도 아닌 자세로 세계화가 진정 사회적·경제적·환경적으로 지속 가능한 인류번영에 이바지하려면 지금과 같은 무분별한 세계화 현상에 적절한 규제와 통제가 있어야 한다는 입장을 견지한다. 즉 경제정책과 사회정책은 공조돼야 한다는 취지에서 ILO는 사회적 측면을 고려하지 않고 시장개방과 성장 측면만을 강조한 경제정책에 입각한 세계화가 빈부격차 확대 및 양질의 일자리 축소, 소비수요 감소, 저성장이라는 악순환을 초래한다는 입장을 취한다.

다자간 국제기구의 정책공조가 중요하다고 주장하는 ILO는 '양질의 일자리를 통한 공정한 세계화'를 주제로 OECD, IMF, WTO, UNCTAD, 세계은행 등 대표적인 다자간 국제경제기구들과의 협업을 적극적으로 실시한 결과 2007년 유엔의 새천년 개발목표^{MDGs}에 '완전하고 생산적인 고용과 양질의 일자리 창출'이란 목표를 추가적으로 반영할 수 있었고, G20 정상회의 과정에도 양질의 일자리 개념을 효과적으로 투영시켰다.

국제노동기준의 마련이라는 전통적인 직무 외에도, 우선 통계자료의 수집과 분석능력이 유엔전문기구 중 가장 우수한 것으로 알려진 ILO는 개발협력을 위한 기초자료를 위해 항시적으로 강제노동, 청년실업, 아동노동, 일반실업 통계를 관리한다. 또한 ILO 직업사전^{International Standard Classification of}

Occupation, 고용상태 구분International Classification of Status in Employment, 산업재해 분류Classification of Occupational Injuries 등 노동관련 통계를 산출한다.

개별 회원국의 자발적 참여를 전제로 한 협약의 구속력에 대해 의문이 제기되기도 하지만, ILO의 협약은 다음과 같은 측면에서 매우 중요한 역할을 하고 있다고 판단된다. 우선 협약을 비준하기 위해서는 국내 법제도가 협약과 배치되는지 여부를 검토한 후 비준하기 때문에 협약의 비준이 국내 관련 법규나 정책의 긍정적 변화를 초래한다. 또한 ILO의 협약은 노동이나 복지에 대한 인식을 새롭게 변화시키는 순기능을 하기도 한다. ILO가 채택하는 협약들은 그 기준이 인권과 관련한 기본적이고 본질적인 권리로 국제사회가 인식하게 하여 개별 국가의 정책형성 과정에 영향을 미치는 것이다.

전술한 바와 같이 ILO는 무분별한 자본주의 팽창의 부작용을 효과적으로 제어함으로써 인류평화와 인간존엄성을 증진하기 위해 1차 세계대전의 전후 질서 재편을 배경으로 1919년 탄생했다. 1990년대 본격화된 세계화는 초기 자본주의 형성과정에서 발생한 폐해에 비견할 만한, 그렇지만 그 정책적 대응은 더욱 정교해질 것을 요구하는 문제를 인류에 제기하였다. 세계화에 대응하는 ILO판 정책 패러다임을 형성하고자 하는 시도는 1990년 초반부터 시작됐지만 사실상 2008년 경제위기 이후에서야 국제사회의 주목을 받았고 게다가 그 구체적 실행전략 마련은 아직 미완성이라고 할 수 있다.

끝으로 국제노동기준의 설정과 이행은 ILO가 존재하는 이유라고 해도 과언이 아니다. 기구설립 직후 인도적 취지의 인권규범으로 자리 잡으면서 그 중흥기를 거친 ILO의 국제노동기준은 국가 간 경쟁이 심화되면서 무역과의 연계논의로 점차 정치경제 및 사회적 측면에서 복잡한 양상을 띠기 시작했고, 최근에는 기업활동과 연계되어 다각화되기도 한다. 향후 국제노동기준의 양적 증가는 크지 않을 것으로 예측되지만, 다자관계에 있어서 ILO의 중심적 역할은 지속될 것으로 예상된다. 그 이유는 첫째, 아직 많은 취약국가fragile states나 분쟁경험지역에서 근로조건 개선 등의 ILO 기본이념은 큰 의미를 지닌다. 둘째, 매체의 발달과 전지구적 삶의 질 향상은 단결권 확보 등 전통적 의미에서의 기본권 보호에 대한 인식을 넘어 다양한 근로형태에 대한 관심과 보호 그리고 진화된 단결권의 차원이 형성될 가능성이 높다. 셋째, 국제노동기준은 지속적인 사회정책과 균형경제 및 사회발전계획 수립을 지원하고 기술적인 문제를 다룰 수도 있다. 마지막으로 점차 상호의존성이 강화되는 국제사회에서 국제적 활동의 필요성이 증대되어, 그 토론과 협의의 장으로서 ILO의 기능은 유지될 것으로 보인다.

더 읽을 거리

📖 Hughes, Steve, and Nigel Haworth. *International Labour Organization (ILO): Coming in from the Cold*. Routledge, 2010.

저자들은 ILO의 역사와 발전을 보여주고 주요 기능과 구조를 설명하면서 기구의 역할을 명확하고 상세히 다루고 있다. 또한 조직을 둘러싸고 있는 현재의 비판과 논쟁들을 소개한다. 이러한 접근가능하고 실제적인 저술은 기구의 목적과 구조를 정확히 이해하고 국제정치학, 국제기구학, 그리고 국제정치경제 전공자들에게 유익한 정보를 제공하고 있다.

📖 Maupain, Francis. *The Future of the International Labour Organization in the Global Economy*. Hart Publishing, 2013.

이 책의 저자는 ILO 사무총장의 특별 자문가로 활동했으며 ILO 내부자로서 타의 추종을 불허하는 지식을 바탕으로 이 책을 저술하였다. 저자는 93년 전과 현재의 기구의 제도적 맥락을 비교하고, 현재 기구가 당면하고 있는 과제들과 전망에 대해 분석하고 있다.

📖 Rodgers, Gerry, Eddy Lee, Lee Swepston, and Jasmien Van Daele. *The International Labour Organization and the Quest for Social Justice 1919-2009*. ILO, 2009.

이 책은 사회정의와 함께 전지구적 평화의 존속이 가능하다는 믿음하에 설립된 ILO에 대해 설명한다. 저자는 ILO가 과거에서부터 번성하기도 하고, 퇴보하기도 하면서도 90년 동안 경제적·정치적 격변을 통해 목표를 추구하며 생존해 왔다고 강조한다.

유네스코

정우탁

I. 머리말

유네스코는 유엔 전문기구^{Specialized Agencies}의 하나이다. 대부분의 유엔기구가 1945년 유엔 창설 이후 탄생하였는 데 반해, 유네스코는 공식적으로 1946년에 창설되었지만, 그 기원은 1920년대로 거슬러 올라간다. 제1차 세계대전 이후 1920년대 유럽 지성인들에 의해 탄생된 국제지적협력위원회 International Committee on Intellectual Co-operation: ICIC 와 국제지적협력기구International Institute of Intellectual Co-operation: IIIC 가 그 뿌리이다. 국제지적협력기구는 제2차 세계대전으로 유명무실해졌고, 이러한 상황에서 1942년 영국 주도로 런던에서 연합국 교육장관회의가 개최되어 교육·문화 국제기구의 창설 문제를 논의하였으며, 1945년 11월 영국 런던에서 '유엔 교육 문화 기구 설립을 위한 회의'가 개최되어 유네스코 창설이 공식적으로 결의되었다. 이 때문에 유네스코는 정부간국제기구이면서도 민간 지식인들의 참여를 중요시하는 지식인 모임의 성격도 가지는 양면적 성격의 유엔 전문기구로 탄생하였다.

초창기 30여 년간 유네스코는 미국과 서구 국가가 주도하는 국제 교육, 과학, 문화기구로서 서구적 가치의 전파자 역할을 충실히 수행하였다. 이 시기에 세계문화유산보호사업은 유네스코의 대표적인 사업으로 등장하였다.

그러나 1970년대 후반부터 '신국제정보질서' 수립 문제로 미국과 제3세계는 유네스코에서 첨예하게 대립하게 되고, 결국 미국의 유네스코 탈퇴로 귀결되었다. 미국의 유네스코 탈퇴 이후, 유네스코는 재정 악화로 기구가 축소되었다. 또한 정부 대표들에 의한 국제기구 성격이 강화되면서 세계 문제에 대한 지적 성찰 기능도 약화되어 왔다.

이런 와중에서도 유네스코는 1990년대에 '모두를 위한 교육Education for All: EFA'을 주창하여 오늘날까지 세계적 교육 의제로 추진해왔다.

오늘날 회원국의 대부분을 차지하는 개발도상국가들은 유네스코도 교육, 과학, 문화 분야에서 기술 지원technical assistance 기구 역할뿐만 아니라 실질적으로 도움이 되는 재정 지원 기구funding agency 기능도 함께 수행하기를 요구하고 있다. 이는 오늘날 시대적 흐름이기도 하다.

향후 1~2년 사이에 국제사회는 새로운 세계 의제를 설정하는 매우 중요한 일이 중첩되어 있다. 2014년 Post-ESD,[1] 2015년 Post-EFA[2] 및 Post-MDGs[3]가 바로 그것이다. 이런 와중에 반기문 유엔사무총장은 2012년 8월 동티모르에서 세계교육우선구상Global Education First Initiative: GEFI[4]을 주창하였다. 교육이 가장 중요하다는 세계교육우선구상은 특히 세계시민교육Global

---

1) 유엔은 2005년부터 2014년까지를 지속가능발전교육 10개년(Decade of Education for Sustainable Development)으로 설정하고 지속가능발전교육(ESD)을 진작해왔는데, 2014년 11월 10일부터 12일까지 일본 나고야에서 이를 마무리하는 세계회의를 개최하고 향후 방향에 대해 논의하였다. http://portal.unesco.org/geography/en/ev.php-URL_ID=14131&URL_DO=DO_TOPIC&URL_SECTION=201.html

2) 유네스코는 1990년 태국 좀티엔에서 '모두를 위한 교육(Education for All: EFA)'을 주창하였고, 2000년 세네갈 다카에서 EFA 행동강령을 채택하여, 매년 각국의 EFA 달성 정도를 평가해 오고 있는데, 2015년 5월 19일부터 21일까지 한국 인천에서 이를 최종 평가하고, 향후 방향을 논의하는 UNESCO World Education Forum을 개최한다. http://www.unesco.org/new/en/education/themes/leading-the-international-agenda/education-for-all/

3) 유엔은 2000년 9월 새천년 정상회의를 통해 새천년 선언을 선포하고, 2015년을 목표로 하는 새천년 개발목표(Millenium Development Goals: MDGs)를 채택했는데, 오는 2015년 9월 유엔 총회에서 지난 15년간의 MDGs 달성 성과를 평가하고, 향후 새로운 목표를 설정할 예정이다. http://www.un.org/millenniumgoals/

4) http://www.globaleducationfirst.org/

Citizenship Education을 강조하고 있는데, 이 세계교육우선구상과 세계시민교육이 향후 Post-EFA 및 Post-MDGs 의제 설정에 얼마나 반영될지가 관심이 아닐 수 없다.

이러한 최근 흐름을 염두에 두면서, 먼저 유네스코의 역사를 시대별로 개관해 보고, 유네스코의 조직과 구조, 주요 사업과 재정을 살펴본 후, 유네스코의 주요 쟁점과 21세기 나아가야 할 방향, 그리고 한국의 유네스코 활동 전략을 살펴보고자 한다.

II. 유네스코: 역사적 개관

1. 유네스코의 전사(前史) 및 창설 과정

유네스코의 독특한 성격은 제2차 세계대전 이후 설립된 대부분의 유엔기구와는 달리, 그 뿌리가 1920년대에 있다는 점에서 비롯된다.

제1차 세계대전 종전 직후인 1920년에 설립된 국제연맹 League of Nations은 국제적인 지적 협력 문제를 연구하고 자문할 국제연맹 자문기구로 국제지적협력위원회를 설립하였다. 당대의 저명한 지식인 12명으로 시작한 위원회는 정부대표가 아닌 민간인들로 구성된 국제적 조직으로서 국제연맹의 자문기구 지위를 부여받았다. 1922년 8월에 스위스 제네바에서 첫 회의를 개최, 앙리 베르그송을 위원장으로 선출하였다.5) 프랑스는 1926년 1월에 국제지적협력위원회의 집행기관 역할을 수행할 국제지적협력기구를 설립하였다.6)

---

5) Fernando Valderrama, *A History of UNESCO* (Paris: UNESCO, 1995), pp.1-2.
6) 국제지적협력기구의 창설과 활동에 관해서는 Valderrama의 책에 자세히 기술되어 있다. *Ibid.*, pp.2-18 참조.

이 두 조직이 오늘날 유네스코의 실질적 뿌리이다. 상기 조직에는 아인슈타인, 프로이드, 마리 퀴리, 올두스 헉슬리 등 당대 서구 지성인들이 두루 참여하였는데, 국제연맹은 이들 지성인들의 지혜를 구하기 위해 이런 조직을 만든 것으로 보인다. 그러나 국제연맹은 제2차 세계대전의 발발을 막지 못해 붕괴되고, 이들 기구도 전쟁 와중에 와해되고 말았다.

제2차 세계대전이 한창 진행 중이던 1942년 11월, 영국은 런던에 망명 중이던 프랑스, 네덜란드, 노르웨이, 폴란드 등 연합국 교육장관들을 초청, 연합국 교육장관회의Conference of Allied Ministers of Education: CAME 제1차 회의를 개최하였다.7) 연합국 교육장관들은 여러 차례 모임을 통해 전후 교육의 재건 방안과 세계 평화에 기여하는 교육에 대해 논의하면서 국제 교육기구의 창설에 합의하였다.8) 또한 연합국 교육장관회의는 역사위원회를 구성, 역사·지리 교과서의 검토 및 유럽문명사의 출간을 논의하였다.9)

1945년 4월부터 6월까지 샌프란시스코에서 열린 유엔 창설 회의에서 유네스코 설립도 구체적으로 논의되었다. 프랑스는 문화협력을 담당할 국제기구 헌장 작성 회의를 소집하자는 권고안을 발의하였는데, 새로운 기구가 국제지적협력위원회와 국제지적협력기구의 전통을 이어받아야 한다는 주장도 담았다.10)

1945년 11월 영국과 프랑스 주도로 엘렌 윌킨슨Ellen Wilkinson 영국 교육부 장관이 의장을 맡은 '교육문화기구 설립회의'가 런던에서 44개국이 참여한

---

7) 당시 잉글랜드 및 웨일즈 교육위원회 회장 R. A. Butler와 British Council 의장 Malcolm Robertson이 연합국 교육장관 제1차 회의를 소집하고 주도하였다. Michel Conil Lacoste, *The Story of A Grand Design: UNESCO 1946-1993* (Paris: UNESCO, 1994), p.19 참조.

8) 이에 대한 설명은 Fernando Valderrama, *op. cit.*, I. Historical background, pp.1-4 및 II. The birth of UNESCO and the first General Conference, pp.19-21 참조.

9) James P. Sewell, *UNESCO and World Politics* (Princeton: Princeton University Press), p.38.

10) Michel Conil Lacoste, *op. cit.*, p.20.

가운데 개최되었다.[11] 동 회의에서 신설 기구의 사업 영역으로 교육, 문화 외에도 영국 과학자인 줄리안 헉슬리Julian Huxley, 조셉 니담Joseph Needham 등의 주장으로 '과학'이 추가되었으며, 헌장에 '정보와 사상의 자유로운 흐름을 지원한다'는 규정도 추가하고, 매스미디어도 사업 영역으로 포함하여, 새 기구의 이름이 유네스코UNESCO로 정해졌다.

유네스코 헌장이 1946년 11월 4일에 발효되고, 이어서 프랑스 파리에서 첫 번째 유네스코 총회가 열려 줄리안 헉슬리를 초대 사무총장으로 선출하였다. 유네스코는 국제지적협력기구가 수행하던 일도 승계, 추진한다는 협정도 체결하였다.[12]

유네스코 창설의 역사적 배경과 과정을 살펴보면, 유네스코도 다른 유엔 기구처럼 서유럽 지식인 중심의 세계 문제에 대한 성찰과 시각이 유네스코 바탕에 깔려 있다는 공통점이 있는 반면, 유네스코는 다른 유엔기구와는 달리, 정부간기구 성격과 비정부, 시민사회기구 성격이 혼합되어 있다는 것이 그 독특성이다.

2. 창설 이후 30년의 역사

유네스코 창설 이후 1970년대 초까지 30여 년간의 유네스코를 한 마디로 규정하기는 쉽지 않다. 이 기간 동안 냉전으로 인해 유엔을 비롯한 국제기구에서 미국 중심의 서구 자본주의 국가와 소련 중심의 공산주의 국가들이 대립하는 양상을 보였다. 초창기에는 미국이 주도하고, 소련이 저항하는 팍스 아메리카나Pax Americana 체제라고 볼 수 있으나, 1970년대 이후 제3세계가 유엔 및 유네스코에서 집단적 정치 세력으로 등장하면서 미국이 수세로 몰

---

11) Michel Conil Lacoste, *op. cit.*, p.23.

12) Fernando Valderrama, *op. cit.*, pp.21-26; Michel Conil Lacoste, *op. cit.*, pp.20-29.

리는 양상이 나타났다. 아시아 아프리카의 신생국들이 60년대에 국제기구에 가입하면서 미국의 영향력하에 있던 유네스코도 변하기 시작했다. 로저 코우트Roger Coate는 미국은 1969년 이후 유네스코에서 적극적·지도적 역할이 아닌 소극적 피해 방어damage limitation 정책으로 돌아섰다고 분석했다.13)

개도국의 증가로 유네스코의 기능과 역할도 변화되었다. '지적(知的) 협력'이라는 역할보다는 신생국의 국가건설nation-building에 도움이 되는 '문해(文解)' 사업과 문화유산 복원 사업이 부각되기 시작했다. 1961년 유엔 총회에서 "유네스코가 세계 문해를 위해 총괄 조사를 실시하라"는 결의안이 채택되었고,14) 다음해 유네스코 총회는 세계 문해 캠페인의 추진 원칙을 채택하였으며, 1964년 유네스코 총회는 범세계적 규모로 문해 사업을 추진할 것을 결의하였고,15) 1965년에는 테헤란에서 '세계 문해 교육장관회의'도 개최하였다. 또한 유네스코는 1967년부터 매년 9월 8일을 국제 문해의 날로 지정하여 '문해 교육상'을 시상하고 있다. 이렇게 1960년대에 시작된 일련의 문해 운동은 유네스코의 간판 사업으로 자리 잡았다. 또 다른 예로 세계문화유산 복구 사업을 들 수 있다. 60년대 이집트 아스완 댐 건설로 누비아 유적이 수몰될 위기에 처하자 유네스코를 중심으로 전 세계적인 복구 캠페인을 펼쳐 성공적으로 복구, 보존하였다. 파키스탄 모헨조다로, 인도네시아 보로부두르, 모로코 페즈, 태국 수코타이, 베트남 후에 등이 이러한 문화유산 복구 캠페인의 도움을 받았다. 이와 같이 1960년대 신생국의 증가로 유네스코는 세계 문해 사업 및 세계 문화유산 복원 사업을 대표적인 사업으로 추진하게 된다.

---

13) Roger A. Coate, *Unilateralism, Ideology and U.S. Foreign Policy: The United States In and Out of UNESCO* (London: Lynne Rienner Publishers, 1988), pp.133, 137-138.

14) *UNESCO: 50 Years for Education* (Paris: UNESCO, 1997), p.124.

15) 문맹퇴치 사업에 대한 결의안 및 선언은 UNESCO, *Records of the General Conference, Thirteenth Session, Paris 1964, Resolutions,* 1.27. Adult literacy, pp.16-21 참조.

3. 신국제정보질서와 미국의 탈퇴

1950년대부터 1960년대 말까지 아시아, 아프리카의 신생국들이 유엔의 다수 회원국으로 부상하면서 유엔을 비롯한 각종 유엔기구들은 기존 동서 냉전에 따른 갈등에 더하여 서구 선진국과 신생 독립국들 간의 갈등에 휩싸이게 된다. 소위 '제3세계'라고 불리던 이들 국가 그룹은 불공정한 세계경제 체제를 변화시키기 위해 1974년 제6차 유엔 특별자원총회에서 '신국제경제 질서 수립에 관한 선언' 그리고 '행동계획'을 채택하고, 1982년 유네스코에서 '신국제정보질서'에 관한 안건을 채택하였다. 그러나 이러한 선언들은 '선언'에 그치고 말았고, 1984년 미국의 유네스코 탈퇴로 이후 유네스코는 심각한 재정 위기에 봉착하게 된다.

신국제정보질서의 시작은 1978년 유네스코 제20차 총회에서 채택된 「매스미디어선언」이지만, 본격적인 문제 제기는 이 선언에 기초하여 유네스코가 구성, 운영한 〈커뮤니케이션문제 연구를 위한 국제위원회〉의 최종 보고서인 「맥브라이드보고서」[16)가 1980년 총회에서 채택되면서부터였다. 「맥브라이드보고서」는 영국의 로이터Reuters 미국의 AP, UPI, 프랑스의 AFP등 서구 4대 통신사가 세계 정보를 독점하고 있는 현실을 종식시키기 위해 '자유롭고 균형된 정보의 유통free and balanced flow of information'을 주장하였다. 이는 미국을 중심으로 한 '자유로운 정보의 유통free flow of information' 원칙에 도전하는 개념으로 미국과 심각한 갈등을 빚게 된다.

미국과 제3세계 간의 대립은 격화되어 1984년 미국은 유네스코를 탈퇴하게 된다.[17) 미국의 유네스코 탈퇴 이후 유네스코 전체 예산의 약 4분의 1에

---

16) 「맥브라이드보고서」는 UNESCO에 의해 *Many Voices, One World*(Paris: UNESCO, 1983)란 제목의 단행본으로 출판되었다. 〈커뮤니케이션 문제 연구를 위한 국제위원회〉에 관한 보다 자세한 내용은 UNESCO, *Many Voices, One World*(Paris: UNESCO, 1983) Appendix 3 International Commission for the Study of Communication Problems 참조.

17) 1983년 12월 28일 당시 조지 슐츠(George Shultz) 국무장관은 유네스코 사무총장 앞으로 탈퇴 통보 서신을 송부하였고, 미국의 유네스코 탈퇴는 유네스코 헌장 제2조

해당하는 미국의 분담금이 들어오지 않아 유네스코는 만성적 재정 위기를 겪게 된다. 그러나 미국의 탈퇴에도 불구하고 유네스코는 해체되지 않고 생존하였다. 신국제정보질서를 주창한 세네갈 출신 아마두 마타르 음보[Amadou Mahtar M'Bow] 사무총장이 1987년 퇴진하고, 스페인 출신인 페데리코 마요르[Federico Mayor Zaragoza] 사무총장과 일본인 출신인 고이치로 마츠우라 사무총장이 사무총장직을 이어받아 유네스코를 근근이 유지하였다. 전통적으로 유네스코에 대한 영향력이 컸던 프랑스, 독일, 스페인 등 유럽 국가들과 일본이 유네스코의 중심 세력이 되었다.

4. 최근 30년의 역사: 개혁과 답보

미국의 유네스코 탈퇴는 유네스코에 여러 가지 중요한 변화를 가져왔다. 첫째, 최대 분담금 부담 국가인 미국의 부재로 인해 유네스코는 재정 위기를 맞게 되고, 유네스코의 재정 위기는 자연스럽게 유네스코의 사업 및 사무국 축소를 초래했다. 둘째, 유네스코가 너무 '정치화'되었다는 비판에 직면하면서 '비정치적' 이슈로의 변화를 모색하게 된다. 셋째, 유네스코에 대한 회원국 정부의 영향력을 강화하는 방향으로 제도 변화를 추구한다.

미국의 유네스코 탈퇴 이후 제3세계의 유네스코에 대한 영향력도 함께 약화되었다. 그리고 지식인 중심의 유네스코에서 회원국 정부 중심의 유네스코로 탈바꿈시키는 제도적 변화가 일본을 중심으로 시도되었다. 원래 유네스코는 지식인을 중심으로 인류의 지적·도덕적 연대[intellectual and moral solidarity of mankind]를 강조하였는데,[18] 이를 상징하는 지식인 중심의 유네스코

6항에 따라 1984년 12월 31일부로 효력을 발휘하게 되었다.

18) "정부의 정치적·경제적 조정에만 기초를 둔 평화는 세계의 제 인민의 일치되고 영속적이며 성실한 지지를 확보할 수 있는 평화가 아니다. 따라서 평화를 상실하지 않기 위해서는 **인류의 지적·정신적 연대** 위에 평화가 이루어지지 않으면 안 된다"(That a peace based exclusively upon the political and economic arrangements of

집행이사 자격을 정부대표 자격으로 바꾸게 된다.

1991년 일본은 유네스코 집행이사회의 위원 자격을 개인에서 정부 대표 자격으로 바꾸는 결의안[19]을 제안하여 통과시켰다. 일본이 제출한 안은 집행이사회의 효율성 강화를 위해 첫째, 개인이 아닌 회원국을 중심으로 집행이사회를 구성하고, 둘째, 예산과 행정 문제를 다룰 집행이사회 산하 전문가 소위를 설립하며, 셋째, 집행이사회의 지적 기능을 보강할 장치 마련 등을 핵심 내용으로 하고 있다.[20] 이 제안서에 따르면, '정부를 대표하는 개인 자격'[21]이라는 기존 집행이사들의 독특한 자격이 제대로 작동하지 않아, 유

---

governments would not be a peace which could secure the unanimous, lasting and sincere support of the peoples of the world, and that the peace must therefore be founded, if it is not to fail, upon the **intellectual and moral solidarity of mankind**).

유네스코 헌장 원문은 유네스코가 2012년에 발간한 *Basic Texts*, 2012 edition을 참조하였으며, 한글 번역은 유네스코한국위원회가 1997년에 발간한 「유네스코관계법 규집」을 참조하였음.

19) 이 결의안은 Proposal for an improvement of the work of the Executive Board in accordance with Article XIII of the constitution란 이름하에 3쪽의 결의안(Draft Resolution)과 4쪽의 설명서(Explanatory Note) 등 총 8쪽으로 이루어져 있으며 1991년 4월 2일 유네스코 일본 상주대표부 대사가 제안하였다. 유네스코는 4월 11일 이를 전 세계 회원국에 통보하였다.

20) UNESCO CL/3248(11 April 1991) Annex, p.5. CL은 회원국 회람공문을 말한다.

21) 유네스코 집행이사의 이중적 성격은 1954년 정부대표자격과 개인자격을 놓고 벌인 갈등의 '타협의 산물'이었다. 유네스코 창설 당시 국제지적협력기구의 전통을 이어받은 프랑스의 강력한 '비정부주의(nongovernmentalism)' 옹호와 다른 나라들의 전폭적인 지지로 집행이사의 개인자격이 조문화되었으나, 4년 후 영국이 집행이사를 정부대표로 할 것을 제안하면서 이 문제가 재론되었다. 그러나 영국의 제안은 총회의 동의를 받지 못해 무산되었다. 1954년 몬테비데오에서 개최된 제8차 유네스코 총회에 미국이 다시 이 문제를 제기하여 논란 끝에 집행이사를 개인자격으로 하되 이들 개인은 소속 국가를 대표한다는 '집행이사의 이중 성격'을 채택하였다. 이때 논거는 총회를 매 2년마다 개최키로 함에 따라 집행이사의 비중을 높이는 것이 필요하다는 논리였다. 이후 집행이사를 완전히 정부대표로 변경하고자 하는 헌장 개정 시도가 1972년과 1976년에도 있었으나 실패하였다. 여기에 대해서는 James P. Sewell, *op. cit.*, p.169; Fernando Valderrama, *op. cit.*, p.100; UNESCO, CL/3248(11 April, 1991), Annex, pp.5-6 참조.

네스코에 회원국 정부의 입장이 전달되지 못하고 있다고 언급하였다. 구체적 방식은, 우선 유네스코 총회에서 문화적 다양성과 지역적 배분을 고려하여 집행이사국을 결정하고, 선출된 집행이사국은 자기 나라를 대표하는 집행이사를 임명한다는 것이다. 이러한 변화는 첫째, 정부간기구 성격을 강화하고, 둘째, 회원국 정부의 입장과 정책을 유네스코 사업 및 재정, 행정 문제에 잘 반영할 수 있으며, 셋째, 기존 프랑스 주재 양자 대사나 유네스코 상주대표부 대사를 집행이사로 임명함으로서 재정 부담을 줄일 수 있다고 일본은 부연 설명하였다.

이후 1990년대 내내 유네스코는 재정위기 극복을 위해 '개혁'이란 이름하에 상시적인 구조조정 과정을 겪게 되었다. 2003년 미국이 재가입한 이후에도 재정 사정은 크게 호전되지 않았으며, 매 2년마다의 예산은 늘 전 회계연도 예산 수준으로 동결되었다.

2011년 10월 31일 제36차 유네스코 정기총회에서 팔레스타인이 유네스코에 회원국으로 가입하였는데,[22] 이 때문에 또다시 미국의 분담금이 동결되어 유네스코는 다시금 만성적 재정위기에 봉착하게 되었다. 2013년 11월에 개최된 제37차 유네스코 총회는 당초 사무국이 2014~2015년도 사업 정규예산으로 제안한 전 사업회기와 동일한 미화 6억 5천3백만 달러를 미국 및 이스라엘의 분담금 미지급으로 인한 재정난을 이유로 5억 7백만 달러로 감축하여 채택하였다. 이 때문에 유네스코는 2013년부터 직원을 약 300명 감축하기 위해 명예퇴직을 추진하였다. 이러한 유네스코의 만성적 재정위기는 개혁이란 이름으로 사업 및 조직과 인원의 축소를 가져왔고, 궁극적으로 유네스코는 여러모로 약화되었다.

---

22) 팔레스타인의 유네스코 가입에 관해서는 *New York Times*, 2011년 11월 1일 자 참조. http://www.nytimes.com/2011/11/01/world/middleeast/unesco-approves-full-membership-for-palestinians.html?pagewanted=all&_r=0

III. 유네스코의 조직·구조와 기능

유엔 전문기구는 다른 유엔 직속기구나 보조기구와는 달리 전문기구별로 헌장, 회원국, 총회, 분담금을 각각 보유하고, 사무총장도 각 전문기구의 총회에서 직접 선출한다.

1. 유네스코의 조직 및 구조

유네스코의 주요 조직은 총회General Conference, 집행이사회Executive Board, 사무국Secretariat이다. 총회-집행이사회-사무국으로 이어지는 '위원회' 제도는 서구에서 비롯된 매우 독특한 조직 유형이라고 할 수 있다. 국제기구 자체가 서구 문화와 역사의 소산이기 때문에 국제기구의 조직 원리나 작동 원리 또한 서구적인 특색을 갖고 있다. 국제기구는 대체로 총회-이사회(집행위원회)-사무국의 조직 체계를 가지고 있는데 흔히 '위원회' 제도로 불리는 이러한 조직 유형은 서구에서 발달된 서구식 조직 유형이다.

1) 총회

총회는 유네스코의 전 회원국이 참가하는 최고 정책 결정 기구이다. 총회는 2년에 한 번 개최되고 약 3주간 개최되며 대략 2,000~3,000명의 대표단이 회의에 참가한다. 총회는 본회의Plenary와 분과위원회Commission로 구성된다. 현재 분과위원회는 교육, 과학, 문화 커뮤니케이션 및 일반·사업지원 분과 등 5개 사업 분과위원회와 행정위원회, 법률 위원회, 지명위원회, 신임장위원회 등으로 구성되어 있다.

총회는 유네스코 8년간의 중기전략Medium-Term Strategy과 4년 단위의 유네스코 사업계획 및 예산(안)을 심의하고 의결하는 유네스코의 최고 정책 결정 기관이다. 또한 총회는 유네스코 사무총장을 선출하고, 집행이사회와 정부간위원회 이사국을 선출하며, 국제협약 및 권고를 채택하는 권한이 있다.

유네스코는 1국 1표 주의 원칙에 따라 각 회원국에 1개의 투표권을 인정하며, 다수결의 원칙에 따라, 헌장이나 총회 절차규칙에 의해 3분의 2 다수결이 필요한 경우 외에는 출석 과반수, 투표 과반수의 단순 과반수로 의결한다.

회원국이 분담금을 체납할 경우, 그 총액이 당해년도와 전년도에 지불하여야 할 총액을 초과하는 경우에 총회 투표권을 상실한다.

유네스코 총회의 공식 사용 언어는 영어, 프랑스어, 스페인어, 아랍어, 러시아어, 중국어 등 6개 국어이며 회의는 이들 6개 언어로 동시통역될 뿐만 아니라 총회 기간 중 배부되는 모든 회의 의제 및 관련 문서도 이들 6개 언어로 제공된다.

2) 집행이사회

집행이사회는 총회가 열리지 않는 기간 중에 총회를 대신하여 유네스코의 중요한 정책을 결정하고, 승인하며, 총회의 의사일정을 준비하고, 총회에 부의되어 토론될 안건을 제출하며, 사업과 예산의 집행을 보고 받고, 사무총장 후보를 총회에 추천하는 등 유네스코의 실제적인 권한을 지닌 기관이다.

집행이사회는 총회에서 선출된 6개 지역별 그룹의 58개국 대표로 구성되며, 집행이사국은 서유럽·북미지역인 1그룹 9개국, 동유럽지역인 2그룹 7개국, 중남미지역인 3그룹 10개국, 아시아·태평양지역인 4그룹 12개국, 아프리카 지역인 5(a)그룹 14개국, 중동 지역인 5(b)그룹 6개국 등으로 구성된다.[23]

이사국 임기는 4년이나, 일본, 프랑스, 중국 등 몇몇 선진국들은 국가의 영향력을 바탕으로 계속 집행이사국에 당선되기도 한다.

집행이사회는 일반적으로 연 2회 개최되는데, 다만, 총회가 개최되는 해에는 총회 직후 새로 선출된 집행이사국의 분과 배정을 위해 1일간 개최되는 집행이사회 때문에 총 3회 개최된다.

---

23) 2013~2015년도 유네스코 집행이사국 구성에 관해서는 http://www.unesco.org/new/ fileadmin/MULTIMEDIA/ HQ/GBS/SCX/pdfs/Table_2013-2015.pdf 참조.

〈표 1〉	역대 유네스코 사무총장		
이름	국적	임기
줄리안 헉슬리(Julian Huxley)	영국	1946~1948
하이메 보데(Jaime Torres Bodet)	멕시코	1948~1952
존 테일러(John Wilkinson Taylor)	미국	1952~1953
루터 에반스(Luther Evans)	미국	1953~1958
비토리노 베로네세(Vittorino Veronese)	이탈리아	1958~1961
르네 마외(René Maheu)	프랑스	1961~1974
아마두 마타르 음보(Amadou-Mahtar M'Bow)	세네갈	1974~1987
페데리코 마요르(Federico Mayor Zaragoza)	스페인	1987~1999
고이치로 마쓰우라(Koichiro Matsuura)	일본	1999~2009
이리나 보코바(Irina Bokova)	불가리아	2009~현재

3) 사무국

사무국은 총회, 집행이사회와 함께 유네스코 3대 주요 기관이다. 사무국은 유네스코의 사업계획과 예산안을 준비하여 총회와 집행이사회에 제출하며, 총회와 집행이사회에서 결정된 사업과 예산에 따라 사업을 추진하고, 예산을 집행하는 역할을 한다.

유네스코 사무국은 사무총장을 행정책임자로 하여, 1명의 사무차장과 다수의 사무총장보를 두고 있으며, 사무국 직원은 교육, 과학, 문화, 커뮤니케이션 분야 전문가로 구성된 전문 직원과 이를 행정적으로 뒷받침하는 행정 직원으로 대별된다. 이들은 파리의 유네스코 본부, 세계 각지의 지역사무처, 각종 부속기관에서 근무한다. 총회가 선출, 임명하는 사무총장은 유네스코의 최고 행정 책임자일 뿐만 아니라 내외직으로 유네스코를 대표하니, 유네스코 사업 추진과 예산 집행의 최종 책임자로서 사업 집행 결과를 총회 및 집행위원회에 정기적으로 보고한다.

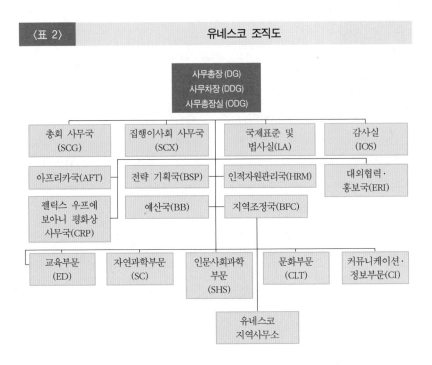

〈표 2〉	유네스코 조직도

사무국은 현재 교육부문ED, 자연과학부문SC, 인문사회과학부문SHS, 문화부문CLT, 커뮤니케이션·정보부문CI 등 5개 사업 부와 대외협력·홍보국부문ERI, 전략기획국BSP 등으로 구성되어 있다. 유네스코 사무국에서 일하고 있는 직원 수는 170여 개국 출신 1,500~1,800여 명 사이로, 전문직과 행정직으로 구분되며, 최근 지역 분산화 정책에 따라 전 세계 55개 지역사무소에 약 40~50% 정도의 직원이 파견되어 근무하고 있다. 또한 12개의 직속 연구소와 센터를 두고 있다.

2. 유네스코의 주요 기능

유네스코는 2002년에 발간된 2002년부터 2007년까지 중기전략을 담은

31C/4에서 다음과 같이 다섯 가지로 주요 기능을 정의하였다.[24]

1) 아이디어의 실험실(laboratory of idea)

인류사회를 위해 새로운 개념과 아이디어를 제안하고 실험하는 기능은 유네스코의 대표적인 기능이다. 그동안 유네스코가 창안하고 제안하여 실현된 개념으로는, '세계문화유산', '세계무형유산', '세계기록유산', '평생교육', '모두를 위한 교육EFA', '지속가능발전교육ESD', '생물권보전지역Man and Biosphere Reserve', '세계지질공원Geopark' 등 수없이 많다.

이러한 새로운 개념과 아이디어가 보편적으로 받아들여지면, 유네스코는 교육 과학 문화 분야에서 세계적 의제 설정agenda setting 작업을 한다. 특히 최근에는 전 세계적 빈곤 격차 문제, 이주민 문제, 지구 환경 문제, 인권 침해 문제, 교육 불평등 문제, 문화유산 파괴 문제 등이 주요한 세계적 이슈로 등장하면서 이러한 분야의 세계 의제 설정이 주목받고 있고, 유네스코도 이러한 흐름을 타면서 '모두를 위한 교육,' 지속가능발전 교육 등 세계 교육 의제 설정을 주도하고 있다.

2) 국제 규범 제정(standard-setter)

유네스코의 또 다른 기능으로 국제 규범norm 제정을 들 수 있다. 국제 규범 제정 기능은 국제기구가 지니고 있는 권고recommendation, 선언declaration, 협약convention 등의 제정 기능을 말한다. 국제사회에는 입법부가 따로 없기 때문에 국제기구가 국제사회의 '유사 입법부' 역할을 한다. 대부분의 국제법규는 유엔 및 유엔전문기구들에 의해 합의되고 결의된 협약과 선언, 권고들로 이루어져 있다.

협약은 강제력이 있는 국제 규범으로 국가의 비준을 필요로 하고, 그 이행을 위한 국내법적 조치가 필요하다. 권고는 구속력이 없는 국제규범이다. 구속력이 없는 국제규범과 구속력이 있는 국제규범이 동시에 존재하는 이유

---

24) 31C/4, p.6 참조. http://unesdoc.unesco.org/images/0012/001254/125434e.pdf

는 국가들이 좀 더 편안하게 국제규범을 준수 할 수 있도록 하는 현실적인 전략이다. 예를 들면, 민감한 사안인 경우 권고 같은 구속력이 없는 국제규범을 통해 어느 정도 준수하는 문화를 확산한 다음, 협약과 같은 강제적인 규범으로 가는 것이 중앙정부가 부재한 국제사회에서 국제법의 실효성을 높일 수 있는 방법이다.

또한 국제규범이 어떠한 가치관과 법문화, 법철학을 토대로 만들어지는지가 매우 중요하다. 서구에 의해 설립되고 서구에 의해 운영되고 있는 오늘날 국제기구에서 대부분의 국제 규범은 서구적 가치관과 법철학에 의해 제정되었다.

3) 정보 자료 교류의 창구(clearing house)

유네스코는 교육, 과학, 문화 분야에서 전 세계 회원국의 정보를 수집하고 공유하는 정보자료 교류 및 처리 기능을 한다. 대표적인 것으로 유네스코 회원국의 교육, 과학, 문화 분야 통계를 모아 발간하는 「유네스코 통계연감UNESCO Statistical Yearbook」 '모두를 위한 교육EFA' 사업성과를 모은 「세계 모니터링 보고서Global Monitoring Report」가 그것이다.

HIV/AIDS 교육에 관한 전 세계 정보 자료를 제공하는 UNESCO HIV and Health Education Clearing house[25])가 이 분야의 대표적 클리어링 하우스clearing house 이며, 이외에도 기후변화교육 분야의 UNESCO's online database on Climate Change Education[CCE], 직업기술 교육 분야의 TVET Best Practice Clearinghouse 등이 있다.

유네스코 자체가 전 세계 교육, 과학, 문화의 정보, 자료 교류 창구 역할을 한다.

4) 회원국의 역량 강화(capacity-builder in Member States)

유네스코는 회원국의 역량을 발전시키기 위해 인적·물적·제도적 지원을

---

25) http://hivhealthclearinghouse.unesco.org/

해왔다. 회원국 지원은 재정 지원과 기술 지원으로 양분할 수 있는데, 유네스코는 본질적으로 국가 교육, 문화, 과학 정책에 전문적인 지식과 자문을 제공하는 기술 지원 국제기구로 성격을 규정하고 있다. 재정 지원은 자금 지원을 하는 것으로 유엔개발계획UNDP, 유엔아동구호기금UNICEF, 세계식량계획WFP 등이 주로 이러한 재정 지원을 한다. 그러나 실제로 국제기구는 이러한 두 가지 기능을 다 수행한다.

유네스코는 이러한 기능을 위해 회원국들이 의무적으로 납부하는 분담금 contribution과 회원국이 자발적으로 공여하는 자발적 기여금 voluntary contribution 및 신탁기금funds-in-trust으로 재정을 충당한다.

5)국제협력의 촉매(catalyst for international cooperation)

유네스코의 또 하나의 기능으로는 국제협력의 촉매 기능을 들 수 있다. 국제사회의 협력을 촉진하기 위해 유네스코는 국제회의 개최, 네트워크 형성, 상 제정 및 시상, 기념일 제정 및 행사 등 다양한 활동을 전개하고 있다.

특히 갈등과 분쟁을 예방, 조정하고, 평화와 협력을 증진시키기 위해 분쟁의 평화적 해결을 추구한다. 전통적인 '분쟁의 평화적 해결' 방법으로는 협상negotiation, 사실조사inquiry, 주선good offices, 중개mediation, 조정conciliation, 중재재판arbitration, 국제사법재판judicial settlement 등을 들 수 있다.26) 유엔은 '분쟁의 평화적 해결' 방법으로 ① 분쟁 당사국의 초청과 토의, ② 분쟁 당사국에 대한 호소, ③ 휴전명령, ④ 막후외교, ⑤ 유엔의 중개와 조정, ⑥ 예방외교, ⑦ 법적 해결 등을 한다.27) 그러나 이러한 기능들은 대체로 갈등이 상당한 정도로 진행된 단계에서 작동하는 수단들이다.

반면에 유네스코는 세계 평화와 협력을 달성하기 위해 가장 근원적이고 근본적인 활동을 추구한다. "전쟁은 인간의 마음에서부터 비롯되는 것이므

---

26) 이들 기능에 대한 설명은 오기평, 『국제기구정치론』(서울: 법문사, 1992), pp.295-297 참조.

27) *Ibid.*, pp.297-307 참조.

로 평화의 수호 역시 인간의 마음에서 구축되어야 한다."는 유네스코 헌장의 서문이 바로 이러한 철학을 보여준다. 유네스코는 교육, 과학, 문화 분야에서 국제적 협력을 촉진하여 궁극적으로 세계 평화를 달성하고자 하는 것이 사명이다.

3. 의사 결정 방식

유네스코에는 1국 1표 제도에 의한 다수결 방식과 합의^{consensus} 방식이 공존하고 있다.

1) 1국 1표 제도 — 다수결 방식

유네스코는 '1국 1표$^{one\ nation,\ one\ vote}$' 제도하에 다수결로 의사를 결정한다. 1국 1표 제도는 두 가지 점에서 국제기구 표결 원칙의 진전이다. 첫째, 오늘날 국제사회가 1648년 베스트팔리아 체제 이후 '주권 국가'를 기본 단위로 작동하고 있는 현실에서 주권 국가마다 동등한 표결권을 주는 것은 주권 평등을 반영한 합당한 표결 방식이다. 둘째, 제2차 세계대전 이후 민주주의 제도가 전 세계적으로 확산되면서 1인 1표라는 국가내 민주적 표결 원칙이 국제기구에서도 그대로 적용되는 것은 너무나 자연스러운 일이다.[28] 그러나 1국 1표 제도가 인구 비례를 고려하지 않는다는 점에서 비민주적이고, 국력을 감안하지 않는다는 점에서 비현실적이며, 공동체 다수의 의지가 반영되지 않는다는 점에서 도덕적이지 않다는 비판도 있다.[29]

1국 1표 제도는 약소국들에게 유리한 제도이다. 1국 1표 제도 때문에 개

---

28) 클라우드(Inis L. Claude, Jr)는 이를 "국내 투표 기법이 국제 투표 기법으로 이전된 것"이라고 설명한다. Inis L. Claude, Jr., *Swords into Plowshares*, 4th ed. (New York: Random House, 1971), p.118.

29) Inis L. Claude, Jr., *Swords into Plowshares*, 3rd ed. (New York: Random House, 1971), p.119; 박재영, 『국제기구정치론』(서울: 법문사, 1998), p.168에서 재인용.

도국은 수적 다수만 이루면 국제기구의 의사 결정을 유리하게 하고 국제 규범을 창출할 수 있다.

유네스코의 다수결 방식은 일반적 안건에 대해 회원국 과반수의 출석과 출석 회원국 과반수의 찬성으로 결정하는 단순과반수와 중요한 안건에 대해 회원국 3분의 2의 출석과 출석 회원국 3분의 2의 찬성으로 결정하는 두 가지 방식이 있다.[30]

1국 1표제와 다수결 방식은 현실에서 모순을 빚기도 한다. 국제기구 회원국은 주권 평등의 원칙에 따라 1국 1표 제도를 도입하였는데, 다수결 방식은 소수 의견을 가진 국가의 주권을 침해, 무시하는 모순에 빠지게 된다. 또한 국제사회는 국내사회와는 달리 다수결 의사 결정에 따른 강제력 행사가 불가능하기 때문에 소수 의견을 가진 국가에 대해 다수 의사를 관철하기 어렵다. 특히 강대국이 소수 의견을 가졌을 때, 국제기구에서의 다수결에 의한 의사결정은 다수결에 속한 국가의 뜻을 전 세계에 알리는 의미 정도로 격하된다.

이런 문제점의 대안으로 '만장일치unanimity' 방식을 고려할 수 있으나, '만장일치'는 현실적으로 어려울 뿐만 아니라, 1개국만 반대하여도 부결된다는 점에서 만장일치는 '소수결 주의'가 되어 버리기 때문에 이 또한 대안이 되지 못한다.

이러한 1국 1표 원칙에 입각한 다수결 제도는 모순도 지니고 있지만, 다른 대안이 없는 현실에서 일반적으로 통용되는 국제기구 표결 방식이다. 그리고 개도국들은 수적 다수를 이룰 경우, 국제기구에서 의제를 설정하고, 국제 규범을 만드는 영향력을 지니게 된다.

---

30) 유네스코의 표결제도에 관해서는 UNESCO, *Basic Texts*, 2012 edition (Paris: UNESCO, 2012)에 수록된 유네스코 헌장 제4조 8항 및 총회 절차규칙(Rules of Procedure of the General Conference) XV. Voting에 자세히 나와 있음.

2) 합의(consensus) 제도

1국 1표 제도에 의한 다수 집단의 국제기구 지배와 소수 의견의 배제를 방지하기 위해 유네스코는 합의consensus라는 의사결정 방식을 적극 활용한다.

합의란 '구성원들 간의 일치된 의견은 아니지만 하나로 집약된 의견'31)을 말한다. 합의의 전제는 협상, 타협, 절충이다. 협상, 타협, 절충 과정을 통해 구성원들 간의 다른 의견을 조정하여, 투표 없이 의사를 결정하는 방식이다. 주권 국가를 회원국으로 지닌 국제기구에서 서로의 이해를 적절히 반영하는 방식이 합의이다.

1964년 제19차 유엔 총회에서 콩고와 수에즈에서의 유엔평화유지활동에 대한 경비 부담문제로 미국과 소련이 첨예하게 대립했을 때 당시 우탄트 사무총장이 막후 협상을 통해 합의를 이끌어 낸 것이 유엔에서의 효시이다.32)

유네스코에서는 1976년 나이로비 총회에서 '신국제정보질서' 안건에 대해 서구 선진국과 제3세계 국가들이 극단적으로 갈라졌을 때 음보M'Bow 유네스코 사무총장이 막후조정을 통해 합의를 이룩한 것이 대표적 사례이다. 이후 유네스코는 갈등적 상황에서 합의 방식을 적극적으로 활용하였다.

합의 방식은 매우 유연하게 진행되지만 대체로 소수의 막후 실력자들을 중심으로 막후에서 협상하는 소규모 막후 협상 방식과 지역 그룹 혹은 이해 관계가 맞는 그룹들을 중심으로 의견을 조정, 합의를 끌어내는 두 방식이 있다.

유네스코에는 서구·북미 그룹, 동구 그룹, 중남미 그룹, 아시아·태평양 그룹, 아프리카·아랍 그룹 등 5개 지역 그룹이 있고, 개발도상국 중심의 '77그룹'과 서구 선진국 중심의 '제네바 그룹'이 대표적 이해관계 그룹이다.

유엔 혹은 유네스코 사무총장은 합의를 통해 정치적 역할을 증대시킨다. 지역 혹은 이해관계 그룹들을 조정하여 절충안을 만들고, 절충안을 투표가 아닌 합의로 채택토록 하는 과정에서 정치적 역할을 수행한다. 따라서 합의

---

31) Beseat Kifle Selassie, ed., *Consensus and Peace* (Paris: UNESCO, 1980), p.14.
32) *Ibid.*, pp.19-20.

방식은 국제기구가 회원국에 대해 정치력과 영향력을 확보하는 부수적 효과를 가져온다.

IV. 유네스코의 주요 사업과 재정

1. 주요 사업

유네스코는 3대 주요 사업 영역인 교육, 과학, 문화와 그보다 작은 규모의 사업 영역인 인문사회과학과 커뮤니케이션을 포함 5대 사업 영역을 가지고 있다. 유네스코는 8년 단위의 중장기 전략과 4년 단위의 사업계획에 따라 활동한다. 2013년 제37차 정기총회에서 4년 단위의 〈2014~2017년 사업 계획과 예산〉, 8년 단위의 〈2014년~2021년 중기 전략〉 Medium-Term Strategy을 채택하였다.

여기서는 광범위한 유네스코 사업 중에서 교육 분야의 핵심 사업인 '모두를 위한 교육' 사업과 국제이해교육 사업, 그리고 문화 분야의 핵심사업인 세계문화유산 사업을 소개하고자 한다.

1) 모두를 위한 교육(Education for All: EFA)[33]

(1) 등장 배경
교육, 과학, 문화를 통해 세계평화를 달성하고자 하는 유네스코의 근본 철학은 글을 읽고 쓸 줄 아는 문해(文解) 능력 없이는 달성이 불가능하다.

---

33) '모두를 위한 교육'의 보다 구체적인 내용에 대해서는 정우탁, "유네스코의 EFA와 한국의 참여 전략," 김상진 외, 『유네스코와 교육』(서울: 도서출판 오름, 2006), pp. 81-91 참조.

따라서 유네스코는 1946년 창설 이래 성인의 글 읽는 능력 향상에 주력하였다. 1949년과 1960년에 세계성인교육회의를 개최하는 등 성인교육adult education 을 주도하였다.

1960년대에는 아시아·아프리카 신생독립국들이 대부분 가난한 나라들로서 빈약한 경제력 때문에 교육 예산을 제대로 배정하지 못하자, 유네스코는 1960년 카라치에서 회의를 개최, 아시아의 모든 국가가 1980년까지 의무교육을 추진하자는 카라치계획Karachi Plan을 채택하였다. 오늘날은 의무교육이 일반화되었지만 당시로는 매우 혁신적인 제안이었다.

1970년대와 80년대에는 전후 '베이비붐'으로 인구가 폭발적으로 증가함에 따라 교육의 수요도 증가하고, 문맹자의 수도 폭발적으로 늘어났다.

비문해자의 수가 줄어들지 않고서는 국가 발전도 세계 평화도, 민주주의도 불가능하며, 비문해자 해소를 위해 보다 적극적인 범세계적 공동 협력이 요구된다는 공감대가 형성되었다. 이러한 국제적 공감대를 바탕으로 유네스코는 1990년대에 범세계적 문맹퇴치 운동을 전개하기 시작하여, 1990년을 '국제 문해의 해'로 지정하고, 그 해 3월에 태국 좀티엔에서 유엔개발계획UNDP, 유엔아동기금UNICEF, 세계은행과 공동으로 모두를 위한 교육 세계회의World Conference on Education for All를 개최하였다. 이 회의에서 전 세계적 문해 운동을 주창한 '모두를 위한 교육' 세계 선언과 행동강령을 채택하였다. 유네스코는 이 선언을 토대로 '모두를 위한 교육' 사업을 전 세계적 운동으로 전개하였다.

(2) 좀티엔 회의와 1990년대 '모두를 위한 교육'

회원국, 국제기구, NGO 대표 약 1,500명이 참가한 가운데 개최된 모두를 위한 교육 세계회의는 2000년까지 전 세계 학령기 어린이 모두가 초등학교에서 공부할 수 있게 한다는 초등교육의 보편화universal primary education를 목표로 설정하였다.34)

---

34) *Ibid.*, p.84.

이 회의로 '모두를 위한 교육'을 위한 각국 정부의 정치적 의지를 끌어내고, 전 세계적으로 캠페인을 전개하게 되었다. 유네스코는 '모두를 위한 교육'에 관해 각국에 자문하고, 그 진행 상황을 모니터 하기 위해 '모두를 위한 교육' 국제자문포럼을 설립하였다.

(3) 다카회의와 2000년대 '모두를 위한 교육'

유네스코는 2000년 4월 세네갈 다카에서 세계교육포럼World Education Forum을 개최하였다. 세계교육포럼은 1990년 이후 10년간의 '모두를 위한 교육' 활동을 평가하고 향후 2015년까지 달성해야 할 목표를 점검하기 위해 소집된 것이다.

이 회의에서 다카 행동강령Dakar Framework for Action을 채택하였는데 그 내용은, 첫째, 유아교육의 확대, 둘째, 2015년까지 모든 아동들에게 무상의 의무 초등교육 기회 제공, 셋째, 모든 청년과 성인의 적절한 배움과 생활 기술 등 학습 수요 보장, 넷째, 2015년까지 성인 문해율 50% 향상, 다섯째, 2005년까지 초·중등교육에서 양성격차 해소 및 2015년까지 교육에서의 양성 평등 달성, 여섯째, 교육의 질 향상 등이다.[35] 다카 행동 강령 달성은 일차적으로 각 국가에 달려 있지만, 국제사회는 대상 국가를 지원할 의무가 있고, 유네스코는 이러한 국제협력을 연계하고 조정할 임무가 있다.

곧 이어서 유엔은 2000년 9월에 새천년 정상회의를 개최하여 새천년 선언을 채택하고, 새천년 개발목표Millenium Development Goals 8개를 발표하였다. 여기에 2015년까지 초등교육의 보편화를 달성하고, 교육에서의 양성 평등을 달성한다는 두 가지 '모두를 위한 교육' 목표가 포함되었다.

(4) 유네스코의 '모두를 위한 교육' 평가

유네스코는 '모두를 위한 교육' 사업을 위해 '모두를 위한 교육' 국제추진단International Task Force on EFA을 구성하고, '모두를 위한 교육'에 필요한 자원

---

35) UNESCO, *The Dakar Framework for Action* (Paris: UNESCO, 2000).

과 정치적 역량을 동원하기 위해 모두를 위한 교육 고위그룹회의^{High-Level}
^{Group on Education for All}를 매년 개최하였으며, '모두를 위한 교육'에 관한 지침
제공 및 정보 교환을 위해 모두를 위한 교육 실무작업단^{Working Group on Edu-}
^{cation for All}도 구성, 운영하고, 2002년부터 매년 세계의 '모두를 위한 교육'
진전 상황을 담은 「세계 모니터링 보고서^{Global Monitering Report}」를 발간하고
있다.

그러나 그동안 '모두를 위한 교육' 목표 달성이 지지부진했으며, 이를 혁
신하기 위해 2011년에 모든 회원국이 모이는 모두를 위한 교육 연례회의
^{Global EFA Meeting: GEM}와 2012년에 19~20명으로 구성되는 '모두를 위한 교육
Steering Committee^{SC}'를 출범시켰다. 지난 15년 동안 추진해온 '모두를 위
한 교육'을 평가하고, 2030년까지 추진할 새로운 목표를 설정하기 위해
2015년 5월, 인천에서 개최하는 유네스코 세계교육회의^{World Education Forum:}
^{WEF}는 새로운 추진체제를 통해 준비되고 있는 바, 새로운 추진체제의 성패
를 평가하는 시금석이 될 것이다.

유네스코 '모두를 위한 교육' 추진 전략은, 첫째, '모두를 위한 교육'을 현
장에서 직접 추진하기보다는 국제적 회의와 캠페인을 통해 세계적 반응과
국가적 의지를 불러일으키고, 국가들로 하여금 '모두를 위한 교육' 추진 계
획을 수립토록 자문하는 역할에 머무르고 있다. 둘째, 비문해자 인구가 가장
많은 소위 E-9 국가 중심으로 집중 지원하고 있다. 셋째, 여성 문해의 중요
성에 입각하여 여성 문해 교육에 주력하고 있다.

그러나 유네스코는 '모두를 위한 교육'을 위해 재정 지원보다는 기술적
지원에 머무르고 있어 국가적 역량이 부족한 나라들의 경우 '모두를 위한
교육' 달성이 쉽지 않다. 전 세계 비문해자의 절대적 수치는 유네스코의 '모
두를 위한 교육' 활동에도 불구하고 계속 늘어나고 있다. 「2005 '모두를 위한
교육' 세계 모니터링 보고서」는 2015년에 '모두를 위한 교육' 목표 달성이
어렵다는 분석을 내놓았는데, 이는 유네스코 스스로 '모두를 위한 교육' 추
진의 한계를 인정한 것이다.

2015년 5월 인천에서 개최되는 세 번째 유네스코 세계교육회의는 2030

년까지 전 세계 유네스코 회원국들이 함께 추구해야할 '모두를 위한 교육' 의제를 새롭게 정립하는 계기가 될 것이다.

2) 국제이해교육(Education for International Understanding: EIU)

(1) 국제이해교육의 개념

유네스코는 창설 초기부터 국제이해교육이란 용어를 사용하였다. 그러나 1974년 「국제이해, 협력과 평화를 위한 교육 및 인권과 기본적 자유에 관한 교육에 대한 권고」[36]를 통해 그 명칭이 확고해졌다. 유네스코 권고의 명칭처럼 **국제이해, 협력과 평화를 위한 교육 및 인권과 기본적 자유에 관한 교육**이라고 불러야 하나, 간단히 줄여서 '국제이해교육'이라고 통칭하고 있다.

따라서 국제이해교육은 국제이해와 협력, 평화와 인권, 기본적 자유를 함양하기 위한 가치 지향적 교육을 말한다.

(2) 국제이해교육의 이념과 정신

'전쟁은 인간의 마음에서 생기는 것이므로 평화의 옹호 또한 인간의 마음 속에 구축되지 않으면 안 된다. 서로의 풍습과 생활에 대한 무지는 인류역사를 통해 세계의 제 인민들 사이에 의혹과 불신을 초래한 공통적인 원인이며 이 의혹과 불신 때문에 제 인민의 불일치가 너무나 자주 전쟁을 발발시켰다'[37]라는 유네스코 헌장 전문(前文)은, 유네스코가 세계 평화를 위한 기구이며, 교육을 통해 세계 평화를 달성하려는 유네스코의 존재 이유를 명확히 보여줄 뿐만 아니라 다른 문화에 대한 무지와 불신이 전쟁의 원인이라는

---

36) 권고의 영문 명칭은 Recommendation concerning Education for International Understanding, Co-operation and Peace and Education relating to Human Rights and Fundamental Freedoms이고 자세한 내용은 http://www.unesco.org/education/nfsunesco/pdf/Peace_e.pdf 참조.

37) UNESCO, *Basic Texts*, 2012 edition (Paris: UNESCO, 2012), p.5 참조. http://unesdoc.unesco.org/images/0021/002161/216192e.pdf

유네스코 시각과 인식을 단적으로 보여준다. 이러한 철학과 인식하에 유네스코는 국제이해교육을 추진하게 되었다. 국제이해교육의 가장 강력한 법적·철학적 근거는 바로 유네스코 헌장 서문이다.

유네스코는 국가와 정부들 간의 협상을 통한 평화는 영속적인 것이 아니며, 평화교육, 인권교육에 기반한 밑에서부터의 평화만이 영속적인 것이라고 간주한다.

(3) 국제이해교육의 역사적 배경

제2차 세계대전에 대한 반성은 유엔이라는 국제기구의 탄생을 가져왔고, 유네스코는 이러한 유엔 체제하에서 교육, 과학, 문화, 커뮤니케이션을 통해 세계 평화와 인류 공영에 이바지 하고자 만들어졌다.

정치가들에 의한 평화 협상이 얼마나 불완전한 것인가를 세계대전을 통해 잘 알고 있던 당시의 지성인들이 교육을 통해 자라나는 다음 세대에 평화의 중요성을 일깨우고, 인권과 관용의 가치를 가르침으로써 확실한 세계 평화의 토대를 구축하고자 하는 움직임에서 국제이해교육이 탄생하였다.

또한 제2차 세계대전을 승리로 이끈 미국의 힘이 다문화, 다인종 사회를 토대로 다양성을 존중하고, 자유로운 토론과 열린 시각, 유연한 사고와 개성의 존중 등에서 비롯된 것이라는 인식이 확산되면서 국제이해교육도 널리 받아들여졌다. 당시 서구 민주주의와 자유주의는 보편적인 사상과 제도로 간주되어 세계적으로 널리 수용되었다. 국제이해교육의 내용도 서구적 평화, 인권, 관용, 민주주의 등으로 채워졌다.

(4) 국제이해교육의 주제와 내용

국제이해교육을 통해 바람직한 세계시민을 양성하여, 궁극적으로 세계 평화에 기여하고자 하는 것이 유네스코의 지향점이다. 이를 위해 유네스코는 1953년 시범학교 개념으로 유네스코학교[38] 네트워크UNESCO Associated Schools

---

38) 이 용어는 '유네스코협동학교'로 번역, 사용해 오다가 2013년부터 유네스코한국위원

Project Network를 창설하고, '세계 문제와 유엔 및 유엔 전문기구 연구', '다른 나라와 다른 나라 문화 연구', '평화·인권·민주주의 연구', '환경 연구' 등 네 가지 활동 주제를 설정하였다.

초창기 국제이해교육은 당시 동서 냉전이라는 시대적 여건과 초보적 수준의 세계화 등으로 '다른 문화 이해'를 주된 활동 내용으로 하였다.

평화교육은 미국과 소련 간의 냉전 체제하에서 현상 유지에 초점을 맞춘 평화라는 시대적 한계와 진영 내 평화라는 진영의 한계를 동시에 지니고 있었다. 그러나 1990년대 탈냉전 이후 이러한 제약에서 벗어나, 평화교육은 진정한 세계 평화를 교육할 수 있게 되었다.

인권교육은 원래 인권이란 개념이 서구에서 비롯된 바, 서구적 인권 개념과 철학 때문에 비서구 국가로부터 많은 비판과 비난의 대상이 되었다. 그러나 인권 개념이 보편성을 획득하고, 그리고 인권 개념을 대체하거나 넘어설 다른 개념이 없는 상황에서 인권은 서서히 비서구 국가에도 수용되어져 갔다. 특히 사회주의권의 몰락은 서구적 인권 개념을 보편화하는 데 크게 기여하였다.

국제기구에 대한 교육은 제2차 세계대전 후 새롭게 등장한 유엔과 유엔 전문기구들을 대상으로 공부하는 것이어서 매우 구체적이고 손에 잡히는 교육 주제였다. 그러나 국제기구에 대한 연구는 역동적이고 동태적인 내용이 아니라 단편적이고 정태적인 연구가 대부분이었다.

환경교육은 가장 늦게 국제이해교육의 주제로 등장하였다. 1972년 유엔 인간환경회의 이후 국제적 의제로 떠오른 환경문제에 대해 유네스코는 환경교육 사업으로 접근하여 유엔환경계획과 공동으로 환경교육 자료를 출간하고, 이를 국제이해교육의 주제로 포함시켰다. 환경 문제만큼 전지구적인 이슈가 없다는 점에서 국제이해교육의 주목받는 주제로 부상하였다. 특히

회에서 '유네스코학교'로 번역, 사용하고 있다. 유네스코학교는 ① 국제이해교육을 위한 새로운 교수방법, 기술과 자료의 개발에 있어 실험적 연구와 특별 프로그램을 수행하는 것, ② 서로 다른 나라의 학교들 간에 정보, 서신, 교육자료, 학생 및 교사의 교류를 촉진하는 것을 정책 목표로 한다.

2005년부터 2014년까지 유엔이 정한 지속가능발전교육 10개년^{UN Decade of} Education for Sustainable Education: UNDESD에 따라 지속가능발전 교육이 부상하면서, 환경 교육이 지속가능발전교육의 핵심 내용으로 이어졌다.

(5) 국제이해교육 추진 체계

유네스코 국제이해교육의 추진 체계를 살펴보려면, 먼저 철학적·사상적 범주로서의 국제이해교육과 실제적인 활동 프로그램으로서의 유네스코학교 네트워크를 구분해야 한다.

유네스코학교는 1953년 11월 15개국 대표가 참가한 유네스코 회의를 통해 탄생하였으며, 전 세계의 초·중등학교 및 대학을 대상으로 세계 평화와 협력을 위한 교육 활동을 시범적으로 추진하기 위해 유네스코가 직접 학교 현장 활동을 전개하는 현장 시범학교이다.

현재 국제이해교육 사업 및 유네스코학교 활동은 유네스코 교육국의 한 과에서 다루고 있으며, 각 지역별로 지역 사무처 내에 국제이해교육 담당자를 두고 있고, 참여하고 있는 나라에 국가조정관National Coordinator을 지정하고 있다. 국제이해교육사업의 정책 수립과 유네스코학교와의 연계 역할은 유네스코본부에서 수행하고, 지역별 네트워크 관리는 지역 담당자가, 각국의 유네스코학교 활동 조정은 각국의 국가조정관이 담당하는 3단계 조직으로 이루어져 있다.

(6) 국제이해교육 주요 활동

유네스코는 1946년 창설 시부터 '평화와 안보에 관한 교육education for peace and security'이란 이름으로 프로그램을 시작하였다. 이 용어는 유엔 헌장에서 차용한 것으로 이는 오늘날의 국제이해교육의 효시이다.

유네스코는 1953년에 15개국 33개 학교로 유네스코학교사업을 출범시켰다. 유네스코학교는 국제이해교육을 현실 교육체제에 구현하고자 하는 시도였다. 당시만 해도 이와 같은 국제적 학교 네트워크는 시대를 앞서간 참신한 프로젝트로 평가되었다.

1968년에 1974년 권고의 발판이 되는 국제이해교육에 관한 권고가 유네스코 총회에서 채택되었고, 1974년에 「국제이해, 협력과 평화를 위한 교육 및 인권과 기본적 자유에 관한 교육에 대한 권고」가 냉전의 와중에서도 동서 양 진영의 합의하에 채택됨으로써 국제적 프로그램인 국제이해교육이 그 활동의 근거와 기반이 되는 국제적인 규범을 갖게 되었다.

1983년에 1974년 권고의 추진에 관한 정부간 회의가 유네스코 본부에서 개최되어 1974년 권고 채택 이후 각국의 진척 현황을 점검하였고, 1984년에는 *Teaching for International Understanding, Peace and Human Right* 라는 교사용 지침서를 발간하여 학교에서 교사들이 가르쳐야 할 국제이해와 평화, 인권 내용을 담았으며, 1986년에는 오늘날 세계문제를 어떻게 가르칠 것인가 하는 내용을 담은 *The Teaching of Contemporary World Issues*를 발간하여 전 세계에 배포하였다.

1993년에 유네스코학교 수는 116개국 2,960개교로 늘어났으며, 1995년에 페데리코 마요르 사무총장은 유네스코학교 수를 전 세계적으로 배가시키는 운동을 제창하였다. 현재 전 세계 약 9,500여 개 학교가 가입하여 활동 중에 있다.

가) 평화교육

동서 냉전기간 중에는 진영 간 대립 때문에 평화란 진영 내의 평화를 의미했다. '악의 제국'이란 개념이 상존하던 냉전시기에 평화교육은 실현 불가능한 비현실적 이상이었다. 이러한 어렵고 민감한 국제정치 정세로 인하여 평화교육은 이름만의 평화교육이었다.

그러나 1990년대 들어 탈냉전시대가 도래하면서 평화교육은 새롭게 조명받고 있다. 이미 유네스코는 냉전 끝 무렵이던 1986년에 「폭력에 관한 세빌야 선언」을 통해 폭력성이 인간성에 내재해 있다는 것을 부인하였다. 이러한 작지만 의미 있는 선언은 그 반향을 낳아, 1989년 아프리카 코트디부아르 야마수쿠로에서 열린 세계평화회의에서 세계평화선언을 채택하는 결과를 가져왔다. 그리고 1989년 제25차 유네스코 총회에서 「펠릭스 우프에 보아니

평화상「The Felix Houphouet Boigny Peace Prize」을 설립하였다. 그리고 탈냉전 초기인 1994년 '평화 문화를 향하여Towards a Culture of Peace'라는 캠페인을 시작하였다. 이러한 일련의 과정과 성과는 탈냉전 이후 유네스코가 평화와 평화교육을 추진하는 밑거름이 되었다.

나) 인권교육

인권의 역사는 영국, 프랑스, 미국 3국에서 발원하였다. 따라서 인권의 개념과 철학은 서구 문화와 역사에 기반을 두고 확산된 것이다. 제2차 세계대전 이후 서구의 주도하에 창설된 유네스코는 인권을 주요한 활동 주제로 받아들였으며, 꾸준히 인권관련 활동을 전개해왔다. 1964년에 「세계인권선언교본」을 발간하였으며, 1994년에는 *Education for Human Rights*를 발간하였다. 이외에도 인권 관련 자료의 발간과 회의 개최를 꾸준히 해왔다. 그런데 인권에 대한 공산권, 아프리카, 아시아 등 비서구권의 다른 인식으로 인해 인권 주제는 갈등의 요인이었다. 그런데 1990년대 초반 탈냉전이 도래하면서 서구적 인권 개념이 서서히 보편적 지위를 획득하고, 인권 교육도 전 세계적으로 큰 무리 없이 받아들여지고 있다.

유네스코의 인권관련 활동을 탈냉전 이후부터 살펴보면, 1993년 비엔나 세계인권회의에 대비하여 유네스코의 입장을 정리하기 위해 인권 및 민주주의 교육에 관한 국제회의를 캐나다 몬트리올에서 개최한 바 있다. 또한 1994년 스위스 제네바에서 열린 유네스코 세계교육회의에서 「평화, 인권 및 민주주의를 위한 교육에 관한 선언 및 통합 활동 강령」을 채택하였다. 유엔이 1995년부터 2005년까지를 인권교육 10개년으로 지정하자, 유네스코는 인권교육 활성화를 위해 자료를 개발하고, 국제회의를 개최하는 등 다양한 활동을 전개하였다.

다) 환경교육

환경 교육은 1972년 스톡홀름 제1차 유엔인간환경회의에서 지구 환경 문제의 중요성이 인식되기 시작한 이후 확산되기 시작하였다. 유네스코는 1973

년 캐나다 퀘벡에서 개최한 유네스코학교 20주년 기념회의에서 '자연과 인간 간의 상호작용 이해'라는 새로운 주제를 추가하였는데 이것이 유네스코학교에서 환경교육을 본격적으로 시작하게 된 계기가 되었다.

1995년 6월 노르웨이 베르겐에서 초·중·고등학생을 대상으로 세계유산 보호와 청소년의 역할에 관한 유네스코 국제 청소년 회의가 개최되어 국제이해교육의 한 분야로서 환경교육의 중요성을 청소년들에게 인식시키고 각국 정부에 이를 환기시켰다.

2005년부터 2014년까지 유엔 지속가능발전교육 10개년이 선포되어 전 세계적으로 지속가능발전 교육이 강조되었는데, 환경교육은 지속가능발전 교육의 핵심 내용이다.

라) 유럽에서의 역사·지리 교과서 수정 활동

1946년 유네스코 제1차 총회에서 '교과서 수정에 관한 9개조의 결의안'이 채택되었다. 그만큼 교과서 수정 문제는 당시 유네스코의 현안이었다. 이어 1947년 프랑스 세브르에서 교과과정 개편 회의가 열렸고, 1949년에는 '역사 교과서 개선을 위한 구상'을 만들었으며, 1950년에 브뤼셀 역사 교과 회의, 1950년 몬트리올 지리 교과 회의, 1952년 세브르 역사 교과 회의, 1952년 프랑스·독일 양국 교사 회의 등 일련의 회의가 연속적으로 열렸다.

이후 유럽, 남미, 아프리카 및 발칸국가들에서 역사 교사들 간의 양자, 다자간 협의가 이루어졌다.

이러한 활동의 결실로 독일 게오르그 에케르트 연구소Georg Eckert Institute 를 중심으로 1992년에 유네스코 교과서 연구소 국제 네트워크UNESCO International Network of Textbook Research Institutes를 결성하였다. 이 네트워크에는 약 41개국 약 200여 개의 연구소가 가입되어 있는데, 양자간 혹은 다자간 교과서를 수정하고자 하는 회원국에게 지침을 제공하는 지원 활동을 하고 있다.

(7) 국제이해교육 관련 권고 및 선언

1946년 교과서 수정에 관한 결의안을 채택하였으며, 1974년에 국제이해교육의 헌법이나 마찬가지인 국제이해교육권고가 유네스코 총회에서 채택되었다. 1994년 10월 스위스 제네바에서 개최된 제44차 국제교육회의에서 「평화 인권 민주주의 교육에 관한 선언 및 행동 강령」[39]이 채택되고 1995년 10월 제28차 유네스코총회에서 이에 대한 지지가 이루어졌다.

(8) 국제이해교육과 세계시민교육

국제이해교육은 시대별로 다양한 모습을 보여 주었다. 설립 초기에는 이웃 국가들 간에 대화를 통해 역사·지리 교과서를 수정, 개편하도록 권고하는 역사·지리 교과서 개편 사업이 중요시되었다. 아마도 역사·지리 교과서가 이웃 국가들 간의 평화를 진작하는 데 가장 중요한 과목이었기 때문이었을 것이다. 이는 1996~2001년 유네스코 중기전략에 또다시 등장한다. 또한 설립 초기에는 새롭게 탄생한 유엔과 유엔 전문기구 등 국제기구 전반에 대한 연구도 새로운 주제의 하나로 떠올랐다.

1960년대에는 다른 나라 문화에 대한 이해가 국제이해교육의 핵심이 되었다. 당시 교통과 통신의 미발달로 해외여행이 쉽지 않은 상황에서 다양한 외국 문화에 대한 호기심이 타 문화 이해를 국제이해교육의 핵심 주제로 만들었다.

1970년대에는 스톡홀름에서 개최된 유엔인간환경회의에서 지구 환경 문제가 이슈화되고, 유엔환경계획이 설립되면서 지구 환경 문제가 세계적으로 부상하였다. 자연스럽게 환경 교육이 국제이해교육의 가장 중요한 이슈로 등장하였다.

2000년대 들어 유엔이 정한 지속가능발전 10개년계획(2005~2014)에 따라 환경, 개발, 인권, 평화 등을 모두 포괄하는 지속가능발전교육이 중요한 교육 주제로 대두하였다.

---

39) 평화 인권 민주주의 교육에 관한 선언 및 행동 강령의 영문 명칭은 Declaration and Integrated Framework of Action on Education for Peace, Human Rights and Democracy이며, 그 자세한 내용은 http://www.unesco.org/education/information/nfsunesco/pdf/REV_74_E.PDF 참조.

2012년 8월 반기문 유엔 사무총장은 이리나 보코바 유네스코 사무총장과 함께 동티모르에서 세계교육우선구상을 주창하고, 9월 유엔에서 정식으로 이를 출범시켰다. 세계 평화와 안전을 주 임무로 하는 유엔이 교육 문제를 세계적 의제로 선포한 것은 유엔 역사상 처음 있는 일이다.

세계교육우선구상은 첫째, 모든 어린이는 학교를 다녀야 하고, 둘째, 교육의 질을 높여야 하며, 셋째, 세계시민의식을 함양해야 한다는 세 가지 요소로 구성되어 있다. 첫 번째와 두 번째는 이미 기존의 '모두를 위한 교육'에서 언급하고 있는 것인데 반해, 세 번째인 '세계시민 의식을 함양하자'는 소위 '세계시민교육'은 새로운 화두를 던진 것이다.

2012년 10월, 유엔 사무총장으로는 처음 유네스코 집행이사회에 참석한 반기문 사무총장은 유네스코 집행이사들 앞에서 왜 세계교육우선구상을 주창하게 되었는지를 밝혔다. 한국전쟁 동안 폐허가 된 학교 운동장에서 유엔과 유네스코가 지원한 교과서를 가지고 공부를 계속할 수 있었고, 이러한 역경 속에서의 교육 덕분에 본인이 오늘날 유엔 사무총장이 될 수 있었다며, 이제는 최빈국들에게 유엔 사무총장으로서 이를 갚아 나가는 세계교육우선구상을 추진하고자 한다는 연설이었다.

이후 반기문 사무총장은 세계교육우선구상의 추진 간사Executive Secretary 역할을 이리나 보코바 유네스코 사무총장에게 맡겼고, 이후 유네스코가 사실상 세계교육우선구상의 추진 사무국 역할을 맡고 있다.

유네스코는 2013년 9월 세계교육우선구상 출범 후 처음으로 세계시민교육 전문가회의를 서울 유네스코 아태국제이해교육원APCEIU에서 개최하였다. 이 회의에는 세계시민교육 전문가 30여 명이 참석하여 세계시민교육의 정의, 현황, 향후 추진 방향을 논의하였다.[40] 이 회의에서 논의된 내용을 중심으로 *Global Citizenship Education: An Emerging Perspective* 라는

---

40) 이 회의의 영문 명칭은 Technical Consultation on Global Citizenship Education 이고, 자세한 내용은 http://www.unescoapceiu.org/en/m/todo01_view.php?mseq =28&seq=100&gubun= 참조.

세계시민교육 소개 책자가 발간되었다.41)

서울 회의 이후 3개월 만인 2013년 12월 방콕에서 제1차 유네스코 세계
시민교육 포럼42)이 전 세계 전문가, 정책결정자, NGO 관계자, 청년 등 120
여 명이 참가한 가운데 개최되어, 전 세계적 동향을 점검하고 향후 전개 방
향을 심도 있게 논의하였다.

세계시민교육을 부각시키고 확산시키려는 이러한 국제적 노력에 힘입어,
2014년 5월 오만에서 개최된 유네스코 '모두를 위한 교육' 연례회의43)에서
유네스코 회원국들은 세계시민교육을 Post-EFA44)의 7개 Target 중 하나로
선정하여 무스카트 합의문Muscat Agreement45)에 포함시켰다. 2014년 8월 방
콕에서 개최된 아태지역 교육회의APREC46)는 오만 회의에서 채택된 무스카
트 합의문을 지지하는 아태지역 선언문47)을 채택하였다.

이렇게 오늘날 세계시민교육이 급격히 부상하는 이유는, 오늘날 세계가
탈냉전 후 세계화, 지구화 시대에 접어들었지만 그에 걸맞은 의식과 가치,
윤리 체계가 아직 정립되지 않았기 때문이다. 상품과 금융 자본은 국경을
넘어 자유로이 이동하고 있으나, 인간은 여전히 국경의 장벽을 넘지 못하고
있다. 세계 곳곳에서는 인종, 민족, 영토, 종교 갈등과 분쟁이 매일 계속 발
생하고 있으나 해결책은 보이지 않고, 심각한 지구 온난화는 전지구적 대응

---

41) http://unesdoc.unesco.org/images/0022/002241/224115E.pdf

42) 이 회의의 영문 명칭은 UNESCO Forum on Global Citizenship Education이고, 자
   세한 내용은 http://www.unesco.org/new/en/unesco/events/education-events/?tx_
   browser_pi1%5BshowUid%5D=27492 참조.

43) http://www.unesco.org/new/en/education/themes/leading-the-international-agenda
   /education-for-all/coordination-mechanisms/global-efa-meeting/

44) Post-EFA란 2000년부터 2015년까지 15년간 추진한 EFA의 후속 EFA를 영어로 약칭
   한 것으로, 2015년부터 2030년까지 향후 15년간 다룰 세계 교육 의제를 의미한다.

45) http://unesdoc.unesco.org/images/0022/002281/228122E.pdf

46) http://www.unescobkk.org/education/conference/asia-pacific-regional-education-
   conference-aprec

47) http://www.unescobkk.org/education/conference/asia-pacific-regional-education
   -conference-aprec/asia-pacific-statement/

을 필요로 하고 있으나 국가들 간 자국 이익의 추구로 문제 해결은 미궁에 빠져 있다. 정보 통신 기술의 발달로 인해 전지구적으로 문화 교류와 소통이 이루어지고 있으나, 21세기에 살고 있는 인류의 평균적 사고는 아직도 국민국가 시각에 머무르고 있다. 새로운 21세기 현실을 반영한 새로운 가치와 사고가 필요한데 교육은 여전히 국경을 넘지 못하고 있다. 이러한 여러 요인들에 의해 오늘날 세계시민교육의 필요성이 급격히 공감대를 넓혀 가고 있는 것이다.

세계시민교육은 새로운 것이 아니다. 이미 1946년부터 유네스코는 국제이해교육을 추진해 왔는데, 국제이해교육이 바로 세계시민교육의 전신이다. 국제이해교육은 평화, 인권, 다른 문화 이해 교육에서 시작하여, 지구 환경 문제에 대한 인식과 관용, 문화 다양성, 그리고 지속가능발전교육 등으로 그 지평을 넓혀 왔다. 따라서 세계시민교육은 국제이해교육과 지속가능발전교육을 토대로 그 연장선상에서 등장한 것이다.

현 단계에서 세계시민교육은 평화, 인권, 관용, 문화 다양성, 지속 가능 발전 등 최소한의 보편적 가치를 공유하는 인간을 양성하고자 하는 정도에 머무르고 있다.

세계시민교육은 국민국가 공동체의 시민이라는 소속감과 정체성을 부인하는 것이 아니다. 오히려 국민국가의 시민이라는 정체성에 더하며 지구 공동체의 시민이라는 또 다른 정체성을 갖는, 소위 다중적 정체성을 추구한다. 따라서 세계시민교육은 한 국가의 국민이면서, 동시에 지구 시민 의식을 갖는 그런 인간을 양성하려고 하는 교육이다.

3) 세계유산 보호

(1) 세계유산협약

유산이란 과거로부터 물려받아, 현재 우리와 함께 살아가고, 미래 세대에 물려주는 것이라고 유네스코는 정의한다.[48] 유네스코는 문화유산의 전승과 계승을 통한 보존의 중요성을 인식하고, 인류 문화유산 보호를 위해 다양한 사업을 진행해 왔다.

1960년대 이집트의 아스완 하이 댐 건설로 누비아 유적의 보호가 필요하여 시작된 누비아 유적 국제 보호 운동[49]이 성공을 거두면서 세계 문화유산 보호 사업이 유네스코의 주요한 사업으로 등장하게 되었다.

이러한 경험을 통해, 유네스코는 인류 공동의 유산을 지속적으로 보호하는 제도가 필요하다고 인식하고, 1972년 11월 16일 유네스코 총회에서 세계 문화 및 자연 유산 보호 협약을 채택하였다. 세계유산협약은 스위스가 스무 번째 협약 가입서를 기탁한 1975년 12월에 발효되었다. 세계유산협약은 유네스코가 제정한 협약 중 가장 주목을 받는 국제협약이다.

(2) 세계유산위원회[50]

세계유산위원회는 세계유산협약에 근거를 두고 설립된 정부간위원회이다. 세계유산위원회는 1977년 파리에서 첫 번째 회의를 열었다. 위원국은 당초 15개국으로 구성되었으나, 협약 가입국이 40개국을 넘으면서 현재는 21개국이다.

세계유산위원회는 세계유산협약 추진에 있어 가장 중요한 의사결정 기구 역할을 한다. 세계유산위원회는 세계유산 및 위험에 처한 세계유산을 최종

---

48) "Heritage is our legacy from the past, what we live with today, and what we pass on to future generation," UNESCO World Heritage Centre, *World Heritage Information Kit* (Paris: UNESCO World Heritage Centre, 2008), p.3.

49) 이집트는 1954년에 전력 사정 개선과 안정적 수자원 확보를 위해 기존의 아스완 댐 상류지역에 아스완 하이 댐을 건설하기로 하였다. 이로 인해 이집트와 수단에 걸쳐 있는 고대 누비아 유적이 수몰될 위기에 처하자, 1959년 양국 정부는 유네스코에 지원을 요청했고, 유네스코는 1960년부터 국제 누비아 유적 보호 운동을 전개했다. 이 운동은 전 세계적으로 큰 반향을 일으키며 성공했다. 1968년 누비아 유적의 핵심인 아부 심벨 신전이 이전되고, 1973년 수단 내 유적 발굴을 완료한 후, 1980년 공식적으로 종료되었다.

50) 정식 이름은 탁월한 가치를 지닌 세계 문화 및 자연유산 보호 정부간 위원회(Inter-governmental Committee for the Protection of the Cultural and Natural Heritage of Outstanding Universal Value)이다.

적으로 승인하는 권한을 가지고 있다. 또한 당사국이 신청한 국제원조 검토 및 지원, 세계유산기금 사용 결정, 협약에 근거한 우선사업 결정 등 실질적으로 세계유산협약의 모든 의사결정을 총괄하고 있다. 유네스코 총회 중에 개최되는 세계유산협약 당사국 총회는 세계유산위원회 위원국을 선출하는 것이 가장 큰 역할이다. 세계유산협약은 임기 6년의 세계유산위원회를 중심으로 운영된다.

세계유산위원국의 막강한 권한과 6년이라는 임기 때문에 세계유산위원회 위원국 선거는 매우 치열하다. 2001년 제13차 당사국 총회에서 6년 임기를 4년 임기로 단축하고, 연임을 금지하며, 세계유산이 하나도 없는 국가에 일부 의석을 우선 배정할 것을 위원국들이 자발적으로 결의하였다. 이 결의는 자발적인 권고사항이므로 강제력은 없지만, 위원국 선거 시 입후보국들은 선거 공약을 통해 스스로 임기를 4년으로 제한한다고 밝혀, 아직까지 이 권고사항은 잘 지켜지고 있다.[51] 당초 7개국씩 위원국을 교체하기로 한 협약상의 규정과 달리, 임기가 6년에서 4년으로 줄어들면서 점차 위원국의 절반을 교체하고 있다.[52] 이렇게 위원국 임기와 관련한 협약 제9조의 규정과 실제 운영이 달라지면서, 협약 제9조를 현실에 맞게 개정하려는 움직임도 있다.

세계유산협약에서 세계유산위원회가 거의 모든 의사결정을 하는 것으로 규정되어 있기 때문에 위원회 자체의 기능을 축소하기는 어렵다. 다만, 최근 지속적으로 위원국 선거방식 개선 문제가 위원회 안건으로 제기되고 있다. 유네스코 집행이사회를 비롯하여, 각종 정부간위원회들이 지리적 배분 원칙을 도입하고 있는 데 반해 세계유산위원회는 최다득표순으로 위원국을 선출한다. 최다득표순 선출 방식이 균등한 지리적 배분 원칙을 저해한다는 비판이 제기되면서, 2005년 제33차 세계유산위원회는 사무국이 새로운 선거방식을 제안해줄 것을 요청했다. 그러나 뉴질랜드에서 열린 제34차 세계유산

---

51) 2005년 선거부터, 모든 위원국들이 자발적으로 임기를 4년으로 제한하고 있다.
52) 2007년 당사국 총회에서는 9개국이 위원국으로 새로 선출되었다.

위원회에서 많은 위원국들이 세계유산위원회의 전문성을 약화시킨다는 이 유로 지리적 배분 원칙 도입을 반대했다. 이 논쟁은 세계유산위원회의 막강 한 권한과 연관되어 있어 향후 논쟁이 지속될 것으로 전망된다.

(3) 세계유산제도의 문제점

2015년 현재, 유네스코 세계유산목록에 등재되어 있는 유산은 1,007곳이 다. 161개국에 걸쳐 문화유산이 779곳, 자연유산이 197곳, 복합유산이 31 곳에 이른다. 우리나라는 1988년 가입했으며, 현재 문화유산 10곳, 자연유 산 1곳 등 11곳이 세계유산목록에 등재되어 있다.

세계유산 가운데 자연유산은 4분의 1, 문화유산은 4분의 3을 차지한다. 이와 같은 문화유산 편중에 대해서는 오래전부터 문제제기가 있었다. 1999 년 제12차 당사국 총회는 세계유산목록의 대표성 확보 방안이 필요하다는 결의안을 채택했다. 이에 따라, 2000년 실무작업단이 구성되었으며, 실무작 업단은 제24차 세계유산위원회에 당사국의 연간 등재신청한도를 제한하되, 자연유산과 등재유산이 없는 국가, 상대적으로 적은 유산이 등재된 국가들 의 신청에 우선순위를 줄 것을 권고하였다. 이후 2000년 호주 케언즈에서 열린 제24차 세계유산위원회는 연간 세계유산 등재신청한도를 1국가당 1점 으로 제한하면서, 자연유산의 경우는 2점까지 신청할 수 있도록 규정하였 다.[53]

2002년 헝가리 부다페스트에서 열린 제26차 세계유산위원회는 부다페스 트 선언을 통해 세계유산 목록의 신뢰성 강화, 효과적인 세계유산 보존, 세 계유산협약 이행 역량 강화, 소통을 통한 대중들의 세계유산 참여 및 지원 확대 등 네 가지 협약 강화 방안들을 발표했다.[54] 세계유산 목록의 신뢰성 강화는 지역 편중, 문화유산 편중이라는 문제를 해결하겠다는 뜻이다.

세계유산은 이탈리아, 스페인, 중국, 독일, 프랑스 등 세계유산을 30점

---

53) "케언즈 결정," 제24차 세계유산위원회, 2000.11.27~12.2, 호주 케언즈.
54) "부다페스트 선언," 제26차 세계유산위원회, 2002.6.22, 헝가리 부다페스트.

이상씩 보유하고 있는 5개국이 전체 세계유산의 20% 이상을 차지하고 있으며, 이들 5개국 가운데 4개국이 유럽 국가이다. 세계유산 최다보유국 순서로 나열할 때, 상위 10위권 이내에서 6개국이 유럽국가이다. 또한, 유럽의 50개국이 보유하고 있는 유산은 전체의 47%에 해당한다. 또한 전체 당사국의 14%에 해당하는 상위 20개국이 전체 유산의 과반수가 넘는 세계유산을 보유하고 있다. 그러나, 유럽 국가들이 1970년대부터 일찍 협약에 가입하고, 꾸준히 세계유산을 등재해왔다는 점도 감안해야 한다.

이에 비해 아시아 태평양 지역은 중국과 인도가 다수를 보유하고 있으나 전체적으로는 유럽에 크게 못 미친다.

2. 재정

유엔과 그 전문기구의 예산은 정규예산^{regular budget}과 비정규예산^{extra-budgetary funds}으로 대별되며, 정규예산은 회원국들의 분담금^{contribution}으로 충당하고, 비정규 예산은 회원국들의 자발적 기여금^{voluntary contribution}이나 신탁기금^{funds-in-trust}, 그리고 다른 유엔기구들 및 개발원조기관의 지원금으로 구성된다. 비정규 예산의 제공자는 지방정부, 민간기업, 재단 등 매우 다양하다. 신탁기금은 사업내용이나 대상 국가를 지정하여 제공하는 자금으로, 기금제공국가 혹은 기관은 사업 내용에 대해 자세히 간여할 뿐만 아니라, 사업집행 및 정산 결과도 보고받고 승인한다. 자발적 기여금은 기금 제공국가가 조건 없이 제공하는 자금으로 국제기구는 자율적으로 자금을 사용할 수 있다. 국제기구로서는 자발적 기여금을 선호하나, 국가 혹은 국제 원조기관은 신탁기금을 선호한다. 유네스코는 창설부터 1950년까지 정규예산으로만 재정을 운용했으나, 1951년부터 비정규 예산을 편성하기 시작했다.[55]

---

55) UNESCO의 비정규예산(extra-budgetary funds)은 1951년 유엔개발계획(UNDP)의 전

〈표 3〉				1947년 유네스코 분담금 비율						
국명	미국	영국	프랑스	중국	인도	캐나다	호주	브라질	네덜란드	벨기에	9개국
분담률 (%)	44.3	14.07	7.35	7.35	4.84	3.92	2.41	2.27	1.71	1.65	0.1 이하
누계 (%)	44.3	58.1	65.45	72.8	77.64	81.56	83.97	86.24	87.95	89.6	

자료출처: UNESCO, *A Chronology of UNESCO: 1945-1987*, LAD.85/WS/4 Rev (Paris: UNESCO, 1987), p.92.

　유네스코 예산의 특징을 살펴보면, 〈표 3〉에서 보는 바와 같이, 창설 초기부터 미국에 과도하게 의존하는 형태였으며, 상위 10개국이 예산의 90%를 부담하는 매우 불균형한 예산 구조라고 할 수 있다. 당시 36개 회원국 중 나머지 26개 회원국은 약 10%의 예산을 부담하였고, 0.1% 이하의 분담금만 부담하는 국가도 9개국이었다.

　회원국 간 분담금의 큰 편차와 불균형은 당시 회원국들 간 실제적인 영향력의 차이를 의미한다. 분담금 상위 10개국 중 6개국이 서구국가이며, 특히 미국은 유네스코 재정의 44.3%를 책임졌다는 점에서 초기 유네스코는 미국과 서구 중심의 국제기구였다고 규정할 수 있다.

　그러나 신생국가들이 1950년대와 60년대 대거 가입하면서, 1국 1표 주의 원칙을 따르는 유네스코에서 미국은 재정 지원은 많이 하지만, 영향력이 계속 줄어드는 그런 회원국이 되어버렸고, 이러한 현상이 결국 1984년 미국의 유네스코 탈퇴를 가져왔다고 분석할 수 있다.

　미국의 탈퇴 이후 유네스코는 재정난에 봉착하여 1980년대와 1900년대

신인 유엔 기술원조확대계획(Expanded Program of Technical Assistance: EPTA)으로부터 US$800,000을 지원받은 것이 처음이다. UNESCO, *A Chronology of UNESCO: 1945-1987*, LAD.85/WS/4 Rev.(Paris: UNESCO, 1987), p.88.

내내 재정 위기를 겪었고, 이러한 재정 위기를 탈출하기 위해 유네스코는 '개혁'이라는 이름하에 사업을 축소하고, 직원을 대폭 감원하였다.

2003년 미국의 재가입 이후 호전 양상을 보이기 시작했으나, 2011년 팔레스타인의 가입 이후 미국이 분담금 지급을 유예하고 있기 때문에 다시금 유네스코는 재정 위기에 봉착하였다.

이러한 일련의 과정을 살펴보면, 유네스코는 1980년대 이후 만성적 재정 위기를 겪고 있는 국제기구로 파악된다.

3. 비정부기구(NGO)와의 관계[56)

유네스코는 1920년대 유럽의 지성인들이 창설한 민간모임으로부터 비롯되었기 때문에 창설 이래 다른 유엔 전문기구와 비교하여 다양한 비정부기구들과 매우 긴밀한 협력관계를 맺어왔다.

1) 유네스코와 비정부기구: 협력의 배경과 역사

유네스코는 초창기부터 국제 비정부기구 및 지식인들을 주요한 협력 파트너로 간주하여 협력을 도모해 왔지만, 이러한 비정부기구와의 협력관계를 제도화한 것은 1960년 유네스코 총회에서 채택된 「유네스코와 국제 비정부기구 간 관계 지침Directives concerning UNESCO's Relations with International NGOs」이 효시이다.

1995년에 「유네스코와 비정부기구 간 관계 지침Directives concerning UNESCO's Relations with NGOs」을 채택하여, 1960년 지침이 국제 비정부기구하고만 관계를 설정했던 것과는 달리 유네스코 활동에 있어서 모든 비정부기구들이 참여하고, 협력관계를 설정하도록 하였다.

---

56) 유엔기구들과 NGO의 관계에 대한 보다 자세한 내용은 정우탁, "유엔과 비정부기구," 박흥순·조한승·정우탁 엮음, 『유엔과 세계평화』 유네스코 아태교육원 국제기구 총서 2(서울: 도서출판 오름, 2013) 참조.

2011년 제36차 유네스코 총회에서는 「유네스코와 비정부기구 간 협력관계 지침Directives concerning UNESCO's Partnership with Non-governmental organizations」을 채택하여, 기존의 복잡한 비정부기구와의 협력 관계를 '협의적 지위consultative status'와 '제휴적 지위associate status'로 단순화하였다. 이들 두 가지 협력 관계는 비정부기구들의 구조와 목적, 유네스코와의 협력 관계에 대한 성격과 비정부기구들이 공헌할 수 있는 규모를 감안하여, 유네스코 프로그램의 실행에 있어 유연하고 역동적인 파트너십을 달성하는 것을 목표로 하는 '협의적 지위' 비정부기구와 밀접하고 지속적인 협력관계에 중점을 두는 '제휴적 지위' 비정부기구로 구분하였다.

2) 유네스코–비정부기구: 협력관계의 유형57)

(1) 협의적 지위 비정부기구

유네스코는 활발히 활동하고 있는 시민사회조직들과 유연하고 역동적인 협력관계를 형성·유지하고, 정보의 확산에 있어서 비정부기구의 전문성과 대표성, 전문 분야에서의 능력을 활용하기 위해 협의적 지위 비정부기구를 두고 있다. 이를 통해 시민 사회를 대표하는 비정부기구의 등장을 장려하고, 상대적으로 취약한 국제 수준에서 비정부기구들이 적극 상호 교류하고 활동할 수 있도록 유네스코가 지원한다.

협의적 지위를 가지는 비정부기구는 유네스코 총회나 그 보조기관에 옵서버를 파견하도록 사무총장으로부터 요청받을 수 있고, 의장의 동의를 얻어 총회의 보조기관에서 비정부기구의 활동과 관련된 문제에 관해 구두 진술을 할 수 있다. 또한 유네스코사업에 대해 서면 진술서를 사무총장에게 제출할 수 있다. 협의적 지위 비정부기구는 유네스코의 목적 달성을 위한

---

57) UNESCO, *Directives concerning UNESCO's partnership with non-governmental organizations* (Approved by the General Conference at its 36th session 36C/Res.108) http://unesdoc.unesco.org/images/0021/002161/216192e.pdf?#page=152(검색일: 2013.6.30).

지원 활동에 대해 정기적으로 유네스코 사무총장에게 통보하여야 하는 의무를 지게 된다. 한편 사무총장이 요청하면, 유네스코 사업 계획에 대해 협의도 하고, 유네스코 연구 및 출판 등에 대해 조언 및 지원 제공 의무도 있다.

(2) 제휴적 지위 비정부기구

협의적 지위 비정부기구들의 권리에 더하여 제휴적 지위 비정부기구는 추가적인 권리를 가진다. 제휴적 지위 비정부기구는 그들의 활동분야와 관련 있는 유네스코 활동의 계획과 집행에서 최대한 긴밀하고 정기적인 제휴의 대상이 되며, 총회의 의사규칙에 따라 총회의 본회의에서 발언할 수 있는 권리가 있다. 의무 또한 추가되는데, 유네스코의 활동 분야 내에서 자신들의 활동을 확대하는 데 유네스코와 긴밀하게 협력하여야 한다. 구체적으로 제휴적 지위 비정부기구들은 교육, 자연과학, 인문사회과학, 문화, 정보통신과 같은 유네스코의 주요 활동 분야에서 자신들의 역량을 증명하여야 하며 유네스코의 목표를 설정하고 사업을 추진하는 데 있어서 자신들의 정기적 기여에 대한 기록을 가지고 있어야 한다. 이들 제휴적 지위 비정부기구들은 가능할 경우 유네스코로부터 좋은 조건으로 사무 공간을 제공받기도 한다.

V. 유네스코의 주요 쟁점[58]

유네스코는 너무나 많은 쟁점들을 가지고 있기 때문에 유네스코의 쟁점을 간단히 정리하기가 쉽지 않다. 그러나 유네스코 탄생의 역사적 배경에서

---

58) 유네스코의 주요 쟁점에 대한 보다 자세한 논의는 정우탁, "제1장: 유네스코: 역사적 개관 그리고 정체성," 류석진·박흥순·정우탁·최동주 공저, 『UNESCO와 한국』(서울: 유네스코한국위원회, 2011), pp.19-20 참고.

비롯된 오랜 태생적 쟁점이 두 가지 정도 있다. 첫 번째, 유네스코가 세계 문제에 대해 비판적·지적 성찰을 주로 하는 세계 지성인들 및 시민사회가 적극 참여하는 국제기구이어야 하는지, 다른 유엔기구처럼 정부 관료 및 외교관 중심의 국제 행정·외교 중심의 국제기구이어야 하는지 하는 쟁점이 있다. 두 번째, 유네스코가 정책 자문 등을 주로 하는 기술 자문^{technical assistance} 국제기구를 지향할 것인지, 현장에 직접 원조를 하는 국제기구^{funding agency}로 변모할 것인지 하는 쟁점이다.

1. 세계 문제의 지적 성찰 기구 대(對) 교육·문화 분야 국제 행정기구

1920년대 지식인 중심으로 설립된 국제지적협력위원회, 국제지적협력기구에 뿌리를 두고, 제2차 세계대전 직후 연합국 교육장관 회의에서 설립된 유네스코는 태생적으로 지식인 중심 조직 대 정부 대표 중심 조직의 오랜 갈등을 내포하고 있다. 1920년대에는 지식인 중심 모임이었다. 제2차 세계대전 후 유네스코 창설과정에서 정부 대표로 할 것인가 개인, 민간도 참가가 가능하게 할 것인가 하는 참가 자격에 대한 논쟁이 있었다. 이 논쟁은 기본적으로 유네스코를 정부 대표성을 근간으로 하는 정부간기구로 설립하되, 집행이사의 개인 자격 인정, 민간인들이 참여하는 국가위원회의 설립, 비정부기구의 유네스코 참여 제도화 등 부분적으로 민간 전문가의 참여를 반영하는 것으로 절충되었다.

유네스코는 정부-민간이 함께 참여하는 매우 독특한 유엔 전문기구로 설립되었지만, 민간의 참여 제도화·활성화는 늘 쉽지 않았다. 새롭게 창설된 대부분의 국가위원회가 정부 주도로 구성되고 운영되었을 뿐만 아니라, 비정부기구의 참여도 기대보다 미약했고, 집행이사회의 민간 전문가 참여도 1991년에 막을 내렸다. 1980년대 각국의 학자, 언론인들이 개인 자격으로 참여한 전문가 조직인 '맥브라이드 위원회'는 「맥브라이드보고서^{MacBride Report}」를 통해 신국제정보질서 수립을 권고하는데, 이 때문에 미국이 탈퇴하고,

유네스코가 재정 위기에 봉착하자, 선진국들을 중심으로 1991년에 집행이
사회 자격을 정부 대표로 바꾸어 버렸던 것이다.

그러나 오늘날 교육, 문화, 과학, 커뮤니케이션 분야의 세계적 도전은 이
를 성찰하고 나아갈 방향을 제시해 줄 유엔기구를 필요로 한다. 이런 세계
문제에 대한 지적 성찰을 할 수 있는 유일한 유엔기구가 유네스코인데, 오늘
날 유네스코는 이런 기능이 너무 약화되어 있다. 인류가 공통적으로 직면한
문제에 대한 유네스코의 지적 성찰 역할을 복원해야 한다는 주장이 나오는
이유이다. 그러나 유네스코가 더 충실히 교육, 문화 분야의 국제행정기구
역할을 수행해야 한다는 주장이 더 공고하며, 현실적으로 이러한 메커니즘
을 바꾸기 힘들게 되어 있다.

이 쟁점은 유네스코의 정체성과 관련하여 지속적으로 제기되고 있는 논
쟁의 하나이다.

2. 기술 자문 기능 대(對) 현장 원조 기능

유네스코 창설 시 교육, 문화, 과학 분야에서 회원국 정책을 자문하는 국
제기구로 설립할지, 아니면 전후 복구를 위한 원조기구로 설립할지를 놓고,
설립을 준비하던 국가들 간에 논쟁이 있었다. 이 논의는 교육, 과학, 문화
분야 정책 자문 전문기구로 유네스코 헌장에 규정하되, 실제 활동에서 전후
복구 및 원조 사업을 주요한 사업으로 채택하는 것으로 절충하였다.

이후 유네스코 스스로 회원국 정부의 정책에 대한 조언과 자문을 하는
기술 자문 국제기구로 규정해 왔다. 초창기에는 유네스코의 전문성으로 신
생국, 개도국의 교육, 과학, 문화 발전을 위한 정책 자문 기능이 환영을 받았
으나, 이들 국가들의 정책적 역량이 높아진 80년대 이후 유네스코의 정책
자문 기능은 이들 국가들로부터 외면받고 있는 실정이다. 이들 최빈국, 개도
국들은 실제적 도움이 되는 교육, 문화, 과학 분야 재정 지원을 기대하지만,
유네스코는 이에 부응하지 못하고 있다.

그러나 새로운 시대적 요구에 부응하여 현장 원조 기능을 강화하려고 해도, 80년대 이후 미국의 탈퇴로 인한 오랜 재정 위기로 유네스코는 재정적 여유가 없다. 뿐만 아니라 유네스코 직원들도 타성에 젖어 어려운 기금 모금 활동을 환영하지 않는다. 그러다 보니 유네스코는 이제 기금 제공 기관으로 변모할 의지도 역량도 없다고 분석된다.

또한 유엔 체제 전반을 살펴보면, 유엔개발계획^{UNDP}, 유엔아동기금, 유엔난민기구, 세계식량계획^{WFP} 등 유엔의 다른 기관들이 현장 원조 기관 역할을 잘 수행하고 있기 때문에 유엔기관 간 중복 회피를 위해서도 현장 원조 기관으로의 변신은 쉽지 않아 보인다. 유네스코마저 현장 원조 기관으로 변모한다면 이들 기관과의 유사성, 모금 경쟁 문제가 해결해야 할 과제로 대두될 것이다.

그렇다면 유네스코가 21세기에도 잘 기능하기 위해서는 교육, 과학, 문화분야의 전문성을 강화해야 하는데, 이 또한 쉬운 과제는 아니다. 유네스코의 전문성 강화는 그 분야 세계 최고 수준의 전문인을 직원으로 채용해야 하는데, 만성적 재정위기로 직원에 대한 보수나 처우가 좋지 않아 고급인력을 충원하지 못하고 있을 뿐만 아니라 고질적인 지역적 배분 원칙 때문에 최고의 인재를 뽑는 것이 아니라 나라별 할당 인력을 뽑는 형편이다.

유네스코의 정체성과 관련하여 이 쟁점은 앞으로도 계속 제기될 것으로 보여진다.

VI. 21세기 유네스코의 방향

21세기 유네스코가 나아가야 할 방안에 대해서는 앞에서 논의한 유네스코 정체성에 대한 두 가지 쟁점과 추가적인 새로운 아이디어를 중심으로 구체적으로 검토하고자 한다.

1. 지적 성찰 역할 강화

유네스코는 오래전부터 수차례 지적 성찰 역할을 수행하기 위해 세계적 지성인, 전문가들로 구성된 위원회를 구성, 운영한 바 있다. 1970년대에는 '국제교육위원회'를 구성, '평생교육'과 '학습사회' 개념을 제시하였으며, 1970년대에는 '맥브라이드위원회'를 구성, '신국제정보질서'를 제시한 바 있으며, 1990년대에는 '성찰을 위한 특별 포럼', '21세기 교육위원회', '세계문화발전위원회'를 동시에 발족시킨 바 있다. 움베르토 에코, 가브리엘 가르시아 마르케스 등 세계적 지성인들로 구성된 '성찰을 위한 특별 포럼'은 '국경 없는 학습'을 주창하였다. 자크 들로르 전 EU 집행위원장을 위원장으로 하여, 전 세계 16명의 전문가로 구성된 '21세기 교육 위원회'는 *Learning: The Treasure Within* [59]이란 보고서를 제출했는데, 여기에서 교육의 4대 기둥으로 Learning to be, Learning to know, Learning to do, Learning to live together를 제시하였다. 페레즈 데 케야르 전 유엔사무총장을 위원장으로 한 '세계문화발전위원회'는 *Our Creative Diversity* [60]라는 보고서를 발간한 바 있다.

과학 기술의 발달로 고도로 전문화되고, 지구 차원의 다양한 문제들이 대두되는 21세기에 오히려 유네스코의 원래 기능 중 하나였던 세계 문제에 대한 지적 성찰 역할이 강화되어야 할 것이다. 세계적 빈부 격차의 확대, 세계적 인구 이동의 증가, 세계적 도시화의 확산, 세계적 교육 격차 및 과학기술 격차, 종교적, 문화적 갈등의 증가 등 수 많은 전지구적 문제들을 고려하면, 인류의 미래를 고민하고 성찰하는 유엔 차원의 노력과 활동이 필요하다. 그러나 오늘날 유엔기구 중 이 역할을 수행하는 유엔기구는 부재하다. 가장 근접한 유엔기구가 바로 유네스코이다. 따라서 향후 유네스코는 교육·문화·과학 분야 국제 행정기구로서뿐만 아니라 세계 문제를 성찰하고,

---

59) 이 책의 원문은 http://unesdoc.unesco.org/images/0010/001095/109590eo.pdf 참조.
60) 이 책의 원문은 http://unesdoc.unesco.org/images/0010/001055/105586e.pdf 참조.

다양한 대안을 제시하는 그런 역할을 보다 적극적으로 수행해야 한다.

1970년대, 1990년대에 있었던 세계적 위원회를 거울삼아, 실력 있고 역량 있는 세계적 학자, 지성인들을 초청하여 21세기 세계 문제를 지적으로 성찰하는 위원회를 구성하고, 이를 운영하는 것이 필요하다. 오늘날 자본주의의 위기, 국가의 위기, 지구 환경 위기, 지구 에너지 위기, 이민과 도시화 등 인류 생존의 위기 상황에 대해 인류 전체, 지구적 시각에서 객관적이고 중립적인 성찰을 하는 지성인들의 모임이 필요하다.

이러한 지적 성찰 기능을 유네스코 사무국에서 뒷받침하기 위해서는 기존의 가장 빈약한 유네스코 인문사회과학 사업과 부서를 강화해야 한다. 오늘날 인문사회과학 사업과 부서는 인력과 예산의 부족으로 고사 직전에 있는데, 유네스코의 세계 문제에 대한 지적 성찰 역할을 담당하게 하여 이를 강화해야 한다.

2. 현장 원조 기능 강화

향후 21세기 유네스코가 나아가야 할 방향으로 세계 문제에 대한 지적 성찰을 강화해야 한다고 주장하면서, 회원국 교육, 과학, 문화 현장에 대한 원조 기능을 강화해야 한다고 하는 것은 일견 모순적인 것으로 보일 수도 있다. 그러나 유네스코 본부의 지적 성찰 기능 강화와 함께 지역 현장에서의 물적, 재정적 지원 기능을 강화하는 것은 전혀 모순적이지 않고 오히려 상호 보완적이라고 할 수 있다.

오늘날 최빈국, 개도국들 중에는 적절한 재정 지원만 제공되면 절대빈곤을 벗어날 수 있는 그런 나라들이 많다. 이런 나라들에게는 정책 자문뿐만 아니라 현장 원조가 매우 효과적이다. 이제는 정책 자문과 현장 원조가 패키지로 함께 가야 하는 시대가 온 것이다.

유네스코도 정책 자문과 함께 재정 지원을 패키지로 묶어 제공하는 역할로 변모해야 한다. 그렇지 않으면 유네스코의 효용성은 자꾸 떨어질 것이다. 이를 위해 교육, 과학, 문화 분야에서 회원국 자금으로 유네스코 기금을 창설하는 방안도 고려해볼 필요가 있다. 예를 들면, 유네스코의 핵심 사업인 '모두를 위한 교육' 사업을 위해 기금을 설립하면 모두를 위한 사업에 대한 정책 자문과 함께 필요한 현장 원조를 동시에 추진하여 모두를 위한 사업의 목표 달성에 큰 도움이 될 것이다.

또한 반기문 유엔 사무총장이 2012년 8월 동티모르에서 주창한 세계교육 우선구상Global Education First Innitiative: GEFI과 관련하여, 세계시민교육Global Citizenship Education 증진을 위해 범세계적 세계시민교육센터Global Center for Global Citizenship Education를 설립하고, 범세계적 세계시민교육기금Global Fund for Global Citizenship Education을 조성하는 것도 검토해볼 만하다.

세계문화유산사업의 경우 세계유산 기금이 있으나 규모가 너무 작다. 위험에 처한 세계 문화, 자연유산의 보호, 복원, 복구를 위해 기금을 대폭 확충할 필요가 있다. 세계 무형유산, 세계 기록유산 사업도 마찬가지이다. 이러한 기금 조성이 어려운 과제이기는 하나, 21세기에 유네스코의 존재 이유와 유네스코의 가시성을 높일 수 있는 좋은 방안이다.

3. 국가위원회 역할 강화

국가위원회National Commission는 유엔기구들 중에서 유네스코가 가장 먼저 시작하였고, 유네스코만의 가장 독특한 제도이다. 아마도 1920년대 국제지적협력위원회와 국제지적협력기구의 전통이 1945년 이후 국가위원회란 이름으로 유네스코 내에 면면히 살아남은 것이라고 할 수 있다. 국제지적협력위원회는 당시 참여국들에게 '지적 협력을 위한 국가위원회National Committee for Intellectual Co-operation' 창설을 권유하였다. 이 권유에 따라 1923년부터 여러 국가들이 국가 내에서의 지적 협력과 국제적인 협력관계 유지를 위하여 국가위원회를 설립하였다.[61] 유네스코는 교육, 과학, 문화 분야 지식인들을 참여시켜 국가위원회를 구성하도록 권고하고 있는데, 이러한 국가위원회는 다른 유엔기구에서 찾아보기 힘든 유네스코만의 특성이며, 이는 1920년대의 '지적 협력을 위한 국가위원회'의 보다 발전한 형태라고 할 수 있다. 민간 지식인의 참여로 유네스코는 다른 유엔기구와는 달리 시민사회적 성격을 강하게 지니게 되었다.

그러나 1945년 이후 정부 대표들로 구성된 창설 작업 과정 속에서 유네스코는 정부 대표로 구성되는 정부간기구로 창설되었다. 그러나 과거의 유산이 반영되어, 민간 지식인과 시민 사회가 참여할 수 있는 길도 열어 두었다.

국가위원회는 국가 내 저명한 학자, 문화·예술인 등 민간 지식인들과 정부 대표들이 함께 참여하는 조직으로 구성되었다. 국가위원회 사무처Secretariat의 경우 대부분의 나라들이 정부 부처의 한 조직으로 두고 있어, 공무원들이 소관 정부부처의 입장에서 일하고 있는 실정이며, 한국, 독일, 터키 등 소수의 나라만이 자율적 조직으로 운영하고 있다.

국가위원회는 정부와 시민사회, 지식인들이 함께 할 수 있는 좋은 메커니즘이기 때문에 유네스코가 보다 이를 적극적으로 활용하면 유네스코의 큰 자산이 될 것이다. 현재 유네스코는 지역 사무처를 두고 있는데, 부족한 예산과 인원으로 제대로 된 지역 현장 지원 활동을 못하고 있는 실정이다. 국가위원회를 적극 활용하면 유네스코의 부족한 부분, 특히 현장 지원 활동을 적극 보완할 수 있다. 독일 국가위원회는 2008년부터 아프리카 국가위원회 발전을 위해 지원을 해 왔으며,[62] 한국도 2011년부터 CaBuNatCom,[63] ICon[64]이란 이름으로 아시아 태평양국가의 국가위원회를 지원하는 사업을

61) Fernando Valderrama, *A History of UNESCO* (Paris: UNESCO, 1995), I. Historical background, p.2 참조.

62) http://www.unesco.de/afrika.html?&L=1 참조.

63) https://www.unesco.or.kr/upload/data_center/2011_%EC%95%84%ED%83%9CEC%A7%80%EC%97%AD%EA%B5%AD%EA%B0%80%EC%9C%84_%EC%97%AD%EB%9F%89%EA%B0%95%ED%99%94_%EB%B8%8C%EB%A1%9C%EC%85%94.pdf 참조.

64) http://eng.unesco.or.kr/wp/news/kncu-news/unesco-natcoms-click-on-kncus-icon-programme/ 참조.

하고 있다.

유네스코가 선진국의 국가위원회와 최빈국, 개도국 국가위원회를 연계하여 상호 협력하도록 하는 선-후진국 국가위원회 간 협력 네트워크를 만들면 부족한 재원으로도 더 많은 일을 할 수 있다.

4. 새로운 실험: 카테고리 2 기구[65)]의 활용

유네스코는 만성적 재정 위기 속에서 그 타개책으로 카테고리 2[Category II] 기구라는 새로운 형태의 국제조직을 만들었다. 카테고리 2 기구는 다른 유엔기구에서는 찾아 볼 수 없는 유네스코만의 독특한 조직이다. 카테고리 2 기구는 유네스코 일을 하되, 회원국 정부가 전적으로 재정 부담을 하는 준국제기구[Semi-International Organizations]이다. 1990년대 후반 그 모습을 드러내기 시작하여 2000년대부터 본격화되었다. 최근 약 100개 정도의 카테고리 2 기구가 창설되어 활동 중에 있다.

원래 국제기구는 유엔처럼 국가들이 모여서 헌장을 채택하고, 각국 의회의 비준을 받아 창설하는 것이 가장 전형적인 창설 방식이다. 그러나 국가가 모여서 새로운 국제기구를 창설하는 절차가 매우 어렵고, 까다롭다 보니, 국제기구 총회에서 국제기구를 창설하는 방식이 등장하였다. 이 방식으로 유엔개발계획[UNDP], 유엔아동기금[UNICEF] 등 유엔 직속 기구들이 유엔 총회에서 회원국 결의로 창설되었다.

카테고리 2 기구는 이와는 달리, 유네스코라는 국제기구가 회원국 정부와 협정을 맺어 창설한다. 회원국 정부는 법적 장치를 마련하고, 재정적 부담을 기꺼이 지면서 유네스코 카테고리 2 기구를 창설하는 반면, 유네스코는 이 기구가 제대로 유네스코 이념에 따라 설립되고, 운영되는지를 감독하고 모

---

65) http://www.unesco.org/new/en/bureau-of-strategic-planning/resources/category -2-institutes/ 참조.

니터링한다.

유네스코의 새로운 실험인 카테고리 2 기구가 향후 제대로 작동하고, 기능을 발휘하게 되면, 이는 국제기구 역사에 새로운 장을 여는 중요한 의미를 지니게 되는 것이다.

VII. 한국과 유네스코: 한국의 전략

1. 한국과 유네스코 관계[66]

1) 한국의 유네스코 가입[67]

한국은 1949년 6월 덴마크 엘시모어에서 개최된 국제성인교육회의에 유네스코 미가입국임에도 불구하고 참가하였는데, 이것이 한국이 유네스코와 접촉한 최초의 만남이었다.

한국은 1950년 6월 14일 자로 이탈리아의 플로렌스에서 개최된 제5차 유네스코 총회에서 회원국의 결의에 따라 유네스코의 55번째 회원국이 되었다. 한국은 1950년 6월 14일 유네스코에 가입하였지만 곧 한국전쟁을 맞게 되었다. 회원국이 가입하면 유네스코 헌장에 대한 입법부의 비준, 유네스코 일을 담당할 국가위원회의 창설 조치가 필요한데, 전쟁으로 인해 후속조치를 할 수 없었다. 한국 정부는 유네스코 가입 2년 후인 1952년 제2대 국회에서 유네스코 헌장 준수 서약을 만장일치로 가결하였고, 1953년 7월 6일 유네스코한국위원회 설치령이 대통령령 제801호로 공포되었으며, 1954년

---

66) 한국과 유네스코의 관계에 관한 보다 자세한 내용은 정우탁, "한국전쟁과 UNESCO," 강성학 편, 『유엔과 한국전쟁』(서울: 리북, 2004), pp.197-215 참조.

67) 이 내용은 유네스코한국위원회 편, 『유네스코한국위원회 30년사』(서울: 유네스코한국위원회, 1984), pp.82-84를 참조하였음.

〈표 4〉	한국전쟁 시 유네스코의 원조	
연도	내용	금액(US$)
1951	대한문교서적인쇄공장 건립	100,000
1952	UNESCO 교육조사단 원조	34,000
1952	한국외국어학원 설치(서울대)	224,000
1954	신생활교육원 설립(수원)	300,000

1월 30일 국내 교육 문화계 지식인 60명이 서울대학교에 모여 유네스코한 국위원회 창립총회를 개최, 국가위원회[68]를 탄생시켰다.

2) 한국전쟁과 유네스코의 원조

한국전쟁 발발 두 달 후인 1950년 8월 29일 제23차 유네스코 집행이사회 는 한국에 긴급원조 지원을 결의하였다. 한국전쟁 기간 중 한국에 대한 유 네스코의 원조는 〈표 4〉와 같다.

유네스코의 한국 원조와 관련된 구체적 사업과 활동들을 구체적으로 살 펴보면, 첫째, 교과서 인쇄 공장 건립을 위한 유네스코의 긴급 원조로, 유네 스코는 한국전쟁 발발 1년 만인 1951년 6월 28일 초등학교용 교과서를 인 쇄 공급할 인쇄공장 건립을 위해 10만 달러를 한국에 긴급 원조하였다. 유 네스코의 10만 달러를 가지고, 한국 정부는 부지를 제공하고, 유엔한국부흥 단United Nation's Korean Reconstruction Agency: UNKRA 으로부터 14만 달러를 더 지원 받아 대한문교서적인쇄공장을 건립하였다. 이 인쇄공장은 당시 한국의 초등

---

68) 국가위원회 제도는 유네스코만의 독특한 제도로 유네스코 헌장 제7조 제1항에 의하 면 회원국은 자국의 주요한 교육, 과학, 문화 단체가 유네스코 사업에 협조할 수 있도 록 가급적이면 정부와 그러한 단체의 대표자들로 국가위원회를 설치하도록 권하고 있으며, 제2항에서는 국가위원회가 유네스코에 관계되는 사항에 관하여 자국 정부에 자문하고, 연락기관으로서의 기능을 수행하도록 규정하고 있다. 유네스코한국위원회, 『유네스코관계법규집』(서울: 유네스코한국위원회, 2001), p.13.

학교 아동들이 필요로 하던 교과서를 인쇄하여 적기에 공급하였다는 점에서 매우 의의가 크다. 그리고 이때 이 교과서로 배운 반기문 유엔사무총장은 이 일을 생생히 기억하며 세계교육우선구상을 주창하였다.

둘째, 유네스코는 1952년 9월에 한국교육의 실태 조사와 교육의 개선 방안을 연구할 유네스코·운크라^{UNKRA} 교육 사절단을 한국에 파견하였다. 5개월간 현장 조사를 하고 한국교육 재건에 관한 108개 조항의 보고서를 한국 정부에 제출하였다. 유네스코는 이를「한국의 교육재건」이라는 제목의 책자로 발간하였다. 이후 설립된 신생활교육원과 한국외국어학원도 이 보고서 건의에 따른 것이다.

셋째, 농업이 압도적이었던 1950년대에 농촌 지역사회의 발전을 위해 유네스코가 주도한 '농촌지역사회 개발을 위한 신생활교육' 사업을 전쟁 직후 한국에 도입하였다. 1954년 유네스코는 300,000불의 원조를 제공하여 농촌 지역사회 발전을 담당할 신생활교육원을 수원의 서울 농대 캠퍼스 내에 신설, 1956년 11월 개원하였다. 신생활교육원은 1959년 문교부로 이관되었다가 농촌의 중견지도자 양성을 위하여 농림부 산하의 농촌지도자훈련원으로 이름을 바꾸어 운영되었고, 나중에 농촌진흥청 산하기관으로 흡수되었다가, 농수산부산하 농업공무원교육원이 되어 농촌지도자 양성에 기여하였다.

농촌지역사회 개발을 위한 또 다른 활동으로 유네스코학생건설대[69]를 들 수 있다. 한국전쟁 중에 쇠락한 농촌을 되살리기 위해 대학생들을 중심으로 유네스코학생건설대가 조직되어 활동한 것으로, 당시 유네스코가 주창하여 세계적으로 호응을 받았던 '농촌지역사회 개발을 위한 신생활교육'의 일환이었다. 유네스코학생건설대는 2년간에 걸쳐 휴전선 부근과 서울 근처 농촌에 모범촌을 다수 건설하고 주민들을 위한 문해 및 생활 개선, 영농 지도

---

69) 1954년 여름에 대학교수로 구성된 지도교수 5명과 대학생 155명으로 조직되어 휴전선 부근 수복지구에 파견되어 2개의 모범촌을 건설하는 작업을 했고, 제2차 유네스코 학생건설대는 1955년 여름에 대학생 54명으로 다시 조직되어 서울 교외에서 1개의 모범촌을 건설하였으며, 1955년 겨울에도 제3차 학생건설대가 조직되어 대학생 62명이 활동하였다.

| 〈표 5〉 | | | | 최근 한국의 주요 유네스코 신탁기금 | |

분야	사업명	사업 기간	사업 금액	수혜국	지원기관
교육	저개발국 국가교육계획 수립 추진 및 ICT 활용 역량강화 지원 신탁기금	2003~2008	130만 불	북한, 몽골, 케냐, 우즈베키스탄	교육부
		2010~현재	매년 30만 불	아태지역 개도국	
	아프리카 직업기술교육 역량강화(BEAR)	2011~2016	1,000만 불	보츠와나, DR 콩고, 말라위, 나미비아, 잠비아	교육부
문화	고구려 고분 보존 신탁기금	2000~2014	160만 불	북한	문화재청
	아태무형유산보호 신탁기금	2007~	20만 불		문화재청
	개도국 문화산업 지원 신탁기금	2007~	30만 불	베트남, 몽골	문화관광부
	인간문화재 보호제도 설립 지원 사업	2005~2008	13만 불	캄보디아, 피지	강릉시
	아태지역 어린이 전통 놀이 연구사업	2007~	11.3만 불		강릉시
	아태지역 빈곤퇴치와 문화다양성을 위한 관광 및 문화유산관리의 지속적 개발 사업	2007~2008	12만 불		한국 문화관광 정책연구원
	아태지역 무형유산 보호 개발 사업	2007	6만 불		한국문화재 보호재단
과학	아태지역 도서 및 연안 생물권 보존 연계 사업	2006~2011	30만 불		제주도
	개도국 과학도시 육성 지원 사업	2006~2007	20만 불		대전시 KOICA
	동아시아 생물권 보존 네트워크 사업	2004~2009	21만 불		환경부

및 의료봉사, 그리고 근로봉사 등을 하였다.

넷째, 유네스코는 1952년 한국에 224,000달러의 원조를 지원, 서울대학교에 한국외국어학원을 신설하였다. 한국외국어학원은 정부 선발 국비 파견 유학생들과 해외 유학을 희망하는 한국인들에게 영어 및 필요한 외국어를 외국어 교육전문가들로 구성된 교수진이 교육하였다. 한국외국어학원은 오늘날 서울대학교 어학연구소로 이어졌다.

3) 한국의 유네스코 지원: 1980년 이후

한국은 유네스코의 지원을 받아 경제 발전, 교육 발전을 성취한 후, 1980년대 들어서 유네스코에 재정 지원을 시작했다. 1982년 당시 음보 유네스코 사무총장 방한시, 한국은 유네스코에 매년 2만 불씩 자발적 기여금을 제공하기로 협정을 체결했다. 1990년대에는 세종대왕 문해상을 신설하였으며, 2000년대에는 고구려 고분 벽화 보존을 위한 신탁기금을 제공하였고, 매년 3십만 불의 정보통신활용 교육 신탁기금을 신설하였으며, 2000년부터 2010년까지 삼성-유네스코 교육 신탁기금사업을 통해 개도국 교육 발전을 지원하였다. 2010년대에는 총 천만 불 규모의 아프리카 직업기술교육 발전 사업 Better Education for African Rise: BEAR을 추진하였다. 2010년대에 들어와서는 아프리카 정보통신활용 교육 발전을 위한 신탁기금과 아시아 태평양 국가의 교육 발전을 위한 신탁기금이 새로이 추진되고 있다.

한편 2000년에 유네스코 카테고리 2 기관인 유네스코 아시아 태평양 국제이해교육원APCEIU을 창설하고, 2011년경에 유네스코 아시아 태평양 무형유산센터를 설립하였으며, 최근 전통무예센터와 수자원 센터를 카테고리 2 기관으로 설립한 것도 유네스코에 대한 한국의 기여이자 지원이다.

2. 한국의 유네스코 전략

한국이 향후 21세기에 유네스코 활동을 주도하기 위해 취해야 할 전략으로 다음과 같은 제안을 하고자 한다.

1) 한국의 유네스코 외교 정책 및 전략 수립

한국의 유네스코 외교 정책 및 전략은 아직도 모색 중이라고 하는 것이 정확한 분석이다. 유네스코 외교 업무를 총괄하는 외교부 문화외교정책국은 한국의 문화외교정책을 총괄하기 때문에 유네스코 업무는 그중의 일부에 지나지 않으며, 직접 유네스코 업무를 담당하는 공공외교정책과도 한국의 공공 외교 정책을 전반적으로 다루기 때문에 유네스코에만 전력할 수 없는 구조이다. 공공외교정책과의 1~2명의 외교관이 유네스코를 맡아 일을 처리하고 있기 때문에 통상적인 외교, 행정 업무를 처리하기에도 부족한 인력이다. 외교통상부가 유네스코 외교정책을 수립하고 한국의 유네스코 외교 사령탑 역할을 수행하려면 적어도 유네스코과(課) 정도의 규모는 되어야 한다. 그리고 외교부를 중심으로 전문가들이 모여 유네스코 중장기 외교 정책과 전략을 수립해야만 한국의 수준 높은 유네스코 외교 전략 추진이 가능해질 것이다.

2) 한국 유네스코 상주대표부 기능 강화

현실적으로 가장 중요한 유네스코 활동 조직은 프랑스 파리 유네스코 본부에 위치한 한국 유네스코 상주대표부이다. 상주대표부는 유네스코 본부와 유네스코 회원국들 간 통상적인 외교 관계를 위해 설치된 다자 공관이다. 일반적으로 상주대표부의 책임자는 회원국의 대사급 외교관이 맡게 되며 유네스코 사무총장과 회원국의 공식 외교 절차를 통해 임명된다.

유네스코 교육, 과학, 문화 외교 강화를 위해서는 유네스코 공식 외교 채널인 유네스코 상주대표부를 강화해야 한다. 유네스코의 다양한 사업과 활동을 깊이 있게 검토, 평가하고, 회원국 차원에서의 문제점을 정확하게 집어내기 위해서는 현재 5명 내외인 유네스코 상수대표부 전문 인력을 교육, 자연과학, 인문사회과학, 문화, 커뮤니케이션 등 유네스코 주요 사업 분야별로 1명 이상의 전문 인력으로 충원해야만 한다. 한국의 유네스코 외교 강화라는 차원에서, 유네스코 활동 관련 부처 및 기관에서 유네스코 상주대표부에 직원을 파견하는 문제도 적극 추진해야 한다.

3) 다자외교 전문가 양성

유네스코 상주대표부의 강화 못지않게 중요한 것이 유네스코 다자외교 전문가 양성이다. 그동안 한국 외교는 양자외교 전문가와 다자외교 전문가를 따로 구분하여 양성하지 않았다. 그러나 두 분야는 매우 다른 전문성을 요구한다.

특히 유네스코 다자외교는 문화 예술과 학문 전반에 대한 다양하고 깊은 지식과 소양이 있어야 하며, 유네스코의 복잡한 회의 절차와 엄청난 양의 문서를 감안하면 오랜 수련이 필요하다. 많은 시간이 걸리는 인적 네트워크 구축을 고려하면 적어도 3~5년간의 중장기 혹은 10년 이상의 장기 근무가 필수적이다. 사실 유네스코에서 총회 의장, 부의장, 집행이사회 의장, 부의장, 각종 소위원회 의장, 부의장을 맡는 상주대표부 대사들이나 외교관들은 대체로 3년 이상 혹은 5년 내지 10년 이상 근무하여 유네스코 다자외교에 능숙한 경우가 대부분이다. 한국의 경우 2~3년 만에 교체되는데 이는 유네스코 외교 전문가 양성을 포기하는 것이나 다름없다.

향후 유네스코 외교의 강화를 위해서는 구조적으로 다자외교 전문가를 양성하는 체제가 구축되어야 한다. 이렇게 양성된 다자 전문 외교관은 다자 국제기구와 외교부 본부 다자관련 부서를 교대로 왕래하며 근무하도록 하여 한국 다자외교의 질적 수준도 높이고 다자 국제기구에서의 현지 활동 수준도 높이는 이중적 효과를 거두도록 해야 한다. 그리고 국제기구 공무원으로 진출하도록 장려하여 국제기구에서 한국의 영향력을 높이는 방안도 찾아야 한다. 이러한 제도가 유네스코 외교에 적용될 때 한국의 유네스코 외교가 강화될 것이다. 또한 유네스코 본부에 파견하고 있는 정부 파견 공무원들이 귀국 후에도 유네스코관련 업무를 담당토록 하여 쌓은 전문성을 발휘할 수 있도록 해야, 한국의 외교 역량도 강화하고 다자외교 전문가도 양성된다.

4) 유네스코 전문가 양성

우리나라에는 국제정치학자 및 교육, 문화 전문가가 적지 않지만 학계에 국제기구 전문 연구 인력은 매우 부족하며, 특히 유엔이나 유네스코 전문 연구 인력은 턱 없이 부족하다. 그리고 정부나 연구 재단의 유엔 및 유네스코 전략 연구 지원도 매우 적으며, 연구 프로젝트도 드문 형편이다. 향후 한국의 유네스코 외교 강화를 위해서는 학계의 연구 역량을 높여야 하며, 학계와 연계하여 학계 전문가들을 유네스코 전략 분석에 적극 활용하는 전략이 필요하다. 다자국제기구연구, 유네스코 전략연구 등의 연구과제 발주를 통해 연구 역량을 강화해 나갈 뿐만 아니라, 여건이 허락한다면 국제기구 연구소, 유네스코 연구소의 설립도 추진해야 하다.

5) 국가위원회의 적극 활용

국가위원회는 유네스코 본부와의 연락, 자문, 정보, 집행 기능을 수행한다. 국가위원회는 유네스코 창설과정에서 정부 대표성과 개인 및 민간단체의 대표성이 갈등을 빚게 되자 타협점으로 제시된 제도이다.[70] 유네스코 헌장 제7조는 "회원국은 자국 내의 교육·과학·문화 분야의 관계기관 대표와 개인이 참여하는 국가위원회를 조직할 것"을 권고하여, 유네스코는 정부간기구이지만 민간단체 및 개인도 유네스코에 참여할 수 있는 계기를 마련하였다.

처음에는 국가위원회가 회원국 내의 유네스코 활동을 위한 정보 제공, 연락 및 자문 등의 기능을 수행했으나, 현재는 회원국 국내는 물론 지역적·국제적인 협력을 통해 유네스코 사업 수행의 보조자 역할을 하는 등 그 기능이 확대되고 있다.

세계에서 가장 활발한 국가위원회의 하나인 유네스코한국위원회를 적극

---

70) 유네스코 설립 당시 프랑스는 유네스코가 민간 지식인 중심의 국제지적협력위원회와 국제지적협력기구의 전통을 이어받을 것을 주장한 반면, 영국과 미국은 이에 반대하였다.

활용하면, 한국이 유네스코 내에서 주도국 위치를 점하는 데 큰 도움이 될 것이다.

6) 카테고리 2 기구 활용

유네스코의 가장 새로운 조직인 카테고리 2 기구를 적극 활용하는 것도 한국의 좋은 전략이 될 수 있다. 한국에는 2000년에 설립된 아시아 태평양 국제이해교육원 APCEIU 및 2011년에 설립된 아시아 태평양 무형유산센터 ICHCAP와 같은 세계 최고 수준의 카테고리 2 기구가 이미 존재하고 있으며, 2013년 11월 수자원센터와 전통 무예센터 등 두 카테고리 2 기구가 추가로 설립되었다. 특히 아시아 태평양 국제이해교육원은 세계 최고 수준의 카테고리 2 기구로 손 꼽히고 있다. 이러한 카테고리 2 기구들을 한국 정부가 적극 활용한다면 향후 유네스코 활동을 선도하는 데 큰 도움이 될 것이다.

7) 유네스코를 통한 대 개도국 공적개발원조(ODA) 추진

한국의 공적개발원조는 한국국제협력단 KOICA이 무상 원조를, 수출입은행이 유상원조를 담당하고 있으며, 다자간 국제기구에 대한 공적개발원조가 양자 원조에 비해 매우 빈약한 실정이다. 유네스코는 오래전부터 아프리카를 비롯한 개도국에 '모두를 위한 교육' 사업을 추진해왔다. 만약 한국이 대(對) 개도국 교육 과학 문화 분야 공적 개발원조 사업을 추진하려고 하면 이 분야에 경험이 많은 유네스코를 파트너로 잡는 것도 효율적이고 효과적인 선택이 될 것이다. 구체적으로 교육부·문화체육관광부·환경부·외교부 등 정부 부처의 재정 출연과 한국국제협력단, 민간기업의 지원을 바탕으로 교육, 과학, 문화 분야 유네스코 신탁기금을 조성하여 유네스코를 통해 개도국에 지원하는 방안을 검토할 필요가 있다.

공적개발원조 모범국이라고 불리는 북구 국가들은 유네스코 등 유엔기구에 신탁기금을 적극 제공하고 있는데, 최근 양자적 다자 Bi-multilateral 공적개발원조에 적극적이며, 이 때문에 유엔기구의 개혁에도 앞장서고 있다.

8) 유네스코 내 한국 의제 설정

한국의 유네스코 내 위상을 감안, 이제 한국도 유네스코에 한국의 의제를 설정하는 것이 필요한 단계이다. 이를 위해 선진국의 전략을 잘 살펴보는 지혜도 필요하다. 대표적 예로써 일본은 지속가능발전교육 Education for Sustainable Development에 많은 재정지원을 하며 이 주제를 대표적 일본 사업 주제로 삼아 왔고, 노르웨이는 이주자 교육과 자격 인정 문제에 천착하여 이 문제를 주도해 왔으며, 스웨덴은 고등교육 분야를 집중 지원하고 있다. 한국도 2015년 5월 개최되는 유네스코 세계교육회의를 통해 세계시민교육 Global Citizenship Education을 한국이 주도하는 의제로 내세워 이를 채택하게 하고, 기금을 제공하여 이 분야를 전 세계적으로 확산시키고, 한국이 이 분야 세계 전문가 양성에 기여하여, 한국의 국가 이미지를 세계시민교육과 같은 이미지로 만드는 전략이 필요하다.

더 읽을 거리

📖 Huxley, Julian. *UNESCO: Its Purpose and Philosophy.* Euston Grove Press, 2010.

이 책은 유네스코 초대 사무총장으로서 조직에 큰 영향력을 준 줄리안 헉슬리가 유네스코라는 조직의 원초적인 비전과 목표, 조직의 철학을 설명하고 있다.

📖 Power, Colin N. *The Power of Education: Education for All, Development, Globalisation and UNESCO.* Springer, 2015.

이 책은 개인 삶의 질과 사회를 동시에 향상시킬 수 있는 교육의 힘에 대해 서술하고 있으며 교육이 인권의 기본적 바탕으로 간주되어야 하는 이유를 설명한다. 아시아 태평양 지역과 그것을 넘어선 지구촌 사회의 모든 레벨에서의 교육 개발을 다루고 있다는 점에서 유용하다. 저자는 유네스코 교육사무총장보로 오랫동안 일한 경험을 중심으로 유네스코 교육사업을 쉽게 설명하고 있다.

📖 Singh, J.P., United Nations Educational, Scientific, and Cultural Organization(UNESCO): *Creating Norms for Complex World.* Routledge, 2011.

이 책은 유네스코가 인본적 이상주의에서부터 현재의 탁월한 국제기구로 성장하기까지의 역사를 다루면서, 교육, 과학, 문화, 커뮤니케이션 사업을 간결하면서도 핵심만 뽑아 잘 설명하고 있다. 국제관계와 국제기구를 전공하는 학생들과 학자들에게 필수적인 책이다.

제**4**장

국제올림픽위원회

조현주

I. 머리말

올림픽은 고대 그리스로마신화에 기반을 둔 도시국가 간의 스포츠 및 문화의 제전에서 출발했다. 그러한 고대의 유산이 근대 프랑스의 쿠베르탱 남작과 유럽의 스포츠 지도층에 의해 부활한 것이다. 이렇듯 근대 올림픽의 시작이 '서구'의 철학적 가치의 공유를 바탕으로 한 '서양' 귀족들의 사교모임 주최의 스포츠 경연장이었다는 것은 오늘날 우리에게 무엇을 의미하는가? 오늘날 국제기구로서의 국제올림픽위원회International Olympic Committee: IOC의 설립 취지가 애초부터 인류 모두를 위한 스포츠 경기의 관장이 아니었음을 의미한다. 따라서 오늘날 IOC의 핵심 의사결정자인 IOC 위원들에게 기대할 수 있는 역할과 책임은 IOC 설립 초기의 그것과는 상당한 차이가 있다.

지금 그들에게 요구되는 외교적 역할과 윤리적 책무는 IOC 위원 1세대들로서는 생각할 수조차 없었을 것이다. 그 사이의 방송과 기술의 발전에 따른 올림픽 경기 자체의 양적·질적 성장은 국제관계 속에서의 IOC의 기구적 책임과 한계 역시 높여 놓았다. 자신들도 인지하지 못하는 사이에 국제관계의 주요 의사결정자로서 자리하게 된 IOC 위원들의 모순적인 위상은 솔트레이크 시티 스캔들 파문에서 보이는 IOC 위원들의 행위를 통해서도 드러난다. 아마도 당시 스캔들에 연루된 위원들의 입장을 대변하자면, 해당 위원들은 IOC 위원을 세계 올림픽 기구의 대표라는 자격보다는 개인적 멤버십의 하나로 자신들의 타이틀을 인지했다고 볼 수 있다. 실제로 IOC 내에서는 그들의 외교적 위상이 높아짐에 따라 늘어나는 윤리적, 공익적 책무에 대한 우려가 있어왔다. 이러한 갈등은 국제정치사에서 히틀러의 나치즘이나 냉전 이데올로기 등의 분열과 대립의 구도에서 IOC가 내렸던 결정들의 '윤리성' 혹은 '정치적 중립성'과 연계된 리더십의 논쟁을 통해서도 설명될 수 있다.

물론 근대 올림픽 운동의 초기에는 IOC 역시, 국제사회에서 이렇다 할 리더십을 발휘할 만큼 외교적 영향력이 크지 않았던 것 또한 사실이다. 그러나 이제 국제사회에서 올림픽경기를 중심으로 하는 IOC의 위상은 달라졌다. 이제 IOC는 '스포츠계의 유엔'이라는 국제적 명성을 얻게 되었고, 그에 걸맞은 책임 있는 모습을 보여야 할 때가 되었다. 이는 사마란치Juan Antonio Samaranch에서 자크 로게Jacques Rogge, 그리고 이번 토마스 바흐Thomas Bach로 이어지는 위원장들이 가지는 국제스포츠계의 리더십에 따라 IOC의 외교력 증대와 이에 따른 내부적 부정부패의 척결, 그리고 이제 글로벌 다양성의 포용이라는 새로운 역할의 설정과도 그 맥락을 같이 한다.

오늘날 IOC는 재정적 자립을 넘어서 수익창출이 가능한 국제기구로서, 올림픽 스포츠를 매개로 다양한 글로벌 이슈의 해결을 지원하고 있다. 본문에서 다루는 최근 IOC의 다양하고 전 방위적인 활동영역은 향후 IOC가 유엔과의 파트너십을 통해 Post-MDGs 시대에 들어 그 위상을 더욱 강화하게 될 것임을 암시하고 있다. 최근 IOC를 중심으로 하는 스포츠를 통한 국제 활동에 있어, 개발학적 관점과 외교적 관점, 그리고 평화학적 차원의 관심이 다학제적으로 맞물리고 있는 시점이며, 단순히 기존의 세계화의 현상으로서 설명되던 스포츠의 파급력을 넘어서는 다양한 관심과 논의가 이뤄지고 있다. 국내에서는 '스포츠 외교'라는 이름으로 주로 국제스포츠경기의 유치 및 국제 스포츠계에서의 분쟁 시 우위를 점하고자 하는 차원에서의 논의가 국제스포츠의 주류를 이루어 왔으나, 이제 OECD 개발원조위원회DAC 회원국으로서 ODA의 일환으로 공공외교적 측면의 스포츠 활용으로 그 논의의 장이 확대될 필요성에 대한 인식이 공고해지고 있다. 올림픽을 중심으로 한

스포츠 외교는 이제 공공외교 영역에서도 정부와 초국가적 기구, 시민사회와 상업적 기업들까지 연계된 다양한 이익집단이 함께 공존하는 외교 Multi-Stakeholder Diplomacy1)로 설명되고 있다.

이러한 시점에서 국제 스포츠 활동과 관련된 연구의 기초자료의 일환으로 IOC의 현황과 역할을 개략적으로나마 살펴 볼 수 있는 본 챕터가 향후 IOC와 스포츠 그리고 연관된 다양한 국제 활동에 참여할 연구자와 전문가들에게 조금이나마 도움이 되었으면 하는 바람이다.

II. IOC 성립의 배경 및 발전과정

1. 근대 올림픽의 부활과 근대적 스포츠 행정기구의 탄생

IOC는 1894년 피에르 드 쿠베르탱 Pierre de Coubertin과 국제 체육인 및 체육 교육 지지자들의 친교 모임을 통해 처음 주창되었다.2) 애초에 이들은 쿠베르탱이 초청한 연회 형식의 모임에서 분위기를 맞춘다는 생각으로 고대 올림픽을 부활시키고자 하는 그의 제안에 응했을 뿐이라고 하지만, 사실은 사전에 이미 고대 올림픽의 부활을 위한 모임의 결성을 치밀하게 계획한 쿠베르탱에 의해 현실화될 수 있었다고 한다.3)

고대 올림픽은 기원전 776년부터 서기 395년까지 매 4년마다 그리스를 위시한 당시의 도시국가들이 올림피아에 모여 신 제우스에게 바친 경기를

---

1) Aaron Beacom, *International Diplomacy and the Olympic Movement: The New Mediators*(2012).

2) Jean-Loup Chappelet and Brenda Kuebler-Mabbott, *The International Olympic Committee and the Olympic System* (Routledge, 2008), p.295.

3) 주디스 스와들링, 『올림픽 2780년의 역사』(효형출판, 2004), pp.181-185.

통한 제전이었다. 고대 올림픽이 폐지된 이후에도 마을 단위, 때로는 도시 단위로 '올림픽' 이름을 붙인 크고 작은 경기대회는 유럽의 여러 지역에서 지속되어 왔다.4) 이렇듯 여기저기에 사용되었던 올림픽 경기는 쿠베르탱과 근대 스포츠의 지원자들을 통해 1896년 아테네에서 최초의 근대 올림픽으로 정식 부활했다. 당시 쿠베르탱은 보불전쟁에서 패배한 프랑스의 사기진작을 위해 영국 교육의 우수성에 주목하고, 이러한 교육의 바탕에는 체육을 통한 신체 단련이 크게 영향을 미쳤다고 생각했다. 이후 여러 위원장을 거쳐 20년간 IOC 위원장을 지낸 미국인 애버리 부룬디지^{Avery Brundage}가 "올림픽 운동은 피에르 드 쿠베르탱이라는 선지자가 만든 하나의 종교와 다름없다"고 이야기 했을 만큼, 지금의 근대 올림픽의 탄생에 있어 쿠베르탱의 역할은 매우 중요했다. 국제올림픽위원회는 아테네에서 근대 올림픽경기가 시작된 지 2년 후, 쿠베르탱을 중심으로 했던 국제체육인회의^{International Athletic Conference} 5)가 발전·변화되어 구성되었다.

설립 당시의 IOC는 지금의 기준으로 볼 때, 국제비영리기구였으나, 실력 있는 각국의 아마추어 선수들의 경쟁을 통한 경기 자체의 수준향상과 미디어를 통한 중계기술의 발달이 맞물려 차츰 수익을 창출할 수 있는 기능과 역할 중심으로 크게 재정적 흑자를 보게 되었고, 현재에 이르러서는 초국가적 기업과 같은 성격을 내포하게 되었다. 즉 비영리기구로서의 기구적 형태와 상업적으로 효용이 커져버린 스포츠 경기관련 콘텐츠의 지속적인 확대재생산 역량이 상호 모순적인 형태로 함께 공존하고 있으며, 이러한 점은 IOC의 여러 활동에 대한 국제사회의 다양한 비판을 불러일으키고 있다.6) 상업적인 부분과 별도로, IOC에 대한 비판의 또 다른 한 축으로서 정치적인 비민주성을 들 수 있는데, 이는 IOC 내의 의사결정 구조와 관련된 문제이다. 설립 당시의 시대상을 반영하듯, 유럽의 상류층 남성이 대부분이었던 국제

---

4) 주디스 스와들링(2004), pp.187-191.

5) 주디스 스와들링(2004), p.184.

6) Globalizing Sport(2009), p.35.

체육인회의의 회원 구성은 점차 시간이 흐르면서, 위원 구성에 있어서 여성 인권의 신장과 개방, 개혁의 국제사회의 분위기를 무시할 수 없게 되었고, 이에 따라 1981년 첫 여성 IOC 위원을 임명한 이래, 2014년 현재에는 총 24명의 여성[7] IOC 위원이 활발히 활동하고 있다. 하지만 '스포츠계 추기경단'[8]이라 불리며 IOC 헌장의 수정과 같은 막강한 의사결정 권한을 가지고 있는 IOC 조직위원회 집행위원 15명에는 1990년에서야 처음으로 여성 집행위원이 포함되었으며, 1997년에 이르러서야 최초의 여성 부위원장이 선출되었다. 이는 여전히 IOC가 유럽 중심의 상류층 남성 IOC 위원들에 의해 주도적으로 운영된다는 것을 반증하고 있으며, 여타 국제기구에 비해 상대적으로 '보수적'이고 '폐쇄적'인 성향을 유지하고 있다고 평가받는 이유이기도 하다.

올림픽과 관련된 이슈를 연구하는 많은 학자들은 IOC를 중심으로 하는 올림픽 운동과 유엔 회원국들을 중심으로 하는 국제정부간기구의 활동을 비유하기도 한다. 또 다른 측면에서 앞서 언급한 바와 같이 IOC는 젊은이들의 교육을 위하여 일한다는 이상적인 가치하에, 글로벌적인 축제의 장을 만들고 스포츠 스타들을 양산하며, 광고수익과 더불어 기업들의 수익증진과 나아가 기구 자체의 수입을 창출하고 있다는 측면에서 초국가적 기업에 비유되기도 한다. 다음 절에서는 이렇듯 다양한 측면에서 글로벌 스포츠 거버넌스의 핵심으로써 영향력을 발휘하는 주요 스포츠 기구인 IOC를 근대행정기구로서 어떻게 이해할 수 있을 것인지 살펴보기로 하겠다.

---

7) www.olympic.org IOC member list 참고.
8) Globalizing Sport(2008), pp.34-35.

2. 올림피즘[9]과 올림픽 운동

1) 올림피즘과 올림픽 헌장(Olympic Charter)[10]

IOC에 따르면 쿠베르탱이 올림픽 운동을 통해 실현시키고자 했던 올림피즘은 다음과 같이 정의된다.

> "올림피즘은 신체와 정신, 그리고 마음의 모든 가치를 표현하고, 상호 결합시키는 균형적 활동을 통해 구현되는 삶의 철학이다. 스포츠를 문화와 교육에 접목시켜서 올림피즘은 삶의 기쁨을 추구하고, 좋은 사례를 통한 교육적 가치를 발견하며, 초 인류적인 윤리적 원칙을 준수할 수 있도록 도움으로써 새로운 삶의 방식을 찾아가는 것을 의미한다."[11]

올림픽 헌장은 올림피즘의 구현을 위한 IOC의 역할을 구체적으로 명시하고 있는데, 이는 대체로 다음과 같이 정리할 수 있다.

- 스포츠를 통해 윤리의식을 증진시킬 수 있도록 지원하고, 스포츠를 통한 청소년 교육으로 페어플레이정신의 함양을 도모함
- 스포츠와 스포츠경기를 운영하고 관리하는 기관의 발전을 지원함
- 정기적인 올림픽경기의 조직과 운영을 지원함
- 스포츠를 통한 인류의 발전에 기여하는 국제사회의 다양한 핵심 활동 주체들과 연대, 인류의 평화 증진에 기여함
- 올림픽 운동의 연대와 독립성을 강화하기 위한 행동에 참여함

---

9) www.Olympic.org/olympism-in-action 참고.

10) www.Olympic.org/olympism-in-action 참고(올림픽 헌장 전문 포함).

11) Olympic Charter, Fundamental principles, paragraph 2, *"Olympism is a philosophy of life, exalting and combining in a balanced whole the qualities of body, will and mind. Blending sport with culture and education, Olympism seeks to create a way of life based on the joy found in effort, the educational value of good example and respect for universal fundamental ethical principles."*

- 올림픽 운동에 영향을 미치는 모든 차별에 반대함
- 모든 차원에서의 여성의 스포츠참여를 장려하고 지원하며, 모든 관점에서 구조적으로 남녀차별의 철폐를 지원함
- 스포츠에서의 도핑 퇴치 지원함
- 선수들의 건강증진을 위한 관리 지원함
- 스포츠와 스포츠인을 모든 정치적 상업적 위해로부터 보호함
- 스포츠 기구와 공공기관들이 그들의 사회적, 전문적 차세대 선수들을 양성하는 것을 지원함
- 모두를 위한 스포츠발전을 지원함
- 환경문제에 대한 책임을 다하고, 지속가능한 발전을 스포츠에 접목시킬 수 있도록 올림픽 경기나 올림픽 연계된 활동들이 할 수 있는 지원을 강구함
- 올림픽 유치 도시와 국가에 경기 후 긍정적인 유산을 남기도록 지원함
- 스포츠를 문화, 교육 등과 연계하는 방안을 모색함
- 국제올림픽아카데미International Olympic Academy: IOA와 올림픽교육을 위해 활동하는 여타 기관들을 지원함

올림픽 헌장은 올림피즘에 대한 바른 이해에 기반을 둔 올림픽 운동을 통한 이상의 실현을 목표로 한다. 따라서 올림픽 헌장은 올림피즘의 명문화 양식이며, 이러한 철학적 이상은 올림픽 운동을 통해 구현된다고 할 수 있다. 올림픽 운동에 있어서의 올림피즘과 올림픽 헌장의 관계는 단순한 이상적 가치와 규범 사이가 아닌, 올림픽 운동의 근본적인 토대이자 이의 실현을 위한 절대적이고 구체적인 잣대의 의미를 지닌다고 볼 수 있다.

2) 올림픽 운동

올림픽 운동은 스포츠를 통한 청소년의 교육으로 차별의 철폐, 우정 연대 그리고 페어플레이정신의 고양을 추구하며, 이러한 활동의 확산으로 보다 나은 세상을 위한 평화의 증진에 기여하는 것을 목표로 한다.[12] 따라서

IOC가 존재하는 이유이자 올림픽과 관련된 모든 파급효과를 아우르는 '행위와 의지의 집합체'라 할 수 있다.

올림픽 운동은 구체적으로 다음과 같은 활동을 포함한다고 명시하고 있다.

- 국가와 국제스포츠기관을 통해 스포츠와 스포츠경기를 증진하는 매개체의 역할
- 공공, 민간단체와의 협력으로 스포츠를 인류의 보편적 활동으로 정착시키는 역할
- '모두를 위한 스포츠Sport for All'에 대한 지원
- 스포츠의 모든 영역에서 여성의 참여를 증진시키고, 남녀평등의 실현을 도모
- 스포츠와 스포츠인의 지나친 상업화에 반대
- 도핑과의 전쟁
- 스포츠 윤리의식과 페어플레이 정신 증진
- 환경문제에 대한 경각심 제고
- 올림픽 솔리더리티Solidarity를 통한 저개발국의 경제적 교육적 여건 지원

IOC는 올림픽 운동의 확산과 계승을 목표로 올림픽 헌장의 범위 내에서 여러 국제 스포츠 기관들뿐 아니라 엘리트선수와 코치 및 팬을 포함하는 개인들과의 유대를 강화하고 있다.[13] 물론, 이 경우에 각 개인은 올림픽 운동과 연관된 단체에 소속되어야 함을 원칙으로 하며, 따라서 올림픽 운동에서 개인의 역할을 공식적으로 부여하는 경우는 IOC 위원으로 제한되어 있다.

---

12) www.olympic.org IOC organization 참고.

13) Jean-Loup Chappelet and Brenda Kuebler-Mabbott, *The International Olympic Committee and the Olympic System*(Routledge, 2008), p.301.

올림픽 솔리더리티

IOC는 변화하는 현대 사회에 맞는 올림피즘의 적용을 위해 솔리더리티를 통해 다양한 프로그램을 운영하고 있다. 올림픽 솔리더리티의 목적은 국제스포츠의 발전을 위해 올림픽을 통해 조성된 수익금을 적절히 재분배하는 데에 있다. 특히 올림픽 솔리더리티 프로그램은 스포츠의 보급(발전)이 필요한 국가들을 지원하고 그들이 올림픽 패밀리로서 행복할 수 있도록 하는 것을 목표로 한다.

예시) 2009년부터 2012년 올림픽 솔리더리티 월드 프로그램

대상	지원 프로그램
선수	- 올림픽 장학금 제도(2010 밴쿠버 OG, 2012 런던 OG) - 스포츠팀 보조금 지원 - 대륙별 및 지역별 대회 참가 지원 - 청소년 올림픽(YOG) 대회 참가 지원
코치	- 코치의 기술 트레이닝 과정 지원 - 올림픽 장학금 제도 - 국가적 코치 구조의 개발 지원
NOC	- NOC 행정 지원 - 스포츠 행정가를 위한 국가 교육 코스 지원 - 스포츠 경영을 위한 국제 경영 교육 코스 지원 - NOC 교환 근무 지원
올림픽 가치 증진	- 스포츠 의학 - 스포츠와 환경 - 스포츠와 여성 - Sport for All - IOA - 문화 및 교육 - NOC 유산

III. IOC의 글로벌 거버넌스

IOC가 지니고 있는 국제 비정부기구로서의 성격 중 하나는 비영리성이다. IOC를 포함한 IOC 거버넌스 내의 조직들은 해당 국가의 입법 테두리 안에서 비영리기관으로 규정되어 있다.[14] 그럼에도 불구하고, 지난 30여 년 동안 IOC와 그 거버넌스하의 조직과 기구들은 유럽연합European Union: EU 등의 국가연합체나 국가간기구를 비롯한 다국적 기업, 혹은 국내기업들과의 마케팅 스폰서 연계 그리고 전 세계적으로 여러 종목에 걸쳐 있는 프로 리그의 발족과 발전을 통해 지속적으로 수익이 창출될 수 있는 양질의 스포츠 콘텐츠 제공자로서의 역할과 위상을 유지하고 있다. 또한 이러한 거버넌스 체계를 통해 올림픽 운동의 목표와 의미가 전파되고 있으며, 이러한 과정의 이해를 위해 IOC 내부 조직들의 구조와 역할을 이해할 필요가 있다.

〈그림 1〉	글로벌 스포츠기구의 거버넌스 모델

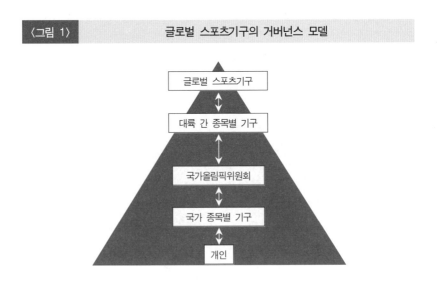

14) Jean-Loup Chappelet and Brenda Kuebler-Mabbott(2008), p.334.

1. IOC의 목표

IOC는 올림픽 정신^{Olympism}에 기반을 둔 올림픽 경기와 그 외의 다양한 국제 활동을 통해 올림픽 운동^{Olympic Movement}의 가치를 확산하고 이를 통한 인류의 평화와 발전에 이바지하는 것을 그 목표로 하고 있다. 이러한 올림픽 운동의 목표는 올림픽 헌장을 기반으로 하며, 올림픽 철학에 기초하고 있다. IOC는 이러한 올림픽 운동의 최고 권위를 가지는 기관이며, 모든 올림픽 패밀리 네트워크의 중심이 되어 상호간의 협력을 도모[15]하는 역할을 한다.

2. IOC의 조직구성

1) 의사결정체계

IOC는 크게 행정조직으로서 운영업무를 관장하는 파트와 의사결정구조로서 이사회의 역할을 하는 IOC 위원들로 구성된다. 다른 국제기구와 달리 IOC의 행정부는 사실상 각 IOC 위원들이 개별 위원회를 통해 회의하는 의사결정 과정에 참여하지 않는다는 특징을 가지고 있다.

(1) 행정조직

이들의 역할은 올림픽 패밀리들 간의 협력을 증진시킬 수 있도록 촉매제의 역할을 하면서 IOC와 연계된 여러 조직 간의 코디네이팅을 주로 한다. 이들은 IOC 위원장에 의해 임명된 사무총장의 지휘 아래서 각 세부영역의 담당 책임자를 두고 올림픽과 연관된 기술과 정보관련 업무나 법적 문제, 올림픽 박물관의 운영과 솔리더리티 프로그램 운영 등을 업무로 삼는다. 최근 들이 유엔과의 협력이 더욱 깊어지면서, 뉴욕의 유엔본부에 파견의 형대

---

15) www.Olympic.org/about-ioc-institution 참고.

로 유엔 출신 직원을 배치하는 등, 새로운 형식의 업무 영역에 대한 전문가들이 소수 영입되고 있는 추세이나, 유엔 및 산하 국제기구 등과 같이 직원 선발의 구체적인 프로세스가 노출되어 있지는 않은 실정이다.

(2) IOC 위원(member)

IOC 위원장을 중심으로 개별 IOC 위원들은 각각 자신의 나라에서 IOC를 대표한다.[16] 그들이 IOC에 파견된 각국의 사절단이 아니라는 점에서, IOC와 유엔의 차이가 극명하게 드러난다고도 할 수 있다. 유엔에는 각 나라를 대표한 주유엔 대사들이 파견을 나가 있다. 새로운 멤버는 IOC 총회에서 선출되며, 각각의 후보자들은 IOC 후보자 선발위원회의 심사를 거친 뒤, 집행위원회에 보고된다. 이후 집행위원회가 자신들의 제안서를 총회에서 표결에 부치고, 비밀투표를 거쳐 최종 인사가 이루어진다.

IOC 위원의 규모적 측면에서, 1999년 12월 12일을 기준으로 IOC 위원들

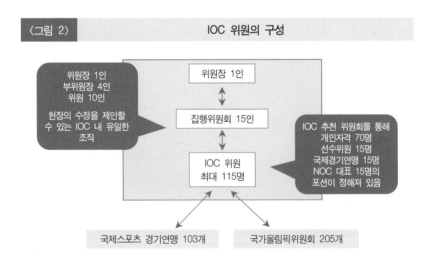

〈그림 2〉　　　　　　　　　　IOC 위원의 구성

---

16) Olympic Charter 2013, Rule 16.

의 수가 115명으로 제한되었으며, 이는 개인회원 70명, 15명의 선수위원, 15명의 국제스포츠연맹International Federations: IFs 리더들, 그리고 15명의 국가올림픽위원회National Olympic Committee: NOCs 대표를 포함한다. 2014년 7월 현재, 106명이 위원직을 유지하고 있으며, 여기엔 토마스 바흐 위원장이 포함된다. IOC 위원의 임기는 8년이며, 재임될 수 있다. 정년은 70세로 제한되어 있으나, 1966년 이전 임명된 위원에게는 영구직 원칙이 적용되며, 1967년부터 1999년까지 선출된 위원에게는 80세의 정년이 적용된다. IOC 위원들은 매년 만나서 올림픽경기와 관련된 개최국 선정이나 IOC 위원장, 부위원장 선출 등과 같은 현안들에 대하여 논의한다. 지금까지 IOC 위원장을 지낸 인사들과 그들의 임기는 〈표 1〉과 같다.

〈표 1〉	역대 IOC 위원장과 임기	

이름	국적	임기
드미트리우스 비켈라스(Demetrius Vikelas)	그리스	1894~1896
피에르 드 쿠베르탱(Pierre de Coubertin)	프랑스	1896~1925
앙리 드 바리에 라투르(Henri de baillet-Latour)	벨기에	1925~1942
지그프리드 에드스트롬(J. Sigfrid Edström)	스웨덴	1946~1952
에이버리 브런디지(Avery Brundage)	미국	1952~1972
마이클 모리스(Machael Morris)	아일랜드	1972~1980
후안 안토니오 사마란치(Juan Antonio Samaranch)	스페인	1980~2001
자크 로게(Jacques Rogge)	벨기에	2001~2003
토마스 바흐(Thomas Bach)	독일	2013~현재

2) 국가올림픽위원회(National Olympic Committee: NOCs)

국가올림픽위원회는 각 국가지역에서 IOC를 대표하는 성격을 띠고 있다. 그럼에도 불구하고, IOC는 이들 국가올림픽위원회의 연합으로 이루어진 조

직이 아니며, 따라서 법적으로 이들 국가올림픽위원회들은 독립적인 성격을
띤다. IOC는 이들을 개별 조직으로 인정하며, 이들에게 각 국가로부터 우수
한 선수들이 올림픽경기에 출전할 수 있도록 돕는 역할을 부여한 것으로
볼 수 있다.17) 국가올림픽위원회는 올림픽경기에 대한 일정 정도의 권리를
부여받고 이를 국제올림픽위원회 내의 올림픽 솔리더리티를 통해 전달받는
다는 특징을 보이고 있다. 국가올림픽위원회는 경우에 따라서 해당국가의
보조금을 지원받기도 하지만, 이 경우에 있어서도 이들 조직의 독립성은 보
장되는 것을 원칙으로 한다. 국가올림픽위원회는 영국의 경우를 제외하고는
국가스포츠연맹의 총연합회로서의 임무를 지니고 있다. 1980년 이래 국가
올림픽위원회들의 연합회Association of NOCs: ANOC가 구성되었고, 이는 올림픽
솔리더리티에 의해 재정을 지원받는 다섯 개의 대륙별 연합을 포함한다. 이
들 중 세계의 지역은 지역별 경기를 주관한다.18)

3) 올림픽조직위원회
(Organizing Committees of the Olympic Games: OCOGs)

올림픽조직위원회는 올림픽 운동에서 IOC 다음가는 주요 조직이라 할 수
있다. 비록 하계와 동계 올림픽을 준비하고 치러내는 약 10여 년 동안 유지
되는 일시적인 조직이긴 하지만, 올림픽 유치와 더불어 수개월 내에 국가올
림픽위원회와 정부의 주도하에 자체적으로 예산을 편성하고 올림픽 수익을
창출하는 것을 담당하는 주요 역할을 맡고 있다.19) 따라서 IOC는 기본적으
로 3~4개의 각기 다른 올림픽조직위원회와 상시 업무를 조율하면서 향후
개최될 올림픽 경기를 준비한다.

---

17) Jean-Loup Chappelet and Brenda Kuebler-Mabbott, *The International Olympic
Committee and the Olympic System*(Routledge, 2008), p.314.
18) 이들 지역은 범아메리카와 아시아, 그리고 아프리카로 각기 범아메리칸게임, 아시안
게임, 그리고 아프리칸게임을 조직하고 개최한다.
19) Jean-Loup Chappelet and Brenda Kuebler-Mabbott(2008), pp.301-308.

4) 국제스포츠연맹(International Federations: IFs)

국제스포츠연맹은 IOC와 OCOGs의 뒤를 이은 세 번째 주요 국제스포츠 조직으로 해당 종목의 스포츠를 국제적인 차원에서 관리한다. 하계나 동계 올림픽의 지정 종목의 경우와 그렇지 않은 경우가 있으며, 어떤 종목의 경우는 IOC가 아닌 국제스포츠 경기연합(General Association of International Sports Federations: GAISF20)에 소속되어 있기도 하다.21) 올림픽 운동에 참여하는 IFs들의 경우, 자신들 종목에 대한 방송 중계권과 마케팅 권리의 일부를 부여받을 뿐만 아니라, IOC를 통해 일정 정도의 보조금을 지원받는다. 그러나 IFs의 활동과 역할이 올림픽에만 국한되는 것은 아니며, 이들은 자체적으로 세계선수권대회와 같은 행사를 개최하여 주 수익원으로 삼고 있다.

5) 국가스포츠연맹(National Federations: NFs)

국가스포츠연맹은 해당국가 내 각 종목별 연합을 주도하고, 이러한 조직을 통해 선수들에게 합당한 자격을 부여하는 역할을 한다. 이러한 국가스포츠연맹은 국가올림픽위원회와 국제스포츠위원회로부터 인정되는 경우가 대다수이나 그렇지 못한 경우도 있으며, 이 경우 해당 종목의 선수는 올림픽경기에 출전할 수 없다.22)

---

20) 1967에 설립된 GAISF는, IOC에 의해 인정되는 기관이기는 하나 올림픽 운동에 참여하지 않는다.

21) 2008년의 경우 동계, 하계 올림픽 정식 종목의 IFs가 35개, 그렇지 않은 경우가 29개였으며, IOC가 아닌 GAISF에 가입된 경우도 35개 종목이 이르렀다. Jean-Loup Chappelet and Brenda Kuebler-Mabbott(2008).

22) Jean-Loup Chappelet and Brenda Kuebler-Mabbott(2008), p.325.

IV. IOC의 주요 네트워크

1. 국제스포츠중재재판소(The Court of Arbitration for Sport: CAS)

CAS는 1983년 IOC에 의해 설립되어, 1984년 그 활동을 시작하였다.[23) CAS는 중재를 통해 국제스포츠 분쟁을 해결하고자 하는 목적에서, 상대적으로 오랜 시간이 걸리며 고비용인 국가사법재판의 틀을 넘어서서, 올림픽 체계 이해의 편의를 도모하기 위해 설립되었다. CAS의 경우 국제상공회의소의 중재법원을 모델로 하였으나, CAS는 국제기업들과 스포츠기구들 간의 분쟁보다는 개별선수들과 그들의 연맹 간의 분쟁을 더 많이 다룬다는 차이점을 보이고 있다.[24)

2. 국제반도핑위원회(The World Anti-Doping Agency: WADA)

WADA는 IOC에 의해 개최된 1999년 2월 '스포츠에서의 도핑' 세계회의의 결과로 제안되어 그해 12월 로잔에 설립되었다. 당시 '스포츠에서의 도핑' 세계회의는 1998년의 투어 드 프랑스 경기에서 팀 전체가 조직적으로 도핑을 해 온 문제가 불거지면서, 이에 대한 스포츠계의 각성 측면에서 대책을 수립하기 위해 설립되었다. WADA의 목표는 국제사회에서 도핑을 규제혹은 퇴치하기 위한 정책의 진흥과 중재, 그리고 관리에 있다. 올림픽 운동과 전 세계 정부의 공동 투자로 구성되어 재정적으로 지원을 받고 있고, 세계 반도핑 코드를 개발하여 전 세계에서 도핑 관련 이슈의 평화 정착에 기여하고자 한다.

---

23) *Ibid.*, p.474.
24) *Ibid.*, p.482.

3. IOC 윤리위원회(The IOC Ethics Commission)

IOC 윤리위원회는 1999년, 당시 여러 IOC 위원들이 연루된 것으로 알려진, 솔트레이크시티 동계 올림픽 유치와 관련된 스캔들 문제의 해결을 위해 구성되었다.[25] 위원회는 최신 윤리규정을 명시하고 윤리강령을 수립하며, IOC 위원을 비롯한 NOC와 올림픽 유치 후보지 등에 대한 부정의혹이 제기되거나 신고될 시에 사안에 대한 조사를 맡게 된다. 2001년 새로운 IOC 위원장이 선출된 후, IOC 윤리위원회는 IOC 내에서 올림픽 체계의 유지와 관리를 위해 다섯 명의 IOC 위원을 제적하거나 사임시키고, 이외의 여럿에 징계를 부여하면서, IOC 내에 중요한 기구로 떠오르게 된다. 위원회는 총 9명으로 구성되는데 이들 중 IOC 위원은 4명 이하로 제한된다. 이외의 인물은 국제적으로 저명한 외부 인사로 구성해야 한다.[26] 그러나 이러한 자구적인 윤리적 기준의 설정에도 불구하고, IOC 윤리위원회라는 이름에서 알 수 있듯이 여전히 위원회가 IOC에 예속되어 있다는 한계를 지니고 있다는 점을 주지해야 한다.

4. IOC와 국가

1960년대 이후 유럽 국가들의 여러 식민지들이 독립을 하면서 올림픽에 참여하는 것이 유엔의 회원국이 되는 것 이상으로 해당국가의 독립주권을 확인시켜주는 상징성을 가지게 되었다(남북한의 유엔동시가입 역시 1988년 서울올림픽 이후). 올림픽의 개·폐막식에 참여하는 선수단의 모습이 해당 국가의 존립과 독립주권을 200여 개 가까이 되는 전 세계의 국가들에 알리는 매우 평화적이고 긍정적인 매체로서의 역할을 하였다.

---

25) *Ibid.*, p.509.
26) *Ibid.*, p.517.

국가올림픽위원회와 해당 국가의 정부는 국가스포츠정책의 수립과 이행에 있어 긴밀하게 연결되어 있는데, 국가올림픽위원회의 특정 역할을 법으로 규정한 경우로는 프랑스와 미국, 호주와 스위스의 예를 들 수 있다.[27] 그러나 대부분의 국가의 경우에는 그 운영예산 지급 체계 등을 미루어 볼 때, 해당 정부에 예속되어 있다고 할 수 있다. 이는 많은 개발도상국들의 수상을 비롯한 정부 관료가 국가올림픽위원회의 행정운영 책무를 맡고 있는 경우 등을 통해 알 수 있는데, 사실 이러한 상황은 올림픽 헌장이 지향하는 정신에 매우 반하는 것이라고 할 수 있다. 올림픽 헌장은 국가올림픽위원회가 그들의 독립성을 유지할 수 있어야 하며, 이는 정치, 종교, 법, 경제를 포함한 어떤 형태의 압력에도 저항할 수 있도록 해야 한다는 점을 명시하고 있다.[28] 그러나 현실적으로는 IOC가 이런 국내 정치의 개입으로 인해 국가올림픽위원회를 제명하는 등의 조치를 취한 경우는 거의 없다고 볼 수 있다.

그러나 올림픽 헌장의 정신에 따라 국가올림픽위원회의 독립성을 유지시켜주고자 하는 노력은 계속되고 있고, 이는 올림픽 솔리더리티가 재정자립도가 낮은 국가올림픽위원회의 운영비와 인적자원교육비 등을 지원하는 것을 통해 알 수 있다. 또한 IOC는 TOP 스폰서 마케팅 프로그램을 통해 해당 국가의 스폰서 마케팅에 대한 권한을 국가올림픽위원회에 부여하여 이들로 하여금 재정적 지원을 통해 우수한 선수들을 올림픽 경기에 출전시킬 수 있도록 돕고 있다.

올림픽게임조직위원회를 중심으로 해당 국가와 이를 둘러싼 여러 조직들의 긴밀한 연계가 올림픽 게임의 성공적 개최를 통한 올림픽 운동 발전의 동력이 된 현 시점에서 이러한 네트워크의 확장에 따른 다양한 힘의 개입은 불가피해졌다. 이러한 현상은 1894년 쿠베르탱이 IOC를 처음 창립했을 당시, 이미 예견되었으며, 그가 올림픽관련 모든 일을 IOC 주도하에 두고자 했던 것은 올림픽 헌장 등을 통한 정치의 배제원칙을 통해서도 알 수 있다.

---

27) Jean-Loup Chappelet and Brenda Kuebler-Mabbott(2008), p.376.
28) 올림픽 헌장 28.2.6.

실제 IOC가 국가의 존재를 인식하고, 올림픽 운동에서 국가의 힘을 인지하기 시작한 것은 1970년대에 들어 아파르트헤이트 등의 이슈로부터 1972년 뮌헨 올림픽과 1976년 몬트리올 올림픽에서의 보이콧 이슈를 통해서라고 해도 과언이 아니다.

5. IOC와 유엔(UNESCO와 UNOSDP)

올림픽 경기에서 아파르트헤이트와 같은 이슈가 제기되고, 보이콧과 같은 국가 차원의 외교적 의사표명이 이루어지기 시작한 1970대 말에서 1980년대 초는 유엔에서도 제3세계에 대한 관심이 크게 확장되고 있던 시기였다. 따라서 일례로 UNESCO 같은 경우는 1978년 처음으로 회원국가의 수상과 체육교육 및 스포츠 정책 관련 상급 공무원들의 모임인 MINEPS Ministers and Senior Officials Responsible for Physical를 개최하고, 체육교육과 스포츠에 관한 국제헌장International Charter of Physical Education and Sport을 채택하였다. 이후 IOC와 유엔의 연계는 유엔이 MDGs을 설정하고 이를 위한 글로벌 네트워크의 강화와 더불어 스포츠를 통한 평화와 개발을 글로벌 아젠다화하면서 본격화되기 시작했다.

유엔 산하기관의 입장에서 보자면, IOC가 관장하고 있는 스포츠 영역은 UNESCO의 교육 및 문화 영역과 상당히 밀접한 협력이 필요한 상황이다. 그러나 UNESCO는 이미 기존의 많은 사업과 네트워크로 '스포츠'를 통한 국제사회의 개발과 평화유지 등의 이슈에 집중할 수 없는 상황이다. 이에 유엔은 UNOSDP UN office for Sport Development and Peace 사무소를 제네바 유엔 본부에 구성하고, IOC와의 협력관계를 통한 MDGs 달성의 시너지를 극대화하는 데 집중하고 있다. UNESCO는 기존의 국가차원의 결의안 동의 등의 이사결정을 담당하고, UNOSDP는 각 분야 전문가 집단을 중심으로 하는 산하 실무그룹working group을 구성하여 국가 산하 세부 기관과 각 스포츠경기 조직위원회 그리고 민간단체 등과의 직접적인 교류와 협력을 이끌어내는 것으로 그 역할을 구분한 것으로 보인다.

IOC의 글로벌 파트너

유엔-MDGs의 달성을 위해 IOC와 유엔은 서로 다른 국가들을 하나로 통합할 수 있는 스포츠의 특성을 활용해 지역의 발전에 기여할 수 있는 계기를 만들고자 했다. 따라서 IOC는 유엔을 비롯한 다양한 글로벌 NGO 단체들과 협력하여, 해당 국가 내지는 지역의 사회 문제를 해소하고 완화시키는 기구로서의 역할을 하고자 한다. MDGs와 스포츠가 연계되는 영역으로는 인간개발, 교육, 남녀평등, 건강, 환경, 평화의 가치실현 등으로 집약될 수 있다.

V. IOC의 재정과 활동영역

1. IOC의 재정

국제올림픽위원회는 재정적으로 100% 자체적 충원을 하고 있다. 올림픽 경기의 미디어방송중계권 판매수익과 전 세계적 스폰서 프로그램인 'The Olympic Programme^{TOP}' 프로그램이 있고, 이외에도 IOC공식 라이선스 프로그램이 있다. 〈그림 3〉은 IOC의 주요 프로그램들을 통한 IOC와 OCOGs의 4년의 올림픽 주기 동안의 수익을 분석한 것이다.

다음과 같이 IOC는 다시 NOCs와 IFs 그리고 OCOGs에 수익을 보조금 형태로 지원한다.

IOC는 수익의 90% 이상을 다시 올림픽 운동을 위해 하부 유관기관의 보

〈그림 3〉	올림픽 마케팅 수익[29]

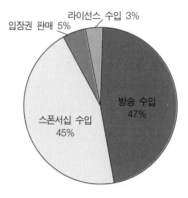

〈그림 4〉	IOC의 재정수익 배분[30]

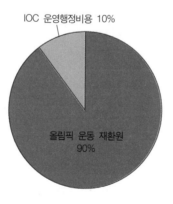

---

29) http://www.olympic.org/ioc-financing-revenue-sources-distribution?tab=sources
참고.

30) http://www.olympic.org/ioc-financing-revenue-sources-distribution?tab=sources
참고.

조금 형태로 지원하고 있다. IOC 자체의 운영비로는 10% 미만의 수익을 활용하고 있으며, 전체 올림픽 운동의 기획과 관리를 위해 사용하고 있다.

1) IOC와 미디어

올림픽 거버넌스와 미디어의 관계는 처음 올림픽 중계권이 매매가 논의되기 시작한 1960년대로 거슬러 올라간다. 그러나 실질적으로 이러한 거래가 의미 있는 성과를 거둔 것은 1970년대를 거쳐 1980년에 이르러서이다. 1972년 뮌헨올림픽과 삿포로 올림픽에서 올림픽경기조직위원회는 처음으로 방송중계권과 스폰서에 의한 거대한 수익을 거두게 되었다.[31] 뿐만 아니라, 국가올림픽위원회도 자체 마케팅을 통한 수익을 거둘 수 있게 되어 그들 자국의 올림픽 팀을 유지할 수 있었다. 비슷한 시기에 국제스포츠연맹 역시, 각국의 스폰서들과 계약을 맺기 시작하였다.

IOC의 미디어 정책은 기본적으로 올림픽 헌장에 다음과 같이 명시되어 있다.

> "IOC는 가능한 한 많은 방송을 통해 올림픽경기가 중계되어 대중들에게 보일 수 있도록 필요한 모든 조치를 취한다."[32]

이러한 정책의 일환으로 IOC는 자체 올림픽방송서비스Olympic Broadcasting Service: OBS를 구축했고, 앞으로 영구적으로 올림픽 방송을 송출하는 것을 그 목표로 하게 되었다.

유럽방송조합European Broadcasting Union: EBU은 1956년부터 IOC와 긴밀한 관계를 유지하면서 올림픽 게임을 회원국에 전파해왔으며, 1992년에 이르러서는 동유럽으로의 중계까지 담당하게 되었다. 미국의 아메리칸방송사 American Broadcasting Corporation: ABC의 경우 1964년부터 1988년 서울 올림픽까

---

31) Jean-Loup Chappelet and Brenda Kuebler-Mabbott(2008), p.410.
32) 올림픽 헌장 참고.

지 미국 전역의 하계올림픽 방송중계를 맡아왔고, 이는 1992년부터 2012년까지 미국의 내셔널방송사National Broadcasting Corporation: NBC로 이전되어 더 많은 수익을 창출하였다.33) IOC로부터 권한을 부여받은 방송사는 각각 스폰서를 통해 개별 방송의 광고수익을 얻을 수 있게 되면서, 이들의 영향력은 TOP 프로그램 내에서도 절대 무시할 수 없는 수준이 되었다.

올림픽 운동에서 미디어 방송의 원칙은 다음과 같다.

- 올림픽 운동과 올림픽 경기를 재정적으로 지원함
- 올림픽의 인기를 증진시킴
- 올림픽 경기와 올림픽의 가치를 전 세계에 알리고 증진시킴

2) IOC와 스폰서십

올림픽 경기를 통한 미디어중계권과 스폰서 시장이 활성화되면서, 1985년 IOC는 'The Olympic Programme^TOP'을 시작하였고, 이는 현재의 'The Olympic Partners'의 전신이라 할 수 있다. 이 프로그램을 통해 IOC는 올림픽경기 전후 기간 동안 오륜기의 사용 등과 같은 엠블렘에 연관된(포스터, 마스코트 슬로건 등등) 모든 사물에 대해 사용료를 받게 되었고, 이는 오늘날에 6천만 US달러(한화 약 660억 원)에 이른다.34) 올림픽 스폰서십을 통한 수익이 전체 올림픽관련 수익의 40%를 넘는다는 측면에서만 봐도, 올림픽에서의 기업 스폰서의 힘을 알 수 있다.

IOC와 국제스폰서의 관계가 발전됨에 따라 국제스포츠연맹도 자체적으로 자신들의 경기에 대한 스폰서 프로그램을 발굴하기 시작했다. 이러한 관계를 이미 전 세계적으로 구축한 전례로 IOC 이전에 FIFA(축구)가 있었으며, IOC를 뒤이어 FIBA(농구) 및 IAAF(육상) 등이 그 전례를 따라 급속도로 네트워크를 확대하기 시작했다.35) IOC의 스폰서 프로그램과 이들 국제

---

33) *Ibid.*, p.427.
34) *Ibid.*, p.419.

스포츠연맹의 스폰서 프로그램은 때로는 같은 다국적기업에 의해 지원되기도 하지만, 경쟁관계 기업의 대결구도가 되기도 한다. 예를 들어 코카콜라의 경우, IOC와 여타 종목의 세계선수권대회를 함께 후원하고 있지만, 신용카드 회사인 VISA는 IOC 스폰서인 반면, 경쟁사인 MasterCard는 2006년까지 FIFA를 후원해왔다.

2. IOC의 활동영역

1) 올림픽 경기 ― 동계, 하계

쿠베르탱 남작에 의해 1896년 아테네 올림픽을 시작으로 부활된 올림픽이 제1회 1896년 아테네(그리스)에서부터 2016년 리우데자네이루(브라질)에 이르는 하계 올림픽과 1924년 샤모닉스(프랑스)에서 시작되고 2018년 예정된 평창 동계올림픽으로 이어져오고 있다. 올림픽 경기의 유치가 국제사회에서 국가의 위상을 드높이는 일이 된 것은, 놀랍게도, 그리 오래된 일이 아니다. 미디어를 통한 방송중계권의 판매와 스폰서 마케팅을 통해 얻게 된 경제적 이익은 1984년 LA올림픽과 1988년 서울 올림픽의 개최를 '성공적'으로 평가하게 되었고,[36] 이들 국가의 성공사례를 목도한 세계 각국은 너도나도 올림픽경기 유치전에 뛰어들기 시작했다. 따라서 올림픽경기조직위원회와의 관계설정에 있어서, 정부는 파트너의 입장보다는 '신청자'의 입장을 유지하는 경향이 생겼다.

올림픽 경기는 그야말로, 올림픽 운동의 전부라고 생각하는 사람들이 많을 정도로, 올림픽 운동의 핵심적인 역할을 하는 스포츠 대축제라고 할 수 있다. 최근 메가 스포츠 이벤트라는 영역으로 국제적 스포츠 경기들이 경제적 가치를 중심으로 새롭게 재조명되고 있으며, 올림픽의 경우는 경제적 가

---

35) *Ibid.*, p.436.
36) Jean-Loup Chappelet and Brenda Kuebler-Mabbott(2008), pp.389-395, 402.

치뿐만 아니라, 1990년대의 신생 독립국들이 국가의 위상을 외교적으로 인정받는 것과 같은 정치적 의미를 가지는 점과 팔레스타인과 같은 민족과 타이완 등의 국가의 존재를 세계에 알릴 수 있는 기회가 된다는 측면에서 정치, 외교적 중요성이 증대되고 있는 실정이다. 2008년 베이징 올림픽경기와 2012년 런던 올림픽은 동서양의 각기 다른 역사 문화적 특성을 극명하게 대조해서 보여준 개막식으로 잘 알려지기도 했다.

동, 하계 올림픽과 관련된 많은 미디어 정보와 역사적 자료들은 올림픽위원회의 홈페이지에 매우 잘 담겨져 있으며, 최근 개축된 스위스 로잔의 올림픽 박물관은 최첨단의 인터렉티브Interactive 학습이 가능한 '교육적' 박물관으로 알려져 있다. 우리나라에도 1988년 올림픽을 비롯한 올림픽과 관련된 다양한 자료들이 올림픽 박물관의 전시 형태로 보존되고 있다.

(1) 유스 올림픽(Youth Olympics)

스포츠는 국제적으로나 국내적으로 혹은 지역에서, 아이들의 삶이 건강하게 시작될 수 있도록 하는 데에 기여할 수 있는 매우 효과적인 방법으로 여겨진다. 지금까지의 많은 연구 결과들을 통해 개발의 관점에서 스포츠를 통해 신체적·정신적으로 아이들에게 줄 수 있는 긍정적적인 영향과 효과성이 이미 입증된 바 있다.[37] IOC는 스포츠를 통한 개발과 평화의 증진 측면에서 이러한 스포츠의 가능성을 극대화하는 측면에서 유엔 등과 다양한 협력관계를 모색하고 있다. 아동과 청소년에 대한 IOC 관심은, 그들의 잠재성을 극대화할 수 있는 다양한 통로를 개설해 주고자 하는 노력으로 이어진다. 이는 IOC가 유스 올림픽 게임을 통해 전 세계의 청소년들에게 올림피즘과 사회적 책임, 기술과 발전, 표현과 웰빙 그리고 건강한 생활방식의 문화와 교육프로그램에 기반을 둔 통합을 체험할 수 있도록 하는 것과 관계가 깊다.

유스 올림픽 게임은 청소년 엘리트 스포츠 선수들을 위한 올림픽으로 28

---

37) Sport for Development & Peace, International Working Group(SDP IWG), *Harnessing The Power of Sport for Development and Peace*(2008), p.81.

종목의 경기를 치르는 하계 올림픽과, 8개의 종목으로 이루어진 동계 올림 픽으로 구성된다. 덧붙여 청소년들의 흥미를 유발하고 재미를 증진시키기 위해 3대3 농구와 같은 새로운 종목들을 도입하거나 아이스하키 기술 겨루 기를 비롯한 남녀 혼성팀 구성 등의 새로운 시도를 해보는 것을 특징으로 한다. 스포츠 경기뿐만 아니라, 경기장 밖에서의 다양한 재미와 협동심강화 체험 프로그램이나 워크숍 등을 통해 청소년들에게 올림픽의 가치를 배울 수 있는 기회를 제공하며, 청소년들 스스로 자신들 종목의 홍보사절단이 될 수 있는 기회를 얻을 수 있도록 하는 데에 그 목적이 있다. 15살에서 18살까 지의 청소년들이 참여할 수 있으며, 2010년 1회 싱가포르 하계 대회에서는 205개의 국가올림픽위원회가 청소년 선수들을 참여시켰고 2012년 1회 인스 부르크 동계올림픽에는 69개 나라의 청소년들이 참여하였다. 하계 올림픽 은 3,500여 명의 선수들이 12일 동안 경기를 치르며, 동계 올림픽은 1,100 여 명의 청소년들이 10일간 경기에 참여한다.[38]

(2) 패럴림픽과 패럴림픽위원회(International Paralympics Committee)

'장애'라는 단어는 문화, 사회, 학술적 배경에 따라 다양한 의미를 가질 수 있다. 스포츠는 선수와 관중, 그리고 소비자를 모두 아우르는 문화적이며 사회통합적인 성향이 있으며, 건전한 몸과 건전한 정신이라는 개인의 완전 한 단련을 위해서는 필수적인 영역으로 인식되어 왔기에, 한 사회에서 이민 자나 장애인 그룹이 구성원으로서 성공적으로 통합될 수 있도록 돕는 데에 반드시 필요한 활동이라고 할 수 있다. 20세기 후반 (1960년대 이후) 인권 과 관련된 다양한 선언문과 헌장들이 국내외적으로 공표에도 불구하고, 법 적 강제성이 없다는 한계로 인해 장애인의 사회통합 관련된 문제는 개별 국가의 관심과 사회적 여건에 따라 상이하게 정책화되어 왔다.

그러나 2006년의 유엔장애인권리협약[39]은 장애인이 스포츠, 레저, 레크

---

38) www.olympic.org Youth Olympic Games 참고.

39) 유엔 장애인권리협약 참고.

리에이션에 참여할 수 있도록 장애인의 권리에 대해 회원 국가들에 어느 정도는 강제성을 촉구 할 수 있도록 개선되었다는 데에 그 의미가 있다. 유엔장애인권리협약은 50개의 조항으로 되어 있는데, 특히 30번 조항은 레크리에이션, 레저, 스포츠 활동에서의 장애인 권리에 대해 명시하고 있다.

유엔장애인권리협약은 장애인이 장애인스포츠에 참여하는 것과 주류스포츠(대중적이고 인기 있는 스포츠)에 참여하는 것, 이 두 가지 모두에 대해 이야기하고 있다. 이는 장애인의 장애인스포츠 참여 촉진을 통해 장애인 스포츠의 가능성과 질을 높이고자 하는 측면과, 장애인의 대중스포츠 참여를 통한 사회통합의 증진과 장애인에 대한 사회대중적 인식 개선의 측면을 모두 포함한다.

장애인스포츠는, 체조를 필두로 1800년대 후반부터 치료의 수단으로 스웨덴에서 처음 장애인을 위해 활용되었다. 그때부터 장애인을 대상으로 한 스포츠 이벤트가 만들어져 시행되었고, 청각장애인을 위한 올림픽인 세계농아인올림픽대회Deaflympics나 패럴림픽Paralympics, 장애인올림픽, 그리고 정신지체 장애인 중심의 스페셜올림픽Special Olympics이 4년에 한 번씩 개최되고 있다.

국제장애인올림픽위원회International Paralympics Committee: IPC는 1988년 서울올림픽과 특별한 인연을 가지고 있다. 이는 장애인올림픽의 로고가 1988 서울 장애인올림픽경기에서 사용되었던, 오륜 태극기40)에서 발전된 것을

〈그림 5〉	패럴림픽 로고(paralympic logo), 1989~1994 & 1994~2003

---

40) 오륜 태극기 참고.

통해서도 설명할 수 있다.

장애인올림픽위원회의 설립은 1989년에서야 이루어졌지만, 장애인올림픽경기 자체는 1960년 로마올림픽이 열린 그곳에서 처음 개최되었다. 이후 1964년 도쿄 올림픽경기에서 처음으로 장애인올림픽만의 깃발을 사용하였다. 1976년 스웨덴의 외른셸스비크^{Örnsköldsvik}에서 처음 장애인올림픽 동계 대회가 열렸고, 1988년 서울 올림픽 이후에는 하계와 동계 올림픽이 열린 지역에서 장애인올림픽이 함께 열려왔다.[41]

〈그림 6〉	장애관련 올림픽 로고들

데플림픽   스페셜올림픽   패럴림픽

(3) 스페셜올림픽(Special Olympics)[42]

스페셜올림픽은 1950년대와 1960년대에 걸쳐 유니스 케네디 슈라이버 ^{Euice Kennedy Shriver}[43]에 의해 지적 장애인의 권익을 증진시키기 위한 목적으로 처음 고안되었다. 이후 케네디^{John. F. Kenny}의 지원하에 1968년 7월 19일부터 20일 양일간, 최초의 스페셜올림픽 하계 경기가 미국의 시카고에서 개최되었다. 첫 대회에 미국 26개의 주와 캐나다에서 1,000여 명이 넘는 지적

41) http://www.crwflags.com/fotw/flags/oly@ipc.html 패럴림픽 로고의 변화 참고.
42) http://www.specialolympics.org/history.aspx 참고.
43) http://www.specialolympics.org/Sections/Who_We_Are/Eunice_Kennedy_Shriver. aspxn 스페셜올림픽 창립자, 참고.

장애인들이 육상과 수영종목에서 경쟁을 펼쳤다. 1971년 미국 올림픽위원회는 스페셜올림픽위원회를 공식 스페셜올림픽위원회로 승인하고, '올림픽' 이름을 사용할 수 있는 미국 내 유일한 두 번째 기관으로 인정했다.

스페셜올림픽은 올림픽을 준비하는 동안 정신지체를 가진 청소년들이 지속적으로 자신의 건강을 증진시키고 용기를 기르며, 체험을 통한 기쁨과 우정을 나눌 수 있는 기회를 제공하는 것을 그 목적으로 한다.

2) 모두를 위한 스포츠

패럴림픽과 스페셜올림픽에 대한 IOC의 지원과 관심에서 알 수 있듯이, '모두를 위한 스포츠'는 IOC의 역점 사업 중의 하나이다. IOC는 1983년 '모두를 위한 스포츠' 분과 위원회를 만들어 정기적인 신체활동을 통해 건강을 증진하고 이러한 사회적 이익을 보다 많은 회원국이 공유할 수 있도록 지원하는 것을 그 목표로 한다. 이러한 목표는 국제스포츠연맹과 국가올림픽위원회 그리고 국가체육단체들과의 파트너십 구축을 통해 추진되고 있으며, 격년마다 열리는 전략 수립 컨퍼런스를 통해, 가이드라인을 설정하여 회원국과 공유하고 있다.

3) 스포츠를 통한 개발

스포츠를 통한 개발과 평화는 국제적으로 스포츠와 신체활동을 통해 새천년목표 MDGs와 같은 구체적인 개발과 평화 관련 아젠다를 달성하고자 하는 것을 의미한다.[44] 스포츠를 통한 개발과 평화는 현재 개발관련 분야에서 새롭게 조명되고 있으며, 그 연원은 고대 올림픽 경기에 참가하고자 하는 선수들을 위해 전쟁 중이었던 지역에서 잠정적 평화를 위해 정전협정 Olympic Truce을 맺고 지켜왔던 것으로 거슬러 올라갈 수 있다.[45]

---

44) Sport for Development & Peace, International Working Group(SDP IWG) (2008), p.3.

45) *Ibid.*, p.3.

개발의 관점에서 스포츠를 정의하자면, 이는 국제사회에서 유엔이 스포츠를 무엇으로 인지하고 있는지를 생각해 봐야 할 것이다. 2003년 유엔의 스포츠를 통한 개발과 평화분야의 기구 간 협력을 위한 특별팀에서는 스포츠를 '육체적 건강과 심리적 웰빙에 기여하는 놀이나 레크리에이션, 경쟁경기, 지역전통 스포츠와 게임을 포함한 모든 형태의 육체적 활동'이라고 정의했다.[46]

유엔이 IOC와의 협력에 기초하여 UNOSDP^{UN office for Sport for Peace and Development}[47]를 구성하고, 이를 통해 스포츠를 통한 개발과 평화에 박차를 가하는 것은 스포츠만의 고유한 가치가 개발과 평화의 발전을 진행하는 과정에 특별히 기여할 수 있다는 것을 인지했다는 것을 의미한다.

4) 스포츠를 통한 교육

올림픽 운동에 있어서 스포츠를 통한 교육은 애초 쿠베르탱이 교육에 목적을 두고 스포츠 도입의 중요성을 강조하였다는 측면에서, 그 역할이 매우 크다고 할 수 있다. 특히 청소년 교육에 있어서 IOC는 스포츠와 함께 문화를 중시하고 이들 둘을 복합적으로 활용한 교육프로그램의 개발에 역점을 두고 있다. 즉 문화 교류를 통한 상호간의 이해를 넓히는 데에 스포츠를 활용함으로써, 궁극적으로 올림피즘의 이해와 실현을 극대화하고자 한다. 이러한 IOC의 의지는 최근의 리모델링된 올림픽 박물관의 기능을 체험형 학습의 장으로 변모시킨 점에서도 명백히 드러난다고 할 수 있다.

5) 스포츠를 통한 평화

국가 간 혹은 한 국가 내에서의 평화는 글로벌 개발 공동체 모두가 추구하고자 하는 기본적인 요건 중의 하나이다. 따라서 국제사회는 평화 및 분쟁 해결에 대한 약속을 확산시켜가는 추세에 있으며, 각 정부는 평화 문화의

---

46) *Ibid.*, p.5.
47) http://www.un.org/wcm/content/site/sport/UNOSD 참고.

정착과 강화에 필수적인 역할 담당하게 되었다. 1999년의 유엔 총회에서 긍정적이고 올바른 평화적 해결방안에 대한 헌장을 채택하면서 인류의 권리와 평화에 대한 존중에 전 세계적 합의가 이루어진 셈이 되었다. 이러한 관점에서 상호간의 문화를 이해하고 관계의 폭을 확장시킬 수 있는 도구로서의 스포츠의 역할이 주목을 받고 있다.

IOC는 고대 올림픽에서부터 전해 내려오는 정전협약^{Olympic Truce 48)}의 전통을 부활하고 국가들에 이행을 촉구하기 위해 유엔과의 긴밀한 협력관계를 구축하고 있다. 냉전 시대까지만 해도 한낱 이상주의자의 꿈에 머물지 않았던 올림픽 정전협정의 꿈이 실현된 것이다. 따라서 세계는 이런 국가 간의 충돌이 자체적으로 과열되지 않도록 하는 방편으로 스포츠를 보다 세련된 형태로 활용할 필요가 있다. 충돌을 방지하고 평화를 구축하는 도구로서 스포츠는 상호간의 건설적 관계구축의 기제가 될 수 있으며 최근 들어 공공외교의 주요 활용 소프트 파워로 주목을 받고 있다.

올림픽 유산(Olympic Legacy)

올림피즘에 기초한 올림픽 경기와 국제 활동이 올림픽 운동의 가치를 확산하고 이를 통한 인류의 평화와 발전에 이바지하고자 하는 노력이 인류사에 지속되도록 남기는 것을 '올림픽 유산화'라고 한다. 올림픽 경기의 사회경제적 가치가 향상되고 유치국의 외교력이 격상됨에 따라 세계 각국의 올림픽 경기 유치에 대한 경쟁은 심화되면서 올림픽이 단순히 도구적 기능을 하게 되는 것을 우려한 IOC는 올림픽을 통한 유산(Legacy) 프로그램을 강조하기 시작했다. 이는 올림픽 경기 유치 후보 도시들이 보다 중장기적으로 올림픽 운동이 추구하는 가치를 지속적으로 확산할 수 있도록 하는 프로그램으로 이러한 프로그램의 유무, 혹은 양질의 차이를 올림픽 경기 유치단계에서부터 평가에 반영할 예정이라고 한다.

---

48) Olympic Truce, 부활관련 내용 참고.

VI. 한국과 IOC

1. 한국의 대IOC 외교

해방 직후, 1920년 조선 체육회 창설을 시작으로 독립국으로서 공식적인 스포츠행정을 시작하였다. 분단 이전, 1947년 6월 20일 제40차 IOC 총회에서 한반도 전체를 아우르는 조직으로 IOC 회원국(ROK가 아닌 KOREA로)[49]이 되었고, 이는 향후 북한이 IOC에 가입하는 데에 걸림돌로 작용하였다. 남북 모두가 IOC 회원가입이 이루어지고 1988년 서울 올림픽과 관련하여 공동개최 및 단일팀 구성 등, 비록 성과를 얻지는 못했으나 지속적인 대화가 오고간 끝에 남북이 유엔에 동시가입[50]을 이루었음을 볼 때, 남북 스포츠관계를 남북 정치관계의 '상징적' 미래로 보는 계기가 되었다고 할 수 있다.

분단 이전 한반도 대표팀은 1948년 스위스 생모리츠 동계 올림픽, 1948년 런던 올림픽, 그리고 1952년 헬싱키 올림픽에 참가한 바 있다. 이후 지속적으로 올림픽에 참가하면서 일제 식민치하를 벗어난 후 주권국으로의 위상을 국제 스포츠 무대를 통해 드러내고자 하였으며, 1988년 서울 올림픽을 통해 명실공히 국제사회에 전쟁 후 폐허를 극복한 대한민국의 모습을 보여주는 데에 성공하였다. 우리나라는 김운용 IOC 위원이 솔트레이크시티관련 스캔들로 인해 IOC 부위원장의 자리를 잃은 이후에, 김용성 국제유도연맹 회장과 이건희 삼성 회장 등이 IOC 위원으로서 대 IOC 외교를 수행해 왔고, 선수 위원으로는 쇼트트랙의 전이경과 태권도의 문대성 위원이 올림픽 가족 Olympic Family 으로 활동을 해왔다.

세 번의 시도 끝에 2018년 평창 올림픽의 유치에 성공함으로써, 대한민국

---

49) IOC 회원국 등록 절차 참고.
50) 남북한 유엔 동시가입 역사 참고.

은 동·하계 올림픽을 모두 치르게 되는 세계의 몇 안 되는 나라가 되었으며, 이러한 경험을 자산으로 향후 더욱 많은 국제 스포츠경기의 유치에 도전할 것으로 보고 있다. 그러나 이러한 시점에 우리의 대IOC 외교가 단순히 국제스포츠경기의 유치를 위한 로비에 머물러 있는 것은 아닌지 한번 생각해 봐야 할 것이다. 동·하계 올림픽 모두의 유치는 물론 매 하계 올림픽에서 세계 유수의 선진국들과 어깨를 나란히 하는 나라로서, 향후 글로벌 스포츠 외교의 아젠다를 선도하고 주도적으로 이끌어나가는 모습을 보일 필요가 있다는 것이다.

예를 들어, 지금의 국제 스포츠계가 주목하고 있는 승부조작과 비리근절과 관련된 이니셔티브를 우리나라가 주도적으로 선점하고, 국제기구적 성격의 조직을 구성하여 글로벌 스포츠 페어플레이 정신의 고양을 선도적으로 이끌어가는 전략을 고려할 필요가 있다. 뿐만 아니라, 남북 간의 스포츠관계에 전향적인 변화를 통해, 국제사회에서 스포츠를 통한 평화와 스포츠를 통한 개발의 우수 케이스를 남기는 것도 방법이 될 수 있다. 이렇듯 한국의 대 IOC외교는 단순히 스포츠 외교를 넘어선 글로벌 리더로서의 대한민국의 위상을 공고히 하는 방안으로서 보다 전략적인 접근이 필요하다.

2. 올림픽 운동과 남북관계

분단이전 이미 IOC에 가입한 남한 측 정부와는 별개로 북한은 1953년에 조선민주주의인민공화국 올림픽위원회를 설립하였고, 1957년에 IOC의 승인을 받아 'NORTH KOREA'로 등록하였다. IOC 회원국으로서의 국가명칭의 변경을 위해 1968년 멕시코 올림픽 보이콧을 한 바 있으며, 이후 조선민주주의인민공화국Democratic People's Republic of Korea으로 국가 명칭을 변경하였다. 이후 남과 북은 올림픽을 중심으로 하는 국제스포츠 무대에서 지속적으로 단일팀구성을 논의하여 왔고, 시기에 따라 국제올림픽의 개막식에 공동입장을 하는 등 다양한 정치적 제스처를 취해왔다. 이러한 가운데 국제올림

픽위원회는 스포츠외교의 중개자로서 남북 간의 협의를 직간접적으로 이끌
어왔고, 이러한 외교적 노력은 국제사회에서 스포츠외교의 역할과 중요성
증대에 기여해 왔다.

올림픽을 통한 남과 북의 첫 대화는 1964년 도쿄 올림픽 참가의 단일팀
구성을 위해 시도되었다. 회담은 실패로 끝났으나, 분단 이후 남과 북의 냉
랭한 관계를 고려할 때, 올림픽을 매개로 단일팀의 논의가 있었다는 것 자체
가 이미 남북관계 개선에 기여한 것이라고 할 수 있다. 이후 남북한은 거의
모든 올림픽에서 단일팀 논의를 거듭해왔고, 비록 대부분 실패로 끝나긴 했
지만, 1991년 일본의 지바에서 열린 세계탁구선수권대회의 단일팀 구성과,
그해 세계청소년축구선수권 대회의 단일팀구성이라는 성과를 거두기도 하
였다. 이외에도 2000년 시드니 올림픽 개회식 공동입장을 비롯한 상징적
평화의 장면을 연출하기도 하였다. 이러한 남북 간의 스포츠관련 교류는 비
단 남북 간의 정치적 문제일 뿐만 아니라, 냉전을 전후로 하는 국제정세와
한반도를 둘러싼 강대국들 간의 복잡한 이해관계가 얽힌 가운데에 나타나는
외교적 현상이기에, 다양한 관점에서 면밀히 분석되어야 할 필요가 있다.

예를 들면, 남과 북의 올림픽 단일팀 구성에 대한 논의의 구체적인 맥락
과 성패의 원인, 혹은 드러나지 않은 정치적 함수관계에 대한 연구는 매우
미비한 실정이다. 이와 더불어 스포츠외교 특유의 성격 역시, 기존의 공공외
교와 문화외교 내에서의 논의범주에서 더욱 구체화될 필요가 있다. 스포츠
외교는 불과 얼마 전까지만 해도 많은 학자들에 의해 실체가 없는 영역으로
여겨질 만큼 다학제적 성격을 띠고 있어, 특정 분야에서 그 연구와 논의를
주도해오지 못한 것이 사실이다. 따라서 국제올림픽위원회와 올림픽 운동
등의 이해를 기반으로 한 스포츠외교 영역의 학문적인 정립과 발전, 구체적
인 논의와 정책반영 등 향후 중점적인 지원을 통해, 남북 간의 올림픽 운동
내에서의 관계 설정을 보다 효과적인 방향으로 이끌어가야 한다고 본다.[51]

---

51) *Sports Relations in East Asia: Theory and Practice* (2014), pp.92-106.

📖 Beacom, Aaron. *International Diplomacy and The Olympic Movement: The New Mediators*. UK: Palgrave Macmillan, 2012.

스포츠 사회학자인 저자가 Palgrave Macmillan의 Global Culture and Sport 시리즈 중 하나로 편찬한 스포츠를 국제외교의 관점에서 조망한 책이다. 국제스포츠의 맥락에서 올림픽 운동의 의의와 국제기구로서의 활동영역이 상세히 설명되어 있고, 이 둘의 만남이 어떻게 이루어졌는지에 대해 이해하기 쉽게 설명되어 있다. 부제가 암시하듯이, 글로벌 무대에서 올림픽을 중심으로 하는 스포츠의 역할에 대한 기대와 효과가 자연스럽게 드러나는 내용으로 구성하였고, 여기에는 런던과 베이징 올림픽의 사례 등 최근의 올림픽 경기에 대한 분석을 포함하고 있다.

📖 Kwon, Soyong, and Joon Seok Hong, eds. *Sports Relations in East Asia: Theory and Practice*. Seoul: International Sports Relations Foundation, 2014.

이 책은 국제스포츠외교재단의 연례 학술대회에서 발표된 내용을 편집한 것으로 제목에서 알 수 있듯이, 국제관계 속에서의 스포츠를 '스포츠 관계'로 명명하고 특히 동아시아에서의 이러한 현상에 대해 현직 외교관과 IOC 위원들 그리고 학계의 이야기를 종합하여 편집하였다. 따라서 학술적인 정보뿐만 아니라, 스포츠외교의 현실에서 인지하고 있는 스포츠의 중요성과 활동, 그리고 외교관으로서의 그들의 이해와 스포츠의 활용에 대한 사례가 녹아 있다는 장점이 있다. 편집자 권소영 박사는 캠프리지대학 정치학 박사로 IOC 선수위원 문대성의 아내이기도 하다.

📖 Sage, George H. *Globalizing Sport*. USA: Paradigm Publishers, 2011.

저자는 글로벌 무대의 콘텐츠로서 스포츠가 활용되고 있는 영역들을 중심으로 소개함으로써, 스포츠의 다양한 가치가 더 이상 특정 지역이나 영역에 국한되지 않는다는 것을 알려준다. 때로는 국제정치적 맥락에서, 또 때로는 국제경제의 맥락에서 주요 행위자가 되는 스포츠 이벤트와 기구, 그리고 방송 매체와 상품들을 일목요연하게 정리함으로써, 글로벌 시대에 스포츠에 대한 이해가 매우 유용할 것이라는 것을 설득력 있게 논증하고 있다.

참·고·문·헌

〈국문 자료〉

고용노동부. 「ILO 이사회 결과보고서」. 2002.
김영미. "국제노동기준의 국내 수용에 관한 연구." 단국대학교 박사학위 논문. 2012.
김유선. 『최저 임금 제도가 저임금 근로자 및 근로조건 등에 미친 영향 평가』. 노동
　　　부, 2004.
이을형. 『국제노동기관』. 서울: 숭실대학교출판부, 1994.
이인덕. "노동기본권과 양질의 일자리를 국가정책의 핵심에." 『노동사회』 165권.
　　　2012.
정우탁. "유네스코의 권력구조와 정치적 성격 연구." 서강대 대학원 박사학위논문.
　　　1998.
정진성. "국제노동기구(ILO)에의 문제제기의 구조: 강제노동조약(ILO Convention
　　　29)/전문가위원회를 통한 군 위안부 문제 제기." 『국제지역연구』 10(1).
　　　2001 봄. pp.61-80.
정효민. "국제기구 역할에 관한 이론적 고찰: 국제노동기구(ILO)의 문제제기 구조와
　　　관련된 경험적 사례를 중심으로." 고려대학교 정책대학원 석사학위 논문.
　　　2010.1.7.
주디스 스와들링 지음, 김병화 옮김. 『올림픽 2780년의 역사』. 효형출판, 2004.
최동주. "인도·태국·필리핀의 아동노동 현황과 배경요인." 『동남아시아연구』 14(1).

2004.

_____. "글로벌 거버넌스의 시각에서 본 국제기구의 위상 및 역할: 총론적 이해를 위하여." 최동주·조동준·정우탁 엮음. 『국제기구의 과거·현재·미래』. APCEIU, 2013.

황정윤. "국제노동협약 확산에 대한 영향요인 연구." 연세대학교 대학원 행정학과 석사학위논문. 2013.

황정윤·장용석. "개발도상국에서의 국제노동협약 확산의 영향 요인: 최저임금결정을 중심으로." 한국행정학회 추계학술대회논문집. 2013.

〈외국어 자료〉

Amorim, Anita et al. *Global South-South Development Expos: Decent Work Solutions: 2010-2013.* ILO, 2014.

Beacom, A. *International Diplomacy and The Olympic Movement.* Palgrave Macmillan, 2012.

Black, D. R., and S. Benzanson. "The Olympic Games, human rights and democratisation: lessons from Seoul and implications for Beijing." *Third World Quarterly 24(7): 1245-1261.* 2004.

Cahill, J. "Political Influence and the Olympic Flame." *Journal of Olympic History: 29-32.* 1999.

Chappelet, J., and B. Kuebler-Mabbott. *The International Olympic Committee and the Olympic System.* Routledge, 2008.

Coate, Roger A. *Unilateralism, Ideology and U.S. Foreign Policy — The United States In and Out of UNESCO.* London: Lynne Rienner Publishers, 1988.

Dutt, Sagarika. *The Politicization of the United Nations Specialized Agencies: A Case Study of UNESCO.* Lewiston: The Edwin Mellen Press, 1995.

Finkelstein, Lawrence, ed. *Politics in the United Nations System.* Durham/

London: Duke University Press, 1988.

Landy, Earnest Alfred. "Influence of International Standards: Possibilities and Performance." *International Labor Review* 101. 1970.

Ha, Y.Y. "Korean Sports in the 1980s and the Seoul Olympic Games of 1988." *Journal of Olympic History* 6(2): 11-13. 1998.

Hoggart, Richard. *An Idea and It's Servants: UNESCO from within.* London: Cox & Wyman, 1978.

Horne, J., and W. Manzenreiter. "An introduction to the sociology of sports mega-events." *Sociological Review* 54(2): 1-24. 2006.

ILO. *ILO Global Estimate of Forced Labour: Results and Methodology.* 2012.

_____. *Korea-ILO: Cooperation Results.* May 2012.

_____. *ILO Regular Budget Supplementary Account.* October 2013.

_____. *Reform of International Lanour Organization's Headquarters Organizational Structure.* 2013.

_____. "An Analysis of PPPs." *Governing Body Meeting Agenda.* February 10, 2014.

_____. "Building economic recovery, inclusive development and social justice." *World Social Protection Report 2014-15.* March 2014.

_____. *ILO in Fragile Situations: An Overview.* March 2014.

_____. *ILO and Public-Private Partnerships.* 2014.

IOC. "IOC Made US Observer." *Olympic Review: 9.* 2009.

_____. *Olympic Charter.* 2011.

Jackson, R., and G. Sørensen. *Introduction to International Relations.* OXFORD University Press, 2003.

Koh, E. "South Korea and the Asian Games: The First Step to the World." *Sport in Society* 8(3). 2005.

Kwon, S., and J. Hong. *Sports Relations in East Asia: Theory and Practice.* International Sorts Relations Foundation, 2014.

Lacoste, Michel Conil. *The Story of A Grand Design: UNESCO 1946-1993.* Paris: UNESCO, 1994.

Macintosh, D., and M. Hawes. "The IOC and World Interdependence." *Proceedings: 2-13.* 1992.

Nye, J. S. "Public Diplomacy and Soft Power." *The Annals of the American*

Academy of Political and Social Science 616(1): 94-19. 2008.

Owen, Robert. *The Life of Robert Owen.* London: Effingham Wilson, 1857.

Sage, G. *Globalizing Sport.* Paradigm publisher, 2010.

Sewell, James P. *UNESCO and World Politics: Engaging in International Relations.* Princeton: Princeton University Press, 1975.

Singh, S. Nihal. *The Rise and Fall of UNESCO.* New Delhi: Allied Publishers Pvt. Ltd., 1988.

Strang, David, and Patricia M. Y. Chang. "ILO and the Welfare State: Institutional Effects on National Welfare Spending, 1960-1980." *International Organization* 47(2). 1993. pp.1-49.

Sulaiman, A., L.I. Olanrewaju, and F.M. Tinuke. "Minimum Wage Implementation and Management in a Post-Recession Economy: The Nigerian Experience." *European Scientific Journal* 8(7). 2012. pp.18-35.

UNESCO. *Many Voices One World.* Paris: UNESCO, 1983.

_____. *In the minds of men: UNESCO 1946-1971.* Paris: UNESCO, 1994.

Valderrama, Fernando. *A History of UNESCO.* Paris: UNESCO, 1995.

Wells, Clare. *The UN, UNESCO and the Politics of Knowledge.* London: Macmillan Press, 1987.

〈인터넷 및 언론 자료〉

고용노동부 정책홈페이지의 "국제기구 활동: ILO 분담금 현황." http://www.moel.go.kr/policyinfo(검색일: 2014.5.3).

글로벌기술진흥원 홈페이지(http://gifts.hrdkorea.or.kr).

라나크 홈페이지(http://www.newlanark.org).

ILO-IPEC homepage, http://www.ilo.org/ipec(검색일: 2014.5.28).

"ILO 사무총장, 한국 특별 주목 대상." 『중앙일보』, 2013.6.12.

KOICA 홈페이지(www.koica.go.kr).

Nobel Lecture. http://www.nobelprize.org/nobel_prizes/peace/laureates/1969/
　　labour-lecture.html(검색일: 2014.4.22).

부·록

【부록 1】 국제노동기구 헌장

(영문)

The Constitution of the International Labor Organization (ILO)

PREAMBLE

Whereas universal and lasting peace can be established only if it is based upon social justice; And whereas conditions of labour exist involving such injustice, hardship and privation to large numbers of people as to produce unrest so great that the peace and harmony of the world are imperilled; and an improvement of those conditions is urgently required; as, for example, by the regulation of the hours of work, including the establishment of a maximum working day and week, the regulation of the labour supply, the prevention of unemployment, the provision of an adequate living wage, the protection of the worker against sickness, disease and injury arising out of his employment, the protection of children, young persons and women, provision for old age and injury, protection of the interests of workers when employed in countries other than their own, recognition of the principle of equal remuneration for work of equal value, recognition of the principle of freedom of association, the organization of vocational and technical education and other measures; Whereas also the failure of any nation to adopt humane conditions of labour is an obstacle in the way of other nations which desire to improve the conditions in their own countries; The High Contracting Parties, moved by sentiments of justice and humanity as well as by the desire to secure the permanent peace of the world, and with a view to attaining the objectives set forth in this Preamble, agree to the following Constitution of the International Labour Organization:

CHAPTER I — ORGANIZATION

Article 1

1. A permanent organization is hereby established for the promotion of the objects set forth in the Preamble to this Constitution and in the Declaration concerning the aims and purposes of the International Labour Organization adopted at Philadelphia on 10 May 1944 the text of which is annexed to this Constitution.

2. The Members of the International Labour Organization shall be the States which were Members of the Organization on 1 November 1945, and such other States as may become Members in pursuance of the provisions of paragraphs 3 and 4 of this article.

3. Any original member of the United Nations and any State admitted to membership of the United Nations by a decision of the General Assembly in accordance with the provisions of the Charter may become a Member of the International Labour Organization by communicating to the Director-General of the International Labour Office its formal acceptance of the obligations of the Constitution of the International Labour Organization.

4. The General Conference of the International Labour Organization may also admit Members to the Organization by a vote concurred in by two-thirds of the delegates attending the session, including two-thirds of the Government delegates present and voting. Such admission shall take effect on the communication to the Director-General of the International Labour Office by the government of the new Member of its formal acceptance of the obligations of the Constitution of the Organization.

5. No Member of the International Labour Organization may withdraw from the Organization without giving notice of its intention so to do to the Director-General of the International Labour Office. Such notice shall take effect two years after the date of its reception by the Director-General, subject to the Member having at that time fulfilled all financial obligations arising out of its membership. When a Member has ratified any international labour Convention, such withdrawal shall not affect the continued validity for the period provided for in the Convention of all obligations arising thereunder or relating thereto.

6. In the event of any State having ceased to be a Member of the

Organization, its readmission to membership shall be governed by the provisions of paragraph 3 or paragraph 4 of this article as the case may be.

Article 2

The permanent organization shall consist of-
(a) a General Conference of representatives of the Members;
(b) a Governing Body composed as described in article 7; and
(c) an International Labour Office controlled by the Governing Body.

Article 3

1. The meetings of the General Conference of representatives of the Members shall be held from time to time as occasion may require, and at least once in every year. It shall be composed of four representatives of each of the Members, of whom two shall be Government delegates and the two others shall be delegates representing respectively the employers and the workpeople of each of the Members.

2. Each delegate may be accompanied by advisers, who shall not exceed two in number for each item on the agenda of the meeting. When questions specially affecting women are to be considered by the Conference, one at least of the advisers should be a woman.

3. Each Member which is responsible for the international relations of non-metropolitan territories may appoint as additional advisers to each of its delegates-

(a) persons nominated by it as representatives of any such territory in regard to matters within the self-governing powers of that territory; and

(b) persons nominated by it to advise its delegates in regard to matters concerning non-self-governing territories.

4. In the case of a territory under the joint authority of two or more Members, persons may be nominated to advise the delegates of such Members.

5. The Members undertake to nominate non-Government delegates and advisers chosen in agreement with the industrial organizations, if such organizations exist, which are most representative of employers or workpeople, as the case may be, in their respective countries.

6. Advisers shall not speak except on a request made by the delegate

whom they accompany and by the special authorization of the President of the Conference, and may not vote.

7. A delegate may by notice in writing addressed to the President appoint one of his advisers to act as his deputy, and the adviser, while so acting, shall be allowed to speak and vote.

8. The names of the delegates and their advisers will be communicated to the International Labour Office by the government of each of the Members.

9. The credentials of delegates and their advisers shall be subject to scrutiny by the Conference, which may, by two-thirds of the votes cast by the delegates present, refuse to admit any delegate or adviser whom it deems not to have been nominated in accordance with this article.

Article 4

1. Every delegate shall be entitled to vote individually on all matters which are taken into consideration by the Conference.

2. If one of the Members fails to nominate one of the non-Government delegates whom it is entitled to nominate, the other non-Government delegate shall be allowed to sit and speak at the Conference, but not to vote.

3. If in accordance with article 3 the Conference refuses admission to a delegate of one of the Members, the provisions of the present article shall apply as if that delegate had not been nominated.

Article 5

The meetings of the Conference shall, subject to any decisions which may have been taken by the Conference itself at a previous meeting, be held at such place as may be decided by the Governing Body.

Article 6

Any change in the seat of the International Labour Office shall be decided by the Conference by a two-thirds majority of the votes cast by the delegates present.

Article 7

1. The Governing Body shall consist of fifty-six persons, Twenty-eight representing governments, Fourteen representing the employers, and Fourteen

representing the workers.

2. Of the twenty-eight persons representing governments, ten shall be appointed by the Members of chief industrial importance, and eighteen shall be appointed by the Members selected for that purpose by the Government delegates to the Conference, excluding the delegates of the ten Members mentioned above.

3. The Governing Body shall as occasion requires determine which are the Members of the Organization of chief industrial importance and shall make rules to ensure that all questions relating to the selection of the Members of chief industrial importance are considered by an impartial committee before being decided by the Governing Body. Any appeal made by a Member from the declaration of the Governing Body as to which are the Members of chief industrial importance shall be decided by the Conference, but an appeal to the Conference shall not suspend the application of the declaration until such time as the Conference decides the appeal.

4. The persons representing the employers and the persons representing the workers shall be elected respectively by the Employers's delegates and the Workers's delegates to the Conference.

5. The period of office of the Governing Body shall be three years. If for any reason the Governing Body elections do not take place on the expiry of this period, the Governing Body shall remain in office until such elections are held.

6. The method of filling vacancies and of appointing substitutes and other similar questions may be decided by the Governing Body subject to the approval of the Conference.

7. The Governing Body shall, from time to time, elect from its number a chairman and two vice-chairmen, of whom one shall be a person representing a government, one a person representing the employers, and one a person representing the workers.

8. The Governing Body shall regulate its own procedure and shall fix its own times of meeting. A special meeting shall be held if a written request to that effect is made by at least sixteen of the representatives on the Governing Body.

Article 8

1. There shall be a Director-General of the International Labour Office, who shall be appointed by the Governing Body, and, subject to the instructions of the Governing Body, shall be responsible for the efficient conduct of the International Labour Office and for such other duties as may be assigned to him.

2. The Director-General or his deputy shall attend all meetings of the Governing Body.

Article 9

1. The staff of the International Labour Office shall be appointed by the Director-General under regulations approved by the Governing Body.

2. So far as is possible with due regard to the efficiency of the work of the Office, the Director-General shall select persons of different nationalities.

3. A certain number of these persons shall be women.

4. The responsibilities of the Director-General and the staff shall be exclusively international in character. In the performance of their duties, the Director-General and the staff shall not seek or receive instructions from any government or from any other authority external to the Organization. They shall refrain from any action which might reflect on their position as international officials responsible only to the Organization.

5. Each Member of the Organization undertakes to respect the exclusively international character of the responsibilities of the Director-General and the staff and not to seek to influence them in the discharge of their responsibilities.

Article 10

1. The functions of the International Labour Office shall include the collection and distribution of information on all subjects relating to the international adjustment of conditions of industrial life and labour, and particularly the examination of subjects which it is proposed to bring before the Conference with a view to the conclusion of international Conventions, and the conduct of such special investigations as may be ordered by the Conference or by the Governing Body.

2. Subject to such directions as the Governing Body may give, the Office shall-

(a) prepare the documents on the various items of the agenda for the meetings of the Conference;

(b) accord to governments at their request all appropriate assistance within its power in connection with the framing of laws and regulations on the basis of the decisions of the Conference and the improvement of administrative practices and systems of inspection;

(c) carry out the duties required of it by the provisions of this Constitution in connection with the effective observance of Conventions;

(d) edit and issue, in such languages as the Governing Body may think desirable, publications dealing with problems of industry and employment of international interest.

3. Generally, it shall have such other powers and duties as may be assigned to it by the Conference or by the Governing Body.

Article 11

The government departments of any of the Members which deal with questions of industry and employment may communicate directly with the Director-General through the representative of their government on the Governing Body of the International Labour Office or, failing any such representative, through such other qualified official as the government may nominate for the purpose.

Article 12

1. The International Labour Organization shall cooperate within the terms of this Constitution with any general international organization entrusted with the coordination of the activities of public international organizations having specialized responsibilities and with public international organizations having specialized responsibilities in related fields.

2. The International Labour Organization may make appropriate arrangements for the representatives of public international organizations to participate without vote in its deliberations.

3. The International Labour Organization may make suitable arrangements for such consultation as it may think desirable with recognised non-

governmental international organizations, including international organizations of employers, workers, agriculturists and cooperators.

Article 13

1. The International Labour Organization may make such financial and budgetary arrangements with the United Nations as may appear appropriate.

2. Pending the conclusion of such arrangements or if at any time no such arrangements are in force-

(a) each of the Members will pay the travelling and subsistence expenses of its delegates and their advisers and of its representatives attending the meetings of the Conference or the Governing Body, as the case may be;

(b) all other expenses of the International Labour Office and of the meetings of the Conference or Governing Body shall be paid by the Director-General of the International Labour Office out of the general funds of the International Labour Organization;

(c) the arrangements for the approval, allocation and collection of the budget of the International Labour Organization shall be determined by the Conference by a two-thirds majority of the votes cast by the delegates present, and shall provide for the approval of the budget and of the arrangements for the allocation of expenses among the Members of the Organization by a committee of Government representatives.

3. The expenses of the International Labour Organization shall be borne by the Members in accordance with the arrangements in force in virtue of paragraph 1 or paragraph 2 (c) of this article.

4. A Member of the Organization which is in arrears in the payment of its financial contribution to the Organization shall have no vote in the Conference, in the Governing Body, in any committee, or in the elections of members of the Governing Body, if the amount of its arrears equals or exceeds the amount of the contributions due from it for the preceding two full years: Provided that the Conference may by a two-thirds majority of the votes cast by the delegates present permit such a Member to vote if it is satisfied that the failure to pay is due to conditions beyond the control of the Member.

5. The Director-General of the International Labour Office shall be responsible to the Governing Body for the proper expenditure of the funds

of the International Labour Organization.

CHAPTER II — PROCEDURE

Article 14

1. The agenda for all meetings of the Conference will be settled by the Governing Body, which shall consider any suggestion as to the agenda that may be made by the government of any of the Members or by any representative organization recognised for the purpose of article 3, or by any public international organization.

2. The Governing Body shall make rules to ensure thorough technical preparation and adequate consultation of the Members primarily concerned, by means of a preparatory conference or otherwise, prior to the adoption of a Convention or Recommendation by the Conference.

Article 15

1. The Director-General shall act as the Secretary-General of the Conference, and shall transmit the agenda so as to reach the Members four months before the meeting of the Conference, and, through them, the non-Government delegates when appointed.

2. The reports on each item of the agenda shall be despatched so as to reach the Members in time to permit adequate consideration before the meeting of the Conference. The Governing Body shall make rules for the application of this provision.

Article 16

1. Any of the governments of the Members may formally object to the inclusion of any item or items in the agenda. The grounds for such objection shall be set forth in a statement addressed to the Director-General who shall circulate it to all the Members of the Organization.

2. Items to which such objection has been made shall not, however, be excluded from the agenda, if at the Conference a majority of two-thirds of the votes cast by the delegates present is in favour of considering them.

3. If the Conference decides (otherwise than under the preceding

paragraph) by two-thirds of the votes east by the delegates present that any subject shall be considered by the Conference, that subject shall be included in the agenda for the following meeting.

Article 17

1. The Conference shall elect a president and three vice-presidents. One of the vice-presidents shall be a Government delegate, one an Employers' delegate and one a Workers delegate. The Conference shall regulate its own procedure and may appoint committees to consider and report on any matter.

2. Except as otherwise expressly provided in this Constitution or by the terms of any Convention or other instrument conferring powers on the Conference or of the financial and budgetary arrangements adopted in virtue of article 13, all matters shall be decided by a simple majority of the votes cast by the delegates present.

3. The voting is void unless the total number of votes cast is equal to half the number of the delegates attending the Conference.

Article 18

The Conference may add to any committees which it appoints technical experts without power to vote.

Article 19

1. When the Conference has decided on the adoption of proposals with regard to an item on the agenda, it will rest with the Conference to determine whether these proposals should take the form: (a) of an international Convention, or (b) of a Recommendation to meet circumstances where the subject, or aspect of it, dealt with is not considered suitable or appropriate at that time for a Convention.

2. In either case a majority of two-thirds of the votes cast by the delegates present shall be necessary on the final vote for the adoption of the Convention or Recommendation, as the case may be, by the Conference.

3. In framing any Convention or Recommendation of general application the Conference shall have due regard to those countries in which climatic conditions, the imperfect development of industrial organization, or other special circumstances make the industrial conditions substantially different

and shall suggest the modifications, if any, which it considers may be required to meet the case of such countries.

4. Two copies of the Convention or Recommendation shall be authenticated by the signatures of the President of the Conference and of the Director-General. Of these copies one shall be deposited in the archives of the International Labour Office and the other with the Secretary General of the United Nations. The Director-General will communicate a certified copy of the Convention or Recommendation to each of the Members.

5. In the case of a Convention-

(a) the Convention will be communicated to all Members for ratification;

(b) each of the Members undertakes that it will, within the period of one year at most from the closing of the session of the Conference, or if it is impossible owing to exceptional circumstances to do so within the period of one year, then at the earliest practicable moment and in no case later than 18 months from the closing of the session of the Conference, bring the Convention before the authority or authorities within whose competence the matter lies, for the enactment of legislation or other action;

(c) Members shall inform the Director-General of the International Labour Office of the measures taken in accordance with this article to bring the Convention before the said competent authority or authorities, with particulars of the authority or authorities regarded as competent, and of the action taken by them;

(d) if the Member obtains the consent of the authority or authorities within whose competence the matter lies, it will communicate the formal ratification of the Convention to the Director-General and will take such action as may be necessary to make effective the provisions of such Convention;

(e) if the Member does not obtain the consent of the authority or authorities within whose competence the matter lies, no further obligation shall rest upon the Member except that it shall report to the Director-General of the International Labour Office, at appropriate intervals as requested by the Governing Body, the position of its law and practice in regard to the matters dealt with in the Convention, showing the extent to which effect has been given, or is proposed to be given, to any of the provisions of the Convention by legislation, administrative action, collective agreement or otherwise and stating the difficulties which prevent or delay the ratification of such

Convention.

6. In the case of a Recommendation-

(a) the Recommendation will be communicated to all Members for their consideration with a view to effect being given to it by national legislation or otherwise;

(b) each of the Members undertakes that it will, within a period of one year at most from the closing of the session of the Conference, or if it is impossible owing to exceptional circumstances to do so within the period of one year, then at the earliest practicable moment and in no case later than 18 months after the closing of the Conference, bring the Recommendation before the authority or authorities within whose competence the matter lies for the enactment of legislation or other action;

(c) the Members shall inform the Director-General of the International Labour Office of the measures taken in accordance with this article to bring the Recommendation before the said competent authority or authorities with particulars of the authority or authorities regarded as competent, and of the action taken by them;

(d) apart from bringing the Recommendation before the said competent authority or authorities, no further obligation shall rest upon the Members, except that they shall report to the Director-General of the International Labour Office, at appropriate intervals as requested by the Governing Body, the position of the law and practice in their country in regard to the matters dealt with in the Recommendation, showing the extent to which effect has been given, or is proposed to be given, to the provisions of the Recommendation and such modifications of these provisions as it has been found or may be found necessary to make in adopting or applying them.

7. In the case of a federal State, the following provisions shall apply:

(a) in respect of Conventions and Recommendations which the federal government regards as appropriate under its constitutional system for federal action, the obligations of the federal State shall be the same as those of Members which are not federal States;

(b) in respect of Conventions and Recommendations which the federal government regards as appropriate under its constitutional system, in whole or in part, for action by the constituent states, provinces, or cantons rather than for federal action, the federal government shall-

(i) make, in accordance with its Constitution and the Constitutions of the states, provinces or cantons concerned, effective arrangements for the reference of such Conventions and Recommendations not later than 18 months from the closing of the session of the Conference to the appropriate federal, state, provincial or cantonal authorities for the enactment of legislation or other action;

(ii) arrange, subject to the concurrence of the state, provincial or cantonal governments concerned, for periodical consultations governments concerned, for periodical consultations between the federal and the state, provincial or cantonal authorities with a view to promoting within the federal State coordinated action to give effect to the provisions of such Conventions and Recommendations;

(iii) inform the Director-General of the International Labour Office of the measures taken in accordance with this article to bring such Conventions and Recommendations before the appropriate federal, state, provincial or cantonal authorities with particulars of the authorities regarded as appropriate and of the action taken by them;

(iv) in respect of each such Convention which it has not ratified, report to the Director-General of the International Labour Office, at appropriate intervals as requested by the Governing Body, the position of the law and practice of the federation and its constituent states, provinces or cantons in regard to the Convention, showing the extent to which effect has been given, or is proposed to be given, to any of the provisions of the Convention by legislation, administrative action, collective agreement, or otherwise;

(v) in respect of each such Recommendation, report to the Director-General of the International Labour Office, at appropriate intervals as requested by the Governing Body, the position of the law and practice of the federation and its constituent states, provinces or cantons in regard to the Recommendation, showing the extent to which effect has been given, or is proposed to be given, to the provisions of the Recommendation and such modifications of these provisions as have been found or may be found necessary in adopting or applying them.

8. In no case shall the adoption of any Convention or Recommendation by the Conference, or the ratification of any Convention by any Member, be deemed to affect any law, award, custom or agreement which ensures more

favourable conditions to the workers concerned than those provided for in the Convention or Recommendation.

Article 20

Any Convention so ratified shall be communicated by the Director-General of the International Labour Office to the Secretary-General of the United Nations for registration in accordance with the provisions of article 102 of the Charter of the United Nations but shall only be binding upon the Members which ratify it.

Article 21

1. If any Convention coming before the Conference for final consideration fails to secure the support of two-thirds of the votes cast by the delegates present, it shall nevertheless be within the right of any of the Members of the Organization to agree to such Convention among themselves.

2. Any Convention so agreed to shall be communicated by the governments concerned to the Director-General of the International Labour Office and to the Secretary-General of the United Nations for registration in accordance with the provisions of article 102 of the Charter of the United Nations.

Article 22

Each of the Members agrees to make an annual report to the International Labour Office on the measures which it has taken to give effect to the provisions of Conventions to which it is a party. These reports shall be made in such form and shall contain such particulars as the Governing Body may request.

Article 23

1. The Director-General shall lay before the next meeting of the Conference a summary of the information and reports communicated to him by Members in pursuance of articles 19 and 22.

2. Each Member shall communicate to the representative organizations recognised for the purpose of article 3 copies of the information and reports communicated to the Director-General in pursuance of articles 19 and 22.

Article 24

In the event of any representation being made to the International Labour Office by an industrial association of employers or of workers that any of the Members has failed to secure in any respect the effective observance within its jurisdiction of any Convention to which it is a party, the Governing Body may communicate this representation to the government against which it is made, and may invite that government to make such statement on the subject as it may think fit.

Article 25

If no statement is received within a reasonable time from the government in question, or if the statement when received is not deemed to be satisfactory by the Governing Body, the latter shall have the right to publish the representation and the statement, if any, made in reply to it.

Article 26

1. Any of the Members shall have the right to file a complaint with the International Labour Office if it is not satisfied that any other Member is securing the effective observance of any Convention which both have ratified in accordance with the foregoing articles.

2. The Governing Body may, if it thinks fit, before referring such a complaint to a Commission of Inquiry, as hereinafter provided for, communicate with the government in question in the manner described in article 24.

3. If the Governing Body does not think it necessary to communicate the complaint to the government in question, or if, when it has made such communication, no statement in reply has been received within a reasonable time which the Governing Body considers to be satisfactory, the Governing Body may appoint a Commission of Inquiry to consider the complaint and to report thereon.

4. The Governing Body may adopt the same procedure either of its own motion or on receipt of a complaint from a delegate to the Conference.

5. When any matter arising out of article 25 or 26 is being considered by the Governing Body, the government in question shall, if not already represented thereon, be entitled to send a representative to take part in the

proceedings of the Governing Body while the matter is under consideration. Adequate notice of the date on which the matter will be considered shall be given to the government in question.

Article 27
The Members agree that, in the event of the reference of a complaint to a Commission of Inquiry under article 26, they will each, whether directly concerned in the complaint or not, place at the disposal of the Commission all the information in their possession which bears upon the subject-matter of the complaint.

Article 28
When the Commission of Inquiry has fully considered the complaint, it shall prepare a report embodying its findings on all questions of fact relevant to determining the issue between the parties and containing such recommendations as it may think proper as to the steps which should be taken to meet the complaint and the time within which they should be taken.

Article 29
1. The Director-General of the International Labour Office shall communicate the report of the Commission of Inquiry to the Governing Body and to each of the governments concerned in the complaint, and shall cause it to be published.

2. Each of these governments shall within three months inform the Director-General of the International Labour Office whether or not it accepts the recommendations contained in the report of the Commission; and if not, whether it proposes to refer the complaint to the International Court of Justice.

Article 30
In the event of any Member failing to take the action required by paragraphs 5 (b), 6 (b) or 7 (b) (i) of article 19 with regard to a Convention or Recommendation, any other Member shall be entitled to refer the matter to the Governing Body. In the event of the Governing Body finding that there has been such a failure, it shall report the matter to the Conference.

Article 31

The decision of the International Court of Justice in regard to a complaint or matter which has been referred to it in pursuance of article 29 shall be final.

Article 32

The International Court of Justice may affirm, vary or reverse any of the findings or recommendations of the Commission of Inquiry, if any.

Article 33

In the event of any Member failing to carry out within the time specified the recommendations, if any, contained in the report of the Commission of Inquiry, or in the decision of the International Court of Justice, as the case may be, the Governing Body may recommend to the Conference such action as it may deem wise and expedient to secure compliance therewith.

Article 34

The defaulting government may at any time inform the Governing Body that it has taken the steps necessary to comply with the recommendations of the Commission of Inquiry or with those in the decision of the International Court of Justice, as the case may be, and may request it to constitute a Commission of Inquiry to verify its contention. In this case the provisions of articles 27, 28, 29, 31 and 32 shall apply, and if the report of the Commission of Inquiry or the decision of the International Court of Justice is in favour of the defaulting government, the Governing Body shall forthwith recommend the discontinuance of any action taken in pursuance of article 33.

CHAPTER III — GENERAL

Article 35

1. The Members undertake that Conventions which they have ratified in accordance with the provisions of this Constitution shall be applied to the non-metropolitan territories for whose international relations they are

responsible, including any trust territories for which they are the administering authority, except where the subject-matter of the Convention is within the self-governing powers of the territory or the Convention is inapplicable owing to the local conditions or subject to such modifications as may be necessary to adapt the Convention to local conditions.

2. Each Member which ratifies a Convention shall as soon as possible after ratification communicate to the Director-General of the International Labour Office a declaration stating in respect of the territories other than those referred to in paragraphs 4 and 5 below the extent to which it undertakes that the provisions of the Convention shall be applied and giving such particulars as may be prescribed by the Convention.

3. Each Member which has communicated a declaration in virtue of the preceding paragraph may from time to time, in accordance with the terms of the Convention, communicate a further declaration modifying the terms of any former declaration and stating the present position in respect of such territories.

4. Where the subject-matter of the Convention is within the self-governing powers of any non-metropolitan territory the Member responsible for the international relations of that territory shall bring the Convention to the notice of the government of the territory as soon as possible with a view to the enactment of legislation or other action by such government.

Thereafter the Member, in agreement with the government of the territory, may communicate to the Director-General of the International Labour Office a declaration accepting the obligations of the Convention on behalf of such territory.

5. A declaration accepting the obligations of any Convention may be communicated to the Director-General of the International Labour Office-

(a) by two or more Members of the Organization in respect of any territory which is under their joint authority; or

(b) by any international authority responsible for the administration of any territory, in virtue of the Charter of the United Nations or otherwise, in respect of any such territory.

6. Acceptance of the obligations of a Convention in virtue of paragraph 4 or paragraph 5 shall involve the acceptance on behalf of the territory concerned of the obligations stipulated by the terms of the Convention and the

obligations under the Constitution of the Organization which apply to ratified Conventions. A declaration of acceptance may specify such modification of the provisions of the Conventions as may be necessary to adapt the Convention to local conditions.

7. Each Member or international authority which has communicated a declaration in virtue of paragraph 4 or paragraph 5 of this article may from time to time, in accordance with the terms of the Convention, communicate a further declaration modifying the terms of any former declaration or terminating the acceptance of the obligations of the Convention on behalf of the territory concerned.

8. If the obligations of a Convention are not accepted on behalf of a territory to which paragraph 4 or paragraph 5 of this article relates, the Member or Members or international authority concerned shall report to the Director-General of the International Labour Office the position of the law and practice of that territory in regard to the matters dealt with in the Convention and the report shall show the extent to which effect has been given, or is proposed to be given, to any of the provisions of the Convention by legislation, administrative action, collective agreement or otherwise and shall state the difficulties which prevent or delay the acceptance of such Convention.

Article 36

Amendments to this Constitution which are adopted by the Conference by a majority of two-thirds of the votes cast by the delegates present shall take effect when ratified or accepted by two-thirds of the Members of the Organization including five of the ten Members which are represented on the Governing Body as Members of chief industrial importance in accordance with the provisions of paragraph 3 of article 7 of this Constitution.

Article 37

1. Any question or dispute relating to the interpretation of this Constitution or of any subsequent Convention concluded by the Members in pursuance of the provisions of this Constitution shall be referred for decision to the International Court of Justice.

2. Notwithstanding the provisions of paragraph 1 of this article the

Governing Body may make and submit to the Conference for approval rules providing for the appointment of a tribunal for the expeditious determination of any dispute or question relating to the interpretation of a Convention which may be referred there to by the Governing Body or in accordance with the terms of the Convention. Any applicable judgement or advisory opinion of the International Court of Justice shall be binding upon any tribunal established in virtue of this paragraph. Any award made by such a tribunal shall be circulated to the Members of the Organization and any observations which they may make thereon shall be brought before the Conference.

Article 38

1. The International Labour Organization may convene such regional conferences and establish such regional agencies as may be desirable to promote the aims and purposes of the Organization.

2. The powers, functions and procedure of regional conferences shall be governed by rules drawn up by the Governing Body and submitted to the General Conference for confirmation.

CHAPTER IV — MISCELLANEOUS PROVISIONS

Article 39

The International Labour Organization shall possess full juridical personality and in particular the capacity-

(a) to contract;

(b) to acquire and dispose of immovable and movable property;

(c) to institute legal proceedings.

Article 40 1. The International Labour Organization shall enjoy in the territory of each of its Members such privileges and immunities as are necessary for the fulfilment of its purposes.

2. Delegates to the Conference, members of the Governing Body and the Director-General and officials of the Office shall likewise enjoy such privileges and immunities as are necessary for the independent exercise of their functions in connection with the Organization.

3. Such privileges and immunities shall be defined in a separate agree-

ment to be prepared by the Organization with a view to its acceptance by the States Members.

ANNEX

Declaration concerning the aims and purposes of the International Labour Organization The General Conference of the International Labour Organization, meeting in its Twenty-sixth Session in Philadelphia, hereby adopts, this tenth day of May in the year nineteen hundred and forty-four, the present Declaration of the aims and purposes of the International Labour Organization and of the principles which should inspire the policy of its Members.

I. The Conference reaffirms the fundamental principles on which the Organization is based and, in particular, that-

(a) labour is not a commodity;

(b) freedom of expression and of association are essential to sustained progress;

(c) poverty anywhere constitutes a danger to prosperity everywhere;

(d) the war against want requires to be carried on with unrelenting vigour within each nation, and by continuous and concerted international effort in which the representatives of workers and employers, enjoying equal status with those of governments, join with them in free discussion and democratic decision with a view to the promotion of the common welfare.

II. Believing that experience has fully demonstrated the truth of the statement in the Constitution of the International Labour Organization that lasting peace can be established only if it is based on social justice, the Conference affirms that-

(a) all human beings, irrespective of race, creed or sex, have the right to pursue both their material well-being and their spiritual development in conditions of freedom and dignity, of economic security and equal Oppor tunity;

(b) the attainment of the conditions in which this shall be possible must constitute the central aim of national and international policy;

(c) all national and international policies and measures, in particular those of an economic and financial character, should be judged in this light and accepted only in so far as they may be held to promote and not to hinder the achievement of this fundamental objective;

(d) it is a responsibility of the International Labour Organization to examine and consider all international economic and financial policies and measures in the light of this fundamental objective;

(e) in discharging the tasks entrusted to it the International Labour Organization, having considered all relevant economic and financial factors, may include in its decisions and recommendations any provisions which it considers appropriate.

III. The Conference recognizes the solemn obligation of the International Labour Organization to further among the nations of the world programmes which will achieve:

(a) full employment and the raising of standards of living;

(b) the employment of workers in the occupations in which they can have the satisfaction of giving the fullest measure of their skill and attainments and make their greatest contribution to the common well-being;

(c) the provision, as a means to the attainment of this end and under adequate guarantees for all concerned, of facilities for training and the transfer of labour, including migration for employment and settlement;

(d) policies in regard to wages and earnings, hours and other conditions of work calculated to ensure a just share of the fruits of progress to all, and a minimum living wage to all employed and in need of such protection;

(e) the effective recognition of the right of collective bargaining, the cooperation of management and labour in the continuous improvement of productive efficiency, and the collaboration of workers and employers in the preparation and application of social and economic measures;

(f) the extension of soda! security measures to provide a basic income to all in need of such protection and comprehensive medical care;

(g) adequate protection for the life and health of workers in all occupations;

(h) provision for child welfare and maternity protection;

(i) the provision of adequate nutrition, housing and facilities for recreation and culture;

(j) the assurance of equality of educational and vocational opportunity.

IV. Confident that the fuller and broader utilization of the world's productive resources necessary for the achievement of the objectives set forth in this Declaration can be secured by effective international and national action, including measures to expand production and consumption, to avoid severe economic fluctuations, to promote the economic and social advancement of the less developed regions of the world, to assure greater stability in world prices of primary products, and to promote a high and steady volume of international trade, the Conference pledges the full cooperation of the International Labour Organization with such international bodies as may be entrusted with a share of the responsibility for this great task and for the promotion of the health, education and well-being of all peoples.

V. The conference affirms that the principles set forth in this Declaration are fully applicable to all peoples everywhere and that, while the manner of their application must be determined with due regard to the stage of social and economic development reached by each people, their progressive application to peoples who are still dependent, as well as to those who have already achieved self-government, is a matter of concern to the whole civilized world.

(국문)

국제노동기구헌장 전문

세계의 항구적 평화는 사회정의에 기초함으로써만 확립될 수 있으며, 세계의 평화와 화합이 위협을 받을만큼 커다란 불안을 가져오고 수많은 사람들에게 불의·고난 및 궁핍 등을 주는 근로조건이 존재하며, 이러한 조건은, 1일 및 1주당 최장근로시간의 설정을 포함한 근로시간의 규정, 노동력의 공급조절, 실업의 예방, 적정생활급의 지급, 직업상 발생하는 질병·질환 및 상해로부터 근로자의 보호, 아동·청소년 및 여성의 보호, 고령 및 상해에 대한 급부, 자기 나라외의 다른 나라에서 고용된 근로자의 권익 보호, 동등한 가치의 근로에 대한 동일보수 원칙의 인정, 결사의 자유 원칙의 인정, 직업교육 및 기술교육의 실시와 다른 조치들을 통하여, 시급히 개선되는 것이 요구되며, 또한 어느 나라가 인도적인 근로조건을 채택하지 아니하는 것은 다른 나라들이 근로조건을 개선하려는 데 장애가 되므로, 체약당사국들은 정의 및 인도주의와 세계의 항구적 평화를 확보하고자 하는 염원에서 이 전문에 규정된 목표를 달성하기 위하여 다음의 국제노동기구헌장에 동의한다.

제1장 조직

제1조

1. 이 헌장의 전문과 1944년 5월 10일 필라델피아에서 채택되어 이 헌장에 부속된 국제노동기구의 목적에 관한 선언에 규정된 목표를 달성하기 위하여 이에 상설기구를 설립한다.
2. 국제노동기구의 회원국은 1945년 11월 1일 이 기구의 회원국이었던 국가와 제3항 및 제4항의 규정에 따라 회원국이 되는 다른 국가들이다.
3. 국제연합의 원회원국 및 국제연합헌장의 규정에 따라 총회의 결정으로 국제연합회원국으로 가입된 국가는 국제노동사무국장에게 국제노동기구헌장 의무의 공식수락을 통보함으로써 국제노동기구의 회원국이 될 수

있다.

4. 또한 국제노동기구총회는 출석하여 투표한 정부 대표의 3분의 2를 포함하여 회기참석 대표 3분의 2의 찬성투표로 이 기구의 회원국으로 가입을 승인할 수 있다. 이러한 승인은 새로운 회원국 정부가 국제노동 사무국장에게 이 기구 헌장 의무의 공식수락을 통보함으로써 발효한다.

5. 국제노동기구의 어느 회원국도 국제노동사무국장에게 탈퇴 의사를 통고하지 아니하면 이 기구로부터 탈퇴할 수 없다. 이러한 통고는 회원국이 그 당시에 회원국의 지위로부터 발생하는 모든 재정적 의무의 이행을 조건으로 사무국장이 통고를 접수한 날부터 2년후에 발효한다. 회원국이 국제 노동협약을 비준하였을 경우, 탈퇴는 협약에 따라 발생하거나 또는 협약과 관계되는 모든 의무의 협약에 규정된 기간동안 계속적 효력에 영향을 미치지 아니한다.

6. 어느 국가의 이 기구 회원자격이 종료되었을 경우, 그 국가의 회원국으로의 재가입은 경우에 따라 제3항 또는 제4항의 규정에 의하여 규율된다.

제2조

상설기구는 다음과 같이 구성된다.

    (가) 회원국대표 총회

    (나) 제7조에 따라 구성되는 이사회

    (다) 이사회의 통제를 받는 국제노동사무국

제3조

1. 회원국대표 총회 회의는 필요에 따라 수시로 개최하며, 최소한 매년 1회 개최한다. 총회는 각 회원국 대표 4인으로 구성되며, 그 중 2인은 정부의 대표로, 나머지 2인은 각 회원국의 사용자 및 근로자를 각각 대표하는 자로 한다.

2. 각 대표는 고문을 내동힐 수 있으니, 고문은 회의의세 중 삭 항록에 내하여 2인을 초과할 수 없다. 여성에게 특별히 영향을 미치는 문제가 총회에서 심의될 때에는 고문중 최소한 1인은 여성이어야 한다.

3. 비본토지역의 국제관계를 책임지고 있는 각 회원국은 대표 각자에 대한 고문으로 다음과 같은 자를 추가로 임명할 수 있다.

(가) 그 지역의 자치권한내 사항에 관하여 지역대표로 회원국이 지명한 자

(나) 비자치지역 관련사항에 관하여 자기 나라 대표에게 조언하기 위하여 회원국이 지명한 자

4. 2 또는 그 이상 회원국의 공동통치하에 있는 지역의 경우에도, 이들 회원 국대표에게 조언할 수 있는 자를 지명할 수 있다.

5. 회원국은 자기 나라에서 사용자 또는 근로자를 가장 효과적으로 대표하는 산업단체가 존재하는 경우, 경우에 따라 이러한 산업단체와 합의하여 선 정한 비정부대표 및 고문을 지명한다.

6. 고문은 발언하지 못하며, 투표할 수 없다. 다만, 그가 수행하는 대표의 요청과 총회의장이 특별히 허가하는 경우에는 발언한다.

7. 대표는 의장에 대한 서면통고로 자신의 고문중 1인을 자신의 대리인으로 임명할 수 있으며, 고문은 대리인으로 행동하는 동안 발언 및 투표가 허용 된다.

8. 각 회원국정부는 대표 및 고문의 명단을 국제노동사무국에 통보한다.

9. 대표 및 고문의 신임장은 총회의 심사를 받는다. 총회는 이 조에 따르지 않고 지명된 것으로 보이는 대표 또는 고문의 승인을 출석대표 3분의 2 투표에 의하여 거부할 수 있다.

제4조

1. 각 대표는 총회에서 심의하는 모든 사항에 관하여 개별적으로 투표할 권 한이 있다.

2. 회원국이 지명할 권한이 있는 비정부대표 2인중 1인을 지명하지 아니할 경우, 나머지 비정부대표는 총회에 출석하고 발언하는 것은 허용되나 투 표는 허용되지 아니한다.

3. 제3조에 따라 총회가 회원국 대표의 승인을 거부할 경우 그 대표는 지명 되지 아니한 것으로 보고 이 조의 규정을 적용한다.

제5조

총회 회의는 이전의 회의에서 총회의 결정에 따라 이사회가 정하는 장소에서 개최된다.

제6조

국제노동사무국 소재지의 변경은 출석 대표 3분의 2의 다수결로 총회가 결정한다.

제7조

1. 이사회는 다음 56인으로 구성된다. 정부를 대표하는 28인, 사용자를 대표하는 14인, 근로자를 대표하는 14인.

2. 정부를 대표하는 28인중 10인은 주요산업국가인 회원국이 임명하며, 18인은 악의 10개 회원국 대표를 제외한 총회 참석 정부대표가 선정한 회원국이 임명한다.

3. 이사회는 필요에 따라 회원국중 어느 나라가 주요산업국가인지를 결정하고, 이사회가 결정하기 전에 공정한 위원회가 주요산업국가 선정에 관련된 모든 문제를 심의하도록 보장하는 규칙을 정한다. 어느 나라가 주요산업국가인지에 관한 이사회의 선언에 대하여 회원국이 제기한 모든 이의는 총회가 결정한다. 그러나 총회에 제기된 이의는 총회가 이의에 관하여 결정할 때까지 선언의 적용을 정지시키지 아니한다.

4. 사용자를 대표하는 자 및 근로자를 대표하는 자는 총회 사용자 대표 및 근로자 대표에 의하여 각각 선출된다.

5. 이사회의 임기는 3년이다. 이사회의 선거가 어떠한 이유로 이 기간 만료시에 행하여지지 아니할 경우 이사회는 선거가 실시될 때까지 직무를 계속한다.

6. 결원의 보충 방법, 대리인의 임명 방법 및 이와 유사한 문제는 총회의 승인을 조건으로 이사회가 결정할 수 있다.

7. 이사회는 그 구성원중에서 의장 1인 및 부의장 2인을 선출한다. 이들중 1인은 정부를 대표하는 자, 1인은 사용자를 대표하는 자, 1인은 근로자를

대표하는 자로 한다.

8. 이사회는 스스로 의사규칙을 제정하고 회의일정을 정한다. 특별회의는 이사회에서 최소한 16인이상의 대표가 서면으로 요청하는 경우 개최된다.

제8조

1. 국제노동사무국에는 사무국장을 둔다. 사무국장은 이사회에 의하여 임명되고, 이사회의 지시를 받아 국제노동사무국의 효율적인 운영 및 그에게 부여되는 다른 임무에 대하여 책임을 진다.

2. 사무국장 또는 그의 대리인은 이사회의 모든 회의에 참석한다.

제9조

1. 사무국장은 이사회가 승인한 규칙에 따라 국제노동사무국의 직원을 임명한다.

2. 사무국장은 사무국 업무의 효율성을 적절히 고려하여 가능한 한 국적이 다른 자를 선발한다.

3. 직원중 약간 명은 여성이어야 한다.

4. 사무국장 및 직원의 책임은 성질상 전적으로 국제적인 것이다. 사무국장 및 직원은 그 임무를 수행함에 있어서 이 기구외의 어떠한 정부나 다른 기구로부터 지시를 받으려 하거나 또는 받아서도 아니된다. 그들은 이 기구에 대하여만 책임을 지는 국제공무원으로서의 지위를 손상 할 우려가 있는 어떠한 행동도 삼가한다.

5. 회원국은 사무국장 및 직원의 책임이 전적으로 국제적 성질의 것임을 존중하고, 그들이 책임을 수행함에 있어서 그들에 대한 영향력을 추구하지 아니한다.

제10조

1. 국제노동사무국의 임무는 근로생활 및 근로조건의 국제적 조정에 관련되는 모든 사항에 관한 정보의 수집 및 배포, 특히 국제협약을 체결할 목적으로 총회에 회부 예정인 사항의 검토, 그리고 총회 또는 이사회가 명하는

특별조사 실시를 포함한다.

2. 사무국은 이사회의 지시에 따라 다음 사항을 행한다.

　(가) 총회회의 의제의 각종 항목에 관한 문서의 준비

　(나) 총회의 결정에 기초한 법령의 작성과 행정관행 및 감독제도의 개선과 관련, 정부의 요청에 따라 사무국의 권한안에서 정부에 대한 적절한 모든 지원의 제공

　(다) 협약의 실효적인 준수와 관련하여 이 헌장의 규정에 따라 사무국에 요구되는 직무의 수행

　(라) 이사회가 적절하다고 보는 언어로 국제적 관심의 대상인 산업 및 고용문제 취급 출판물의 편집 및 발간

3. 일반적으로 사무국은 총회 또는 이사회가 부여하는 다른 권한과 임무를 가진다.

제11조

산업 및 고용 문제를 담당하는 회원국의 정부기관은 국제노동사무국의 이사회에 나와 있는 자기 나라 정부대표를 통하여, 또는 자기 나라 정부 대표가 없는 경우에는 정부가 이 목적을 위하여 지명한 다른 유자격 공무원을 통하여 사무국장과 직접 접촉할 수 있다.

제12조

1. 국제노동기구는 공공국제전문기구의 활동을 조정하는 일반국제기구 및 해당분야의 공공국제전문기구와 이 헌장 조항의 범위안에서 협력한다.

2. 국제노동기구는 공공국제기구의 대표가 투표권 없이 국제노동 기구의 심의과정에 참여하도록 적절한 조치를 취할 수 있다.

3. 국제노동기구는 사용자 근로자 농업종사자 및 협동조합원의 국제기구를 포함하여 승인된 비정부간 국제기구들과 바람직한 협의를 위하여 적절한 소지를 취할 수 있다.

제13조

1. 국제노동기구는 재정 및 예산에 관한 적절한 약정을 국제연합과 체결할 수 있다.

2. 약정이 체결되기까지 또는 약정이 발효되지 아니한 경우에는 다음과 같이 한다.

   (가) 회원국은 자기 나라 대표 및 고문 그리고 경우에 따라 총회 또는 이사회 회의에 참가하는 자기 나라 대표의 여비 및 체재비를 지급한다.

   (나) 국제노동사무국 및 총회 또는 이사회 회의의 다른 모든 경비는 국제노동사무국장이 국제노동기구의 일반 기금으로부터 지불한다.

   (다) 국제노동기구 예산의 승인과 분담금의 할당 및 징수를 위한 약정은 출석대표 3분의 2의 다수결로 총회에서 결정되며, 정부대표위원회에 의한 예산 및 회원국간 경비할당 조치의 승인에 관하여 규정한다.

3. 국제노동기구의 경비는 제1항 또는 제2항 (다)호에 의하여 발효중인 약정에 따라 회원국이 부담한다.

4. 이 기구에 대한 재정분담금의 지불을 연체하고 있는 회원국은 연체액이 지난 만 2년 동안 그 나라가 지불하여야 할 분담금의 금액과 동액이거나 또는 이를 초과하는 경우, 총회 이사회 위원회에서 또는 이사회 이사의 선거에서 투표권이 없다. 다만, 지불 불이행이 회원국의 불가피한 사정 때문인 것으로 확인되는 경우에는 출석 대표 3분의 2의 다수결로 총회는 그 회원국에게 투표를 허가할 수 있다.

5. 국제노동사무국장은 국제노동기구 기금의 적정한 지출에 관하여 이사회에 책임을 진다.

제2장 절차

제14조

1. 총회의 모든 회의의제는 회원국 정부 또는 제3조의 목적을 위하여 인정된 대표단체 또는 공공국제기구의 의제에 대한 모든 제안을 고려하여 이사회

가 정한다.

2. 이사회는 총회가 협약 또는 권고를 채택하기 전에 준비회의 또는 다른 방법으로 관련 회원국의 철저한 기술적 준비와 적절한 협의를 보장 하기 위한 규칙을 정한다.

제15조

1. 사무국장은 총회의 사무총장으로서 행동하며, 의제를 총회 회의 4월전에 회원국에게 그리고 비정부대표에게는 회원국을 통하여 송부한다.

2. 의제의 각 항목에 관한 보고서는 회원국이 총회 회의 전에 충분히 심의할 기간을 두고 회원국에 도달되도록 발송한다. 이사회는 이 규정을 적용하기 위한 규칙을 정한다.

제16조

1. 회원국 정부는 어느 항목의 의제 포함에 대하여도 정식으로 이의를 제기할 수 있다. 그러한 이의제기의 이유는 사무국장에게 제출되는 설명서에 기재되며, 사무국장은 이를 모든 회원국에게 회람한다.

2. 이의가 제기된 항목은 총회가 출석 대표 3분의 2의 다수결로 그 항목심의에 찬성하는 경우 의제에서 제외되지 아니한다.

3. 총회가 출석 대표 3분의 2의 투표로 어느 사안을 총회에서 심의하기로(제2항에 의한 경우와는 달리) 결정하는 경우 그 사안은 차기 회의의 의제에 포함된다.

제17조

1. 총회는 의장 1인 및 부의장 3인을 선거한다. 부의장 중 1인은 정부대표, 1인은 사용자대표, 1인은 근로자대표로 한다. 총회는 의사규칙을 제정하며, 특정 사항에 관하여 심의 보고하는 위원회를 설치할 수 있다.

2. 이 헌장에 널리 명시적으로 규정되어 있거나, 총회에 권한을 부여하는 협약 또는 다른 문서의 조항 또는 제13조에 따라 채택된 재정 및 예산약정의 조항에 의한 경우를 제외하고는, 모든 사항은 출석대표의 단순과반수

투표로 결정한다.

3. 표결은 총 투표수가 총회 참석 대표 수의 과반수에 미달하면 무효이다.

제18조

총회는 총회가 임명하는 위원회에 투표권이 없는 기술전문가를 추가할 수 있다.

제19조

1. 총회가 의제중 어떤 항목에 관하여 제안을 채택하기로 결정한 경우, 총회는 이 제안이 (가) 국제협약 형식을 취할 것인지, 또는 (나) 취급된 사안이나 사안의 일부가 결정 당시 협약으로서는 적절치 아니하다고 인정되는 경우, 그 상황에 적합한 권고 형식을 취할 것인지를 결정한다.

2. 위 두가지 경우에 있어서, 총회가 협약 또는 권고를 채택하기 위하여는 최종 표결시 출석 대표 3분의 2의 다수결을 요한다.

3. 일반적으로 적용되는 협약 또는 권고 작성시 총회는 기후조건 산업단체의 불완전한 발달 또는 특별한 사정때문에 산업조건이 실질적으로 다른 나라에 대하여 적절한 고려를 하며, 또한 그러한 나라의 사정에 따라 필요하다고 인정되는 수정안을 제의한다.

4. 협약 또는 권고의 등본 2통은 총회의장 및 사무국장의 서명에 의하여 정본으로 인증된다. 이 등본 중 1통은 국제노동사무국의 문서 보존소에 기탁되며, 다른 1통은 국제연합사무총장에게 기탁된다. 사무국장은 협약 또는 권고의 인증등본을 각 회원국에 송부한다.

5. 협약의 경우에는 다음과 같이 한다.

    (가) 협약은 비준을 위하여 모든 회원국에 통보된다.

    (나) 회원국은 총회 회기 종료 후 늦어도 1년이내에 또는 예외적인 사정때문에 1년이내에 불가능한 경우에는 가능한 한 빨리, 그러나 어떠한 경우에도 총회 회기 종료 18월이내에 입법 또는 다른 조치를 위하여 그 사항을 관장하는 권한있는 기관에 협약을 제출한다.

    (다) 회원국은 협약을 위의 권한있는 기관에 제출하기 위하여 이 조에 따

라 취한 조치, 권한이 있는 것으로 인정되는 기관에 관한 상세한 설명 및 그 기관의 조치를 국제노동사무국장에게 통지한다.

(라) 회원국이 그 사항을 관장하는 권한있는 기관의 동의를 얻는 경우 그 회원국은 협약의 공식 비준을 사무국장에게 통보하고, 협약 규정을 시행하기 위하여 필요한 조치를 취한다.

(마) 회원국이 그 사항을 관장하는 권한있는 기간의 동의를 얻지 못하는 경우, 그 회원국은 협약이 취급하고 있는 사항에 관하여 자기 나라 법률 및 관행의 입장을 이사회가 요구하는 적당한 기간마다 국제노동사무국장에게 보고하는 것외에는 어떠한 추가의무도 지지 아니한다. 이 보고에는 입법 행정조치 단체협약 또는 다른 방법으로 협약의 규정이 시행되어 왔거나 또는 시행될 범위를 적시하고, 또한 협약의 비준을 방해하거나 지연시키는 어려운 사정을 기술한다.

6. 권고의 경우에는 다음과 같이 한다.

(가) 권고는 국내입법 또는 다른 방법으로 시행되도록 심의를 위하여 모든 회원국에 통보된다.

(나) 회원국은 총회 회기 종료 후 늦어도 1년이내에 또는 예외적인 사정 때문에 1년이내에 불가능한 경우에는 가능한 한 빨리, 그러나 어떠한 경우에도 총회 회기 종료 후 18월이내에 입법 또는 다른 조치를 위하여 그 사항을 관장하는 권한있는 기관에 권고를 제출한다.

(다) 회원국은 권고를 위의 권한있는 기관에 제출하기 위하여 이 조에 따라 취한 조치, 권한이 있는 것으로 인정되는 기관에 관한 상세한 설명 및 그 기관의 조치를 국제노동사무국장에게 통지한다.

(라) 권고를 위의 권한있는 기관에 제출하는 것을 별도로 하고, 회원국은 권고가 취급하고 있는 사항에 관하여 자기 나라 법률 및 관행의 입장을 이사회가 요구하는 적당한 기간마다 국제 노동사무국장에게 보고하는 것외에는 어떠한 추가 의무도 지지 아니한다. 이 보고에는 권고의 규정이 시행되어 왔거나 또는 시행될 범위 및 이 규정을 채택하거나 적용함에 있어서 필요하다고 인정된 또는 인정될 수 있는 수정사항을 적시한다.

7. 연방국가의 경우에는 다음 규정을 적용한다.

　(가) 연방정부가 헌법제도상 연방의 조치가 적절하다고 인정하는 협약 및 권고에 관하여, 연방국가의 의무는 연방국가가 아닌 회원국의 의무와 동일하다.

　(나) 연방정부가 헌법제도상 전체적으로나 부분적으로 연방에 의한 조치보다는 구성 주 도 또는 현에 의한 조치가 오히려 적절 하다고 인정하는 협약 및 권고에 관하여, 연방 정부는 다음과 같이 조치한다.

　　(1) 연방헌법 및 관련 주 도 또는 현의 헌법에 따라, 입법 또는 다른 조치를 위하여, 총회 회기 종료 후 18월이내에 협약 및 권고를 연방 주 도 또는 현의 적절한 기관에 회부하기 위하여 유효한 조치를 취한다.

　　(2) 관련 주 도 또는 현 정부의 동의를 조건으로 협약 및 권고의 규정을 시행하기 위하여 연방국가안에서 조정된 조치를 촉진할 목적으로 연방의 기관과 주 도 또는 현의 기관간에 정기적 협의를 주선한다.

　　(3) 협약 및 권고를 연방 주 도 또는 현의 적절한 기관에 제출하기 위하여 이 조에 따라 취한 조치, 적절하다고 인정되는 기관에 관한 상세한 설명 및 그 기관의 조치를 국제노동사무국장에게 통지한다.

　　(4) 연방정부가 비준하지 아니한 협약에 관하여 연방 및 구성 주 도 또는 현의 협약과 관련된 법률 및 관행의 입장을 이사회가 요구하는 적절한 기간마다 국제노동사무국장에게 보고한다. 이 보고에는 입법 행정조치 단체협약 또는 다른 방법에 의하여 협약의 규정이 시행되어 왔거나 또는 시행될 범위를 적시한다.

　　(5) 각 권고에 관하여, 연방 및 구성 주 도 또는 현의 권고와 관련된 법률 및 관행의 입장을 이사회가 요구하는 적절한 기간마다 국제노동사무국장에게 보고한다. 이 보고에는 권고의 규정이 시행되어 왔거나 시행될 범위 및 이 규정을 채택하거나 적용함에 있어서 필요하다고 인정된 또는 인정될 수 있는 수정사항을 적시한다.

8. 어떠한 경우에도, 총회에 의한 협약이나 권고의 채택 또는 회원국에 의한 협약의 비준이 협약 또는 권고에 규정된 조건보다도 관련 근로자에게 보다 유리한 조건을 보장하고 있는 법률 판정 관습 또는 협정에 영향을 주는 것으로 인정되지 아니한다.

제20조

비준된 어떠한 협약도 국제연합헌장 제102조의 규정에 따른 등록을 위하여 국제노동사무국장이 국제연합사무총장에게 통보한다. 그러나 협약은 비준하는 회원국만을 구속한다.

제21조

1. 최종심의를 위하여 총회에 제출된 협약이 출석대표 3분의 2의 지지투표를 확보하지 못하는 경우에도, 회원국간에 그 협약에 합의하는 것은 회원국의 권리에 속한다.

2. 위와 같이 합의된 협약은 관련정부에 의하여 국제노동사무국장 및 국제연합헌장 제102조의 규정에 따른 등록을 위하여 국제연합사무총장에게 통보된다.

제22조

회원국은 자기나라가 당사국으로 되어있는 협약의 규정을 시행하기 위하여 취한 조치에 관하여 국제노동사무국에 연례보고를 하는 것에 동의한다. 이 보고서는 이사회가 요청하는 양식에 따라 작성되며 이사회가 요청하는 특정사항을 포함한다.

제23조

1. 사무국장은 제19조 및 제22조에 따라 회원국이 통보한 자료와 보고서의 개요를 총회의 다음 회의에 제출한다.

2. 회원국은 제3조의 목적을 위하여 승인된 대표단체에게 제19조 및 제22조에 따라 사무국장에게 통보된 자료와 보고서의 사본을 송부한다.

제24조

어느 회원국이 관할권의 범위안에서 자기나라가 당사국으로 되어 있는 협약의 실효적인 준수를 어느 면에서 보장하지 아니한다고 사용자 또는 근로자의 산업단체가 국제노동사무국에 진정한 경우에, 이사회는 이 진정을 진정의 대상이 된 정부에 통보하고, 이 사항에 관하여 적절한 해명을 하도록 그 정부에 권유할 수 있다.

제25조

이사회는 해당 정부로부터 합당한 기간내에 해명을 통보받지 못하거나 이사회가 접수한 해명이 만족스럽지 아니하다고 판단하는 경우에 진정 및 진정에 대한 해명이 있을 때에는 그 해명을 공표할 권리를 가진다.

제26조

1. 어느 회원국도 다른 회원국이 두 나라에 의해 비준된 협약의 실효적인 준수를 보장하지 아니한다고 인정하는 경우에 위의 조항에 따라 국제노동사무국에 이의를 제기할 권리를 가진다.
2. 이사회는 적절한 경우에 다음에 규정되어 있는 심사위원회에 이의를 회부하기 전에 제24조에 따라 해당정부와 의견을 교환할 수 있다.
3. 이사회가 이의를 해당정부에 통보할 필요가 없다고 생각하거나 또는 통보를 하여도 만족스러운 회답을 합당한 기간안에 접수하지 못하는 경우에, 이사회는 그 이의를 심의하고 이에 관하여 보고할 심사위원회를 설치할 수 있다.
4. 이사회는 스스로의 발의나 총회 대표로부터의 이의 접수에 관하여 동일한 절차를 채택할 수 있다.
5. 이사회가 제25조 또는 제26조로부터 발생하는 사항을 심의하고 있을 경우, 해당정부는 이사회에 자신의 대표가 없는 경우에 그 사항의 심의중 이사회의 의사진행에 참여할 대표의 파견권을 가진다. 그 사항의 심의 일정은 해당 정부에 적절히 통고된다.

제27조

회원국은 제26조에 따라 심사위원회에 이의가 회부되는 경우에, 자기 나라가 이의에 직접적으로 관련이 없더라도 그 이의 사안과 관련된 자기 나라 소유의 모든 자료를 심사위원회가 이용하도록 제공하는 데 동의한다.

제28조

심사위원회는 이의를 충분히 심의한 후, 당사자간의 쟁점 확인과 관련된 모든 사실 조사 결과를 수록하고, 또한 이의를 해결하기 위하여 취할 조치 및 조치 시행 기한에 관하여 적절한 권고사항을 포함한 보고서를 준비한다.

제29조

1. 국제노동사무국장은 심사위원회의 보고서를 이사회 및 이의와 관련된 정부에 송부하고, 보고서가 공표되도록 한다.
2. 이들 정부는 심사위원회의 보고서에 포함된 권고사항 수락 여부 및 수락하지 아니하는 경우 국제사법재판소에 이의 회부 여부를 3월이내에 국제노동사무국장에게 통지한다.

제30조

회원국이 어느 협약 또는 권고에 대하여 제19조 제5항 (나)호, 제6항 (나)호 또는 제7항 (나)호 (1)이 요구하는 조치를 취하지 아니하는 경우에, 다른 회원국은 이를 이사회에 회부할 권한이 있다. 이사회는 이러한 조치의 불이행을 확인하는 경우에 이를 총회에 보고한다.

제31조

제29조에 따라 국제사법재판소에 회부된 이의 또는 사항에 관한 재판소의 판결은 최종적이다.

제32조

국제사법재판소는 심사위원회의 조사결과 또는 권고사항을 확인 변경 또는 파기할 수 있다.

제33조

회원국이 심사위원회의 보고서 또는 국제사법재판소의 판결에 포함된 권고 사항을 지정 기간안에 이행하지 아니하는 경우에, 이사회는 그 이행을 보장하기 위하여 현명하고 합당한 조치를 총회에 권고할 수 있다.

제34조

정부는 심사위원회의 권고사항 또는 국제사법재판소 판결의 권고 사항을 이행하지 아니하는 경우 그 이행을 위하여 필요한 조치를 취하였음을 언제든지 이사회에 통지할 수 있으며, 스스로의 주장을 확인할 심사 위원회의 구성을 이사회에 요청할 수 있다. 이 경우에 제27조 제28조 제29조 제31조 및 제32조의 규정을 적용하며, 심사위원회의 보고서 또는 국제사법재판소의 판결이 권고사항 불이행 정부에게 유리한 경우에는 이사회는 제33조에 따라 취한 조치의 중지를 즉시 권고한다.

제3장 일반규정

제35조

1. 회원국은 이 헌장의 규정에 따라 비준한 협약을 자기 나라가 시정권자인 신탁통치지역을 포함하여 국제관계에 책임을 지는 비본토 지역에 대하여 적용한다. 다만, 협약의 사안이 그 지역의 자치권한 안에 속하는 경우, 또는 협약이 현지 사정 때문에 적용될 수 없거나 또는 현지사정에 적응을 위하여 협약에 대한 수정이 필요한 경우에는 예외로 한다.
2. 협약을 비준한 회원국은 비준 후 가능한 한 빨리 다음의 제4항 및 제5항에 규정된 지역외의 다른 지역에 대하여 적용될 협약의 범위와 협약이 규정한 특정사항이 기재된 선언을 국제노동사무국장에게 통보한다.
3. 제2항에 의하여 선언을 통보한 회원국은 과거 선언의 조항을 변경하고,

그 지역에 관하여 현재의 입장을 기술한 추가 선언을 협약의 조항에 따라 수시로 통보할 수 있다.

4. 협약의 사안이 비본토지역의 자치권한안에 속하는 경우, 그 지역의 국제 관계에 책임을 지는 회원국은 지역정부가 입법 또는 다른 조치를 취하도 록 가능한 한 빨리 협약을 지역정부에 통고한다. 그 후 회원국은 비본토지 역을 대리하여 협약의무 수락선언을 지역정부와 합의하여 국제노동사무 국장에게 통보할 수 있다.

5. 협약의무 수락선언은 다음의 회원국 또는 국제기구에 의하여 국제노동사 무국장에게 통보될 수 있다.

   (가) 국제노동기구의 2 또는 그 이상의 회원국의 공동통치하에 있는 지역 에 관하여는 이들 회원국

   (나) 국제연합헌장 등에 의하여 국제기구가 시정을 책임지는 지역에 관하 여는 그 국제기구

6. 제4항 또는 제5항에 의한 협약의무 수락은 관련지역을 대리하여 협약 조 항에 규정된 의무의 수락 및 비준된 협약에 적용되는 헌장상 의무의 수락 을 포함한다. 수락선언에는 협약을 현지사정에 적응시키기 위하여 필요한 협약 규정의 수정을 명기할 수 있다.

7. 제4항 또는 제5항에 의하여 선언을 통보한 회원국 또는 국제기구는 협약 의 조항에 따라 과거 선언의 조항을 변경하거나 또는 관련지역을 대리하 여 협약의무 수락을 종료하는 추가 선언을 수시로 통보할 수 있다.

8. 제4항 또는 제5항과 관련된 지역을 대리하여 협약의 의무가 수락되지 아 니할 때는, 관련 회원국 또는 국제기구는 협약이 취급하고 있는 사항에 관하여 그 지역의 법률 및 관행의 입장을 국제노동사무국장에게 보고한 다. 이 보고에는 입법 행정조치 단체협약 또는 다른 방법으로 협약의 규정 이 시행되어 왔거나 또는 시행될 범위를 적시하고 또한 협약 수락을 방해 하거나 지연시키는 어려운 사정을 기술한다.

제36조

출석대표 3분의 2의 다수결로 총회가 채택한 이 헌장의 개정은 헌장 제7조

제3항의 규정에 따라 주요산업국가로서 이사회에 진출하여 있는 10개 회원국 중 5개국을 포함하여 회원국 3분의 2가 비준하거나 수락할 때에 발효한다.

제37조

1. 헌장의 해석 또는 회원국이 헌장의 규정에 따라 앞으로 체결할 협약의 해석과 관련된 문제나 분쟁은 결정을 위하여 국제사법재판소에 회부된다.

2. 제1항의 규정에 불구하고, 이사회는 이사회에 의하여 또는 협약의 조항에 따라 회부되는 협약 해석과 관련된 분쟁이나 문제를 신속히 해결하기 위하여 재판소의 설치를 규정하는 규칙을 제정하고, 이를 승인받기 위하여 총회에 제출할 수 있다. 국제사법재판소의 판결이나 권고적 의견은 적용이 가능할 경우 이 항에 따라 설치되는 모든 재판소를 구속한다. 이러한 재판소가 행한 재정은 회원국에 회람되며, 이에 관한 회원국의 의견서는 총회에 제출된다.

제38조

1. 국제노동기구는 이 기구의 목적을 달성하기 위하여 필요한 지역회의를 소집하고 지역사무소를 설립할 수 있다.

2. 지역회의의 권한, 임무 및 절차는 이사회가 작성하여 총회가 인준한 규칙에 따라 규율된다.

제4장 잡칙

제39조

국제노동기구는 완전한 법인격을 가지며, 특히 다음과 같은 권리능력을 가진다.

　(가) 계약체결

　(나) 부동산 및 동산의 취득 및 처분

　(다) 소송의 제기

제40조

1. 국제노동기구는 회원국의 영토안에서 목적 달성에 필요한 특권 및 면제를 향유한다.
2. 총회대표 이사회 이사 사무국장 및 사무국 직원도 이 기구와 관련된 임무를 독자적으로 수행하기 위하여 필요한 특권 및 면제를 향유한다.
3. 이러한 특권 및 면제는 이 기구가 회원국의 수락을 위하여 작성하는 별도의 협정으로 정한다.

부속서

국제노동기구의 목적에 관한 선언

국제노동기구총회는 「필라델피아」 제26차 회기 회의에서 1944년 5월 10일 국제노동기구의 목적과 회원국의 정책 기조가 될 원칙에 관한 선언을 이에 채택한다.

1

총회는 국제노동기구가 기초하고 있는 기본원칙과 특히 다음 사항을 재확인한다.

　(가) 근로는 상품이 아니다.

　(나) 표현 및 결사의 자유는 지속적인 발전에 필수적이다.

　(다) 일부 지역의 빈곤은 모든 지역의 번영에 위험을 준다.

　(라) 결핍과의 전쟁은 각국안에서는 불굴의 의지로, 국제적으로는 정부대표와 동등한 지위를 향유하는 근로자 및 사용자 대표가 일반복지 증진을 위한 자유 토론과 민주적 결정에 정부대표와 함께 참여하도록 지속적이고 조화된 노력을 기울여 수행할 것을 요구한다.

2

항구적 평화는 사회정의에 기초함으로써만 확립될 수 있다는 국제노동 기구

헌장 선언은 경험상 그 진실성이 충분히 증명되었다고 믿고, 총회는 다음 사항을 확인한다.

    (가) 모든 인간은 인종·신조 또는 성에 관계없이 자유 및 존엄과 경제적 안정 및 기회균등의 조건하에 물질적 복지와 정신적 발전을 추구할 권리를 가진다.

    (나) 이러한 것을 가능하게 하는 조건의 달성은 국가적 및 국제적 정책의 중심목적이어야 한다.

    (다) 모든 국내적 및 국제적 정책과 조치, 특히 경제적·재정적 성격의 정책과 조치는 이러한 관점에서 평가되어야 하며, 또한 근본목표 달성을 방해하지 아니하고 증진시킬 수 있는 경우에만 채택되어야 한다.

    (라) 이 근본목표에 비추어 모든 국제적 경제·재정정책 및 조치를 검토하고 심의하는 것이 국제노동기구의 책무이다.

    (마) 국제노동기구에게 맡겨진 임무를 수행함에 있어서 이 기구는 관련된 모든 경제적·재정적 요소를 고려한 후, 그 결정 및 권고 사항에 적절하다고 인정되는 어떠한 규정도 포함시킬 수 있다.

3

총회는 전 세계 국가에게 다음 사항의 달성계획을 촉진하여야 하는 국제노동기구의 엄숙한 의무를 승인한다.

    (가) 완전고용 및 생활수준의 향상

    (나) 근로자가 기술 및 기능을 최대한도로 발휘하여 만족을 누릴 수 있고, 일반복지에 최대한으로 공헌할 수 있는 직업에 근로자의 고용

    (다) 이러한 목적달성의 방편으로서 그리고 모든 관련자에 대한 적절한 보장하에, 훈련을 위한 시설제공과 고용 및 정착목적의 이민을 포함한 노동의 이동

    (라) 모든 사람에게 발전과실의 공정분배를 보장하기 위한 임금 및 소득, 근로시간 및 다른 근로조건에 관한 정책, 또한 최저 생활급에 의한 보호를 요하는 자 및 모든 피고용자에 대한 최저생활급 지급

    (마) 단체교섭권의 실효적인 인정, 생산능률의 지속적 향상을 위한 경영자 및 근로자간의 협력, 사회적·경제적 조치의 준비 및 적용에 관한

근로자와 사용자간의 협력

(바) 보호를 요하는 모든 사람에 대하여 기본소득과 이들에게 종합의료를 제공하는 사회보장조치의 확대

(사) 모든 직업에 있어서 근로자의 생명 및 건강의 적절한 보호

(아) 아동의 복지제공 및 모성의 보호

(자) 적절한 영양·주거 및 휴식·문화시설의 제공

(차) 교육 및 직업에 있어서 기회균등의 보장

4

이 선언에 규정된 목표달성에 필요한 세계 생산자원의 보다 완전하고 광범한 이용은 생산 및 소비의 증대·격심한 경제변동의 회피·세계 저개발지역의 경제적 및 사회적 발전의 촉진·1차산품에 대한 보다 안정된 국제가격의 확보 및 국제교역량의 고도의 지속적 증대조치를 포함하는 실효적인 국제적·국내적 조치를 통하여 보장될 수 있음을 확신하고, 총회는 국제노동기구가 이 위대한 사업과 모든 사람의 건강·교육 및 복지의 증진에 관한 책임의 일부를 맡은 국제기구와 충분히 협력할 것임을 서약한다.

5

총회는 이 선언에 규정된 원칙이 전 세계의 모든 민족에게 충분히 적용될 수 있으며, 또한 그 적용방식은 각 민족이 도달한 사회적 및 경제적 발달의 단계를 충분히 고려하여 결정되어야 함과 동시에 이미 자립을 달성한 민족뿐만 아니라 여전히 종속적인 민족에 대하여도 그 원칙을 점진적으로 적용하는 것이 문명세계 전체의 관심사임을 확인한다.

[출처] 국가법령 정보센터 http://www.law.go.kr/main.html

【부록 2】 국제노동기구와 협력관계에 있는 비정부기구의 공식 목록

African Commission of Health and Human Rights Promoters	Commission africaine des promoteurs de la santé et des droits de l'homme	African Commission of Health and Human Rights Promoters
Amnesty International	Amnistie Internationale	Amnistía Internacional
Anti-Slavery International	Société anti-esclavagiste internationale	Anti-Slavery International
Arab Lawyers' Union	Union des avocats arabes	Arab Lawyers' Union
Association of Volunteers for International Service	Association de volontaires pour le service international	Asociación de Voluntarios para el Servicio Internacional
Caritas Internationalis	Caritas Internationalis	Caritas Internationalis
Center for Migration Studies	Center for Migration Studies	Center for Migration Studies
Consultative Council of Jewish Organizations	Consultative Council of Jewish Organizations	Consultative Council of Jewish Organizations
Coordinating Board of Jewish Organizations	Coordinating Board of Jewish Organizations	Coordinating Board of Jewish Organizations
Defence for Children International	Défense des Enfants – International	Defensa de los Niños – Internacional
Disabled People's International	Organisation mondiale des personnes handicapées	Organización Mundial de Personas con Discapacidad
European Disability Forum	Forum européen des personnes handicapées	European Disability Forum
Four Directions Council	Conseil des points cardinaux	Consejo de los Cuatro Vientos

Global Applied Disability Research and Information Network on Employment and Training	Réseau mondial d'informations et de recherche appliquée dans le domaine de l'emploi et de la formation des personnes handicapées	Global Applied Disability Research and Information Network on Employment and Training
Inclusion International – International League of Societies for Persons with Mental Handicap	Inclusion International – International League of Societies for Persons with Mental Handicap	Inclusion International – International League of Societies for Persons with Mental Handicap
Indigenous World Association	Indigenous World Association	Indigenous World Association
Institution of Occupational Safety and Health	Institution de la sécurité et de la santé au travail	Institución de la Seguridad y la Salud en el Trabajo
International Abolitionist Federation	Fédération abolitionniste internationale	Federación Abolicionista Internacional
International Actuarial Association	Association actuarielle internationale	Asociación Internacional de Actuarios
International Alliance of Orchestra Associations	International Alliance of Orchestra Associations	International Alliance of Orchestra Associations
International Alliance of Women	Alliance internationale des femmes	Alianza Internacional de Mujeres
International Assembly of the French-speaking World	Assemblée parlementaire de la francophonie	Assemblée parlementaire de la francophonie
International Association of Classification Societies	International Association of Classification Societies	International Association of Classification Societies
International Association for Community Development	Association internationale de développement et d'action comunautaires	International Association for Community Development
International Association for Counselling	Association internationale pour le développement de l'orientation	International Association for Counselling
International Association for Educational and Vocational Guidance	Association internationale d'orientation scolaire et professionnelle	Asociación Internacional para la Orientación Educativa y Profesional
International Association for Educational and Vocational Information	International Association for Educational and Vocational Information	International Association for Educational and Vocational Information

International Association for Media and Communication Research	Association internationale des études et recherches sur l'information et la communication	Asociación Internacional de Estudios de Comunicación Social
International Association for Mutual Assistance	International Association for Mutual Assistance	International Association for Mutual Assistance
International Association for the Exchange of Students for Technical Experience	International Association for the Exchange of Students for Technical Experience	International Association for the Exchange of Students for Technical Experience
International Association of Agricultural Medecine and Rural Health	Association internationale de médecine agricole et de santé rurale	International Association of Agricultural Medecine and Rural Health
International Association of Conference Interpreters	Association internationale des interprètes de conférence	International Association of Conference Interpreters
International Association of Economic and Social Councils and Similar Institutions	Association internationale des Conseils économiques et sociaux et Institutions similaires	Association internationale des Conseils économiques et sociaux et Institutions similaires
International Association of Judges	Union internationale des magistrats	Unión Internacional de Magistrados
International Association of Labour Inspection	Association internationale de l'inspection du travail	Asociación Internacional de la Inspección de Trabajo
International Association of Lawyers	Union internationale des Avocats	Union Internacional de Abogados
International Association of Ports and Harbors	International Association of Ports and Harbors	International Association of Ports and Harbors
International Association of Students in Economics and Management	Association internationale des étudiants en sciences économiques et commerciales	International Association of Students in Economics and Management
International Association of Universities of the Third Age	Association internationale des universités du troisième âge	Asociación Internacional de las Universidades de la Tercera Edad
International Bureau of Social Tourism	Bureau international du tourisme social	Oficina Internacional del Turismo Social
International Cargo Handling Coordination Association	Association de coordination de la manipulation des chargements	International Cargo Handling Coordination Association

International Catholic Committee of Nurses and Medico Social Assistants	Comité international catholique des infirmières et assistantes médico-sociales	International Catholic Committee of Nurses and Medico Social Workers
International Catholic Migration Commission	Commission internationale catholique pour les migrations	Comisión Católica Internacional de Migración
International Centre for Human Rights and Democratic Development	Centre international des droits de la personne et du développement démocratique	Centro Internacional de Derechos Humanos y Democracia
International Centre for Trade Union Rights	Centre international pour les droits syndicaux	Centro Internacional para los Derechos Sindicales
International Centre of Research and Information on the Public and Cooperative Economy	Centre international de recherches et d'information sur l'économie publique, sociale et coopérative	International Centre of Research and Information on the Public and Cooperative Economy
International Christian Maritime Association	Association maritime chrétienne internationale	International Christian Maritime Association
International Collective in Support of Fishworkers	Collectif international d'appui aux travailleurs de la pêche	Colectivo Internacional de Apoyo al Pescador Artesanal
International Commission of Jurists	Commission internationale de juristes	Comisión Internacional de Juristas
International Commission on Illumination	Commission International de l'Eclairage	International Commission on Illumination
International Commission on Non-ionizing Radiation Protection	Commission internationale de protection contre les rayonnements ionisants	International Commission on Non-ionizing Radiation Protection
International Commission on Occupational Health	Commission internationale de la santé au travail	Comisión Internacional de Medicina del Trabajo
International Confederation of Midwives	Confédération internationale des sages-femmes	Confederación Internacional de Parteras
International Cooperation for Development and Solidarity	Coopération internationale pour le développement et la solidarité	Cooperación Internacional para el Desarrollo y la Solidaridad
International Coordination of Young Christian Workers	Coordination internationale de la jeunesse ouvrière chrétienne	Coordinación Internacional de la Juventud Obrera Cristiana

International Council for Adult Education	Conseil international d'éducation des adultes	Consejo Internacional de Educación de Adultos
International Council for Educational Media	Conseil international des médias éducatifs	International Council for Educational Media
International Council of Jewish Women	Conseil international des femmes juives	Consejo Internacional de Mujeres Judías
International Council of Nurses	Conseil international des infirmières	Consejo Internacional de Enfermeras
International Council of Societies of Industrial Design	International Council of Societies of Industrial Design	International Council of Societies of Industrial Design
International Council of Voluntary Agencies	Conseil international des agences bénévoles	Consejo Internacional de Organizaciones Voluntarias
International Council of Women	Conseil international des femmes	Consejo Internacional de Mujeres
International Council on Alcohol and Addictions	Conseil international sur les problèmes de l'alcoolisme et des toxicomanies	International Council on Alcohol and Addictions
International Council on Social Welfare	Conseil international de l'action sociale	Consejo Internacional de Bienestar Social
International Ergonomics Association	Association internationale d'ergonomie	International Ergonomics Association
International Federation of Business and Professional Women	Fédération internationale des femmes de carrières libérales et commerciales	Federación Internacional de Mujeres de Negocios y Profesionales
International Federation of Hard of Hearing People	International Federation of Hard of Hearing People	International Federation of Hard of Hearing People
International Federation of Human Rights	Fédération internationale des ligues des droits de l'homme	Federación Internacional de los Derechos Humanos
International Federation of Non-Governmental Organizations for the Prevention of Drug and Substance Abuse	International Federation of Non-Governmental Organizations for the Prevention of Drug and Substance Abuse	International Federation of Non-Governmental Organizations for the Prevention of Drug and Substance Abuse
International Federation of Organic Agriculture Movements	Federation internationale des mouvements d'agriculture biologique	Federación International de Movimentos de Agricultura Biológica

International Federation of Persons with Physical Disability	Fédération internationale des personnes handicapées physiques	Federación Internacional de Personas con Discapacidad Física
International Federation of Red Cross and Red Crescent Societies	Fédération internationale des sociétés de la Croix-Rouge et du Croissant-Rouge	Federación Internacional de Sociedades de la Cruz Roja y de la Media Luna Roja
International Federation of Senior Police Officers	International Federation of Senior Police Officers	International Federation of Senior Police Officers
International Federation of Shipmasters' Associations	International Federation of Shipmasters' Associations	International Federation of Shipmasters' Associations
International Federation of Social Workers	Fédération internationale des travailleurs sociaux	Federación Internacional de Trabajadores Sociales
International Federation of Training and Development Organisations	Fédération internationale des organisations de formation et de développement	International Federation of Training and Development Organizations
International Federation of University Women	Fédération internationale des femmes diplômées des universités	Federación Internacional de Mujeres Universitarias
International Federation of Women in Legal Careers	Fédération internationale des femmes des carrières juridiques	Federación Internacional de Mujeres Juristas
International Federation of Women Lawyers	International Federation of Women Lawyers	International Federation of Women Lawyers
International Federation of Workers' Education Associations	Fédération internationale des associations pour l'éducation des travailleurs	Federación Internacional de Asociaciones para la Educación de los Trabajadores
International Federation on Ageing	Fédération internationale du Viellissement	Federación Internacional de la Vejez
International Federation Terre des Hommes	Fédération internationale Terre des Hommes	Federación Internacional Terre des Hommes
International Institute of Administrative Sciences	Institut international des sciences administratives	International Institute of Administrative Sciences
International Kolping Society	Oeuvre internationale Kolping	Obra Kolping Internacional
International League for Human Rights	Ligue internationale des droits de l'homme	Liga Internacional de los Derechos Humanos

International Movement ATD Fourth World	Mouvement international ATD Quart Monde	Movimiento Internacional ATD Cuarto Mundo
International Movement of Apostolate of Children	Mouvement international d'apostolat des enfants	International Movement of Apostolate of Children
International Movement of Catholic Agricultural and Rural Youth	Mouvement international de la jeunesse agricole et rurale catholique	Movimiento Internacional de la Juventud Agraria y Rural Católica
International Occupational Hygiene Association	International Occupational Hygiene Association	International Occupational Hygiene Association
International Organization for Standardization	Organisation internationale de normalisation	Organización Internacional de Normalización
International Planned Parenthood Federation	International Planned Parenthood Federation	International Planned Parenthood Federation
International Radiation Protection Association	International Radiation Protection Association	International Radiation Protection Association
International Save the Children Alliance	Alliance internationale Save the Children	Alianza Internacional Save the Children
International Secretariat for Catholic Engineers, Agronomists and Industry Officials	Secrétariat international des ingénieurs, des agronomes et des cadres économiques	International Secretariat for Catholic Engineers, Agronomists and Industry Officials
International Social Science Council	Conseil international des sciences sociales	International Social Science Council
International Social Service	Service social international	Servicio Social Internacional
International Union against Tuberculosis and Lung Disease	Union international contre la tuberculose et les maladies respiratoires	Unión Internacional Contra la Tuberculosis y las Enfermedades Respiratorias
International Union for the Scientific Study of Population	Union internationale pour l'étude scientifique de la population	Unión Internacional para el Estudio Científico de la Población
International Union of Architects	Union internationale des architectes	Union internationale des architectes
International Union of Family Organizations	Union internationale des organismes familiaux	Unión Internacional de Organismos Familiares
International Union of Socialist Youth	Union internationale de la jeunesse socialiste	Unión Internacional de Juventudes Socialistas

International Working Group for Indigenous Affairs	Groupement international de travail pour les affaires indigènes	International Working Group for Indigenous Affairs
International Young Christian Workers	Jeunesse ouvrière chrétienne internationale	Juventud Obrera Cristiana Internacional
Junior Chamber International	Jeune chambre internationale	Cámara Júnior Internacional
Latin-American Professional Rehabilitation Group	Latin-American Professional Rehabilitation Group	Grupo Latinoamericano de Rehabilitación Profesional
Life Institute	Institut de la vie	Life Institute
North-South XXI	Nord-Sud XXI	Norte-Sur XXI
Panafrican Institute for Development	Institut panafricain pour le développement	Instituto Panafricano de Desarrollo
Panafrican Women's Organization	Organisation panafricaine des femmes	Panafrican Women's Organization
Population Action International	Population Action International	Population Action International
Population Council	Conseil de la population	Population Council
Rehabilitation International	Réhabilitation internationale	Rehabilitation International
Rencontres Européennes des Fonctions Publiques	Rencontres européennes des fonctions publiques	Rencontres Européennes des Fonctions Publiques
Saami Council	Conseil Same	Consejo Same
Socialist International Women	Internationale socialiste des femmes	Internacional Socialista de Mujeres
Society for International Development	Société internationale pour le développement	Society for International Development
Society of Comparative Legislation	Société de législation comparative	Society of Comparative Legislation
Solidar	Solidar	Solidar
Soroptimist International	Soroptimist International	Soroptimist International
Special Olympics International	Special Olympics International	Special Olympics International
Survival International	Survival International	Survival International
Union of International Associations	Union des Associations Internationales	Unión de Asociaciones Internacionales

Union of National Radio and Television Organizations of Africa	Union des radiodiffusions et télévisions nationales d'Afrique	Union of National Radio and Television Organizations of Africa
United Seamen's Service	United Seamen's Service	United Seamen's Service
Women in Informal Employment: Globalizing and Organizing	Women in Informal Employment: Globalizing and Organizing	Women in Informal Employment: Globalizing and Organizing
Women's International Democratic Federation	Fédération démocratique internationale des femmes	Federación Democrática Internacional de Mujeres
Women's International League for Peace and Freedom	Ligue internationale des femmes pour la paix et la liberté	Liga Internacional de Mujeres por la Paz y la Libertad
Workability International	Workability International	Workability International
World Skills (formerly International Vocational Training Organization)	World Skills	World Skills
World Alliance of Young Men's Christian Associations	Alliance universelle des unions chrétiennes de jeunes gens	Alianza Mundial de Asociaciones Cristianas de Jóvenes
World Assembly of Youth	Assemblée mondiale de la jeunesse	Asamblea Mundial de la Juventud
World Association for Psychosocial Rehabilitation	Association mondiale pour la réadaptation psychosociale	Asociación Mundial para la Rehabilitación Psicosocial
World Association for Small and Medium Enterprises	Association mondiale des petites et moyennes entreprises	Asociación Mundial de Empresas Pequeñas y Medianas
World Association for the School as an Instrument of Peace	Association mondiale pour l'école instrument de paix	Asociación Mundial por la Escuela Instrumento de Paz
World Association of Girl Guides and Girl Scouts	Association mondiale des guides et des éclaireuses	Asociación Mundial de las Guías Scouts
World Association of Public Employment Services	Association mondiale des services d'emploi publics	Asociación Mundial de los Servicios Públicos de Empleo
World Blind Union	Union mondiale des aveugles	Unión Mundial de Ciegos
World Council of Churches	Conseil oecuménique des églises	Consejo Mundial de Iglesias

World Council of Credit Unions	World Council of Credit Unions	World Council of Credit Unions
World Council of Indigenous Peoples	Conseil mondial des peuples indigènes	World Council of Indigenous Peoples
World Council of Management	Conseil mondial de management	World Council of Management
World Federation for Mental Health	Fédération mondiale pour la santé mentale	Federación Mundial de Salud Mental
World Federation of Democratic Youth	Fédération mondiale de la jeunesse démocratique	Federación Mundial de la Juventud Democratica
World Federation of Methodist and Uniting Church Women	Fédération mondiale des femmes méthodistes	World Federation of Methodist and Uniting Church Women
World Federation of Personnel Management Associations	Federation mondiale des associations de direction de personnel	Federación Mundial de Asociaciones de Dirección de Personal
World Federation of the Deaf	Fédération mondiale des sourds	World Federation of the Deaf
World Federation of United Cities	Fédération mondiale des cités unies	Federación Mundial de Ciudades Unidas
World Federation of United Nations Associations	Fédération mondiale des associations pour les Nations Unies	Federación Mundial de Asociaciones de las Naciones Unidas
World Jewish Congress	Congrès juif mondial	Congreso Judío Mundial
World Jurist Association	Association mondiale de juristes	Asociación Mundial de Juristas
World Leisure (formerly World Leisure and Recreation Association)	Association mondiale pour les loisirs	World Leisure
World Medical Association	Association médicale mondiale	Asociación Médica Mundial
World Movement of Christian Workers	Mouvement mondial des travailleurs chrétiens	Movimiento Mundial de Trabajadores Cristianos
World Organisation against Torture	Organisation mondiale contre la torture	Organización Mundial Contra la Tortura
World ORT Union	Union mondiale ORT	Unión Mundial ORT
World Peace Council	Conseil Mondial de la Paix	Consejo Mundial de la Paz

World Savings Banks Institute	Institut mondial des caisses d'épargne	Instituto Mundial de Bancos de Ahorro
World Union of Catholic Women's Organisations	Union mondiale des organisations féminines catholiques	Unión Mundial de las Organizaciones Femeninas Católicas
World Union of Professions	Union mondiale des professions libérales	Unión Mundial de las Profesiones Liberales
World Veterans Federation	Fédération mondiale des anciens combattants	Federación Mundial de Veteranos de Guerra
World Vision International	Organisation internationale de perspective mondiale	Visión Mundial Internacional
World Young Women's Christian Association	Alliance mondiale des unions chrétiennes féminines	Asociación Cristiana Femenina Mundial
Zonta International	Zonta International	Zonta International

[출처] http://www.ilo.org/pardev/civil-society/ngos/ilo-special-list-of-ngos/lang--en/index.htm(검색일: 2014.5.10)

【부록 3】 유네스코 헌장

(영문)

Constitution of the United Nations Educational, Scientific and Cultural Organization

The Governments of the States Parties to this Constitution on behalf of their peoples declare:

That since wars begin in the minds of men, it is in the minds of men that the defences of peace must be constructed;

That ignorance of each other's ways and lives has been a common cause, throughout the history of mankind, of that suspicion and mistrust between the peoples of the world through which their differences have all too often broken into war;

That the great and terrible war which has now ended was a war made possible by the denial of the democratic principles of the dignity, equality and mutual respect of men, and by the propagation, in their place, through ignorance and prejudice, of the doctrine of the inequality of men and races;

That the wide diffusion of culture, and the education of humanity for justice and liberty and peace are indispensable to the dignity of man and constitute a sacred duty which all the nations must fulfil in a spirit of mutual assistance and concern;

That a peace based exclusively upon the political and economic arrangements of governments would not be a peace which could secure the unanimous, lasting and sincere support of the peoples of the world, and that the peace must therefore be founded, if it is not to fail, upon the intellectual and moral solidarity of mankind.

For these reasons, the States Parties to this Constitution, believing in full and equal opportunities for education for all, in the unrestricted pursuit of objective truth, and in the free exchange of ideas and knowledge, are agreed and determined to develop and to increase the means of communication between their peoples and to employ these means for the purposes of mutual understanding and a truer and more perfect knowledge of each other's lives;

In consequence whereof they do hereby create the United Nations Educational, Scientific and Cultural Organization for the purpose of advancing, through the educational and scientific and cultural relations of the peoples of the world, the objectives of international peace and of the common welfare of mankind for which the United Nations Organization was established and which its Charter proclaims.

Article I Purposes and functions

1. The purpose of the Organization is to contribute to peace and security by promoting collaboration among the nations through education, science and culture in order to further universal respect for justice, for the rule of law and for the human rights and fundamental freedoms which are affirmed for the peoples of the world, without distinction of race, sex, language or religion, by the Charter of the United Nations.

2. To realize this purpose the Organization will:

(a) Collaborate in the work of advancing the mutual knowledge and understanding of peoples, through all means of mass communication and to that end recommend such international agreements as may be necessary to promote the free flow of ideas by word and image;

(b) Give fresh impulse to popular education and to the spread of culture:

By collaborating with Members, at their request, in the development of educational activities;

By instituting collaboration among the nations to advance the ideal of equality of educational opportunity without regard to race, sex or any distinctions, economic or social;

By suggesting educational methods best suited to prepare the children of the world for the responsibilities of freedom;

(c) Maintain, increase and diffuse knowledge:

By assuring the conservation and protection of the world's inheritance of books, works of art and monuments of history and science, and recommending to the nations concerned the necessary international conventions;

By encouraging cooperation among the nations in all branches of intellectual activity, including the international exchange of persons active in the fields of education, science and culture and the exchange of publications, objects of artistic and scientific interest and other materials of information;

By initiating methods of international cooperation calculated to give the people of all countries access to the printed and published materials produced by any of them.

3. With a view to preserving the independence, integrity and fruitful diversity of the cultures and educational systems of the States Members of the Organization, the Organization is prohibited from intervening in matters which are essentially within their domestic jurisdiction.

Article II Membership

1. Membership of the United Nations Organization shall carry with it the right to membership of the United Nations Educational, Scientific and Cultural Organization.

2. Subject to the conditions of the Agreement between this Organization and the United Nations Organization, approved pursuant to Article X of this Constitution, states not members of the United Nations Organization may be admitted to membership of the Organization, upon recommendation of the Executive Board, by a two-thirds majority vote of the General Conference.

3. Territories or groups of territories which are not responsible for the conduct of their international relations may be admitted as Associate Members by the General Conference by a two-thirds majority of Members present and voting, upon application made on behalf of such territory or group of territories by the Member or other authority having responsibility for their international relations. The nature and extent of the rights and obligations of Associate Members shall be determined by the General Conference.

4. Members of the Organization which are suspended from the exercise of the rights and privileges of membership of the United Nations Organization shall, upon the request of the latter, be suspended from the rights and privileges of this Organization

5. Members of the Organization which are expelled from the United Nations Organization shall automatically cease to be Members of this Organization.

6. Any Member State or Associate Member of the Organization may withdraw from the Organization by notice addressed to the Director-General. Such notice shall take effect on 31 December of the year following that during which the notice was given. No such withdrawal shall affect the financial obligations owed to the Organization on the date the withdrawal takes effect. Notice of withdrawal by an Associate Member shall be given on its behalf by the Member State or other authority having responsibility for its international relations.

7. Each Member State is entitled to appoint a Permanent Delegate to the Organization.

8. The Permanent Delegate of the Member State shall present his credentials to the Director-General of the Organization, and shall officially assume his duties from the day of presentation of his credentials.

Article III Organs

The Organization shall include a General Conference, an Executive Board and a Secretariat.

Article IV The General Conference

A. Composition

1. The General Conference shall consist of the representatives of the States Members of the Organization. The Government of each Member State shall appoint not more than five delegates, who shall be selected after consultation with the National Commission, if established, or with educational, scientific and cultural bodies.

B. Functions

2. The General Conference shall determine the policies and the main lines of work of the Organization. It shall take decisions on programmes submitted to it by the Executive Board.

3. The General Conference shall, when it deems desirable and in accordance with the regulations to be made by it, summon international conferences of states on education, the sciences and humanities or the dissemination of knowledge; non-governmental conferences on the same subjects may be summoned by the General Conference or by the Executive Board in accordance with such regulations.

4. The General Conference shall, in adopting proposals for submission to the Member States, distinguish between recommendations and international conventions submitted for their approval. In the former case a majority vote shall suffice; in the latter case a two-thirds majority shall be required. Each of the Member States shall submit recommendations or conventions to its competent authorities within a period of one year from the close of the session of the General Conference at which they were adopted.

5. Subject to the provisions of Article V, paragraph 6 (c), the General Conference shall advise the United Nations Organization on the educational, scientific and cultural aspects of matters of concern to the latter, in accordance with the terms and procedure agreed upon between the appropriate authorities of the two Organizations.

6. The General Conference shall receive and consider the reports sent to the Organization by Member States on the action taken upon the recommendations and conventions referred to in paragraph 4 above or, if it so decides, analytical summaries of these reports.

7. The General Conference shall elect the members of the Executive Board and, on the recommendation of the Board, shall appoint the Director-General.

C. Voting

8. (a) Each Member State shall have one vote in the General Conference. Decisions shall be made by a simple majority except in cases in which a two-thirds majority is required by the provisions of this Constitution, 2 or the Rules of Procedure of the General Conference. A majority shall be a majority of the Members present and voting.

(b) A Member State shall have no vote in the General Conference if the total amount of contributions due from it exceeds the total amount of contributions payable by it for the current year and the immediately preceding calendar year.

(c) The General Conference may nevertheless permit such a Member State to vote, if it is satisfied that failure to pay is due to conditions beyond the control of the Member State.

D. Procedure

9. (a) The General Conference shall meet in ordinary session every two years. It may meet in extraordinary session if it decides to do so itself or

if summoned by the Executive Board, or on the demand of at least one third of the Member States.

(b) At each session the location of its next ordinary session shall be designated by the General Conference. The location of an extraordinary session shall be decided by the General Conference if the session is summoned by it, or otherwise by the Executive Board.

10. The General Conference shall adopt its own rules of procedure. It shall at each session elect a President and other officers.

11. The General Conference shall set up special and technical committees and such other subsidiary organs as may be necessary for its purposes.

12. The General Conference shall cause arrangements to be made for public access to meetings, subject to such regulations as it shall prescribe.

E. Observers

13. The General Conference, on the recommendation of the Executive Board and by a two-thirds majority may, subject to its rules of procedure, invite as observers at specified sessions of the Conference or of its commissions representatives of international organizations, such as those referred to in Article XI, paragraph 4.

14. When consultative arrangements have been approved by the Executive Board for such international non-governmental or semigovernmental organizations in the manner provided in Article XI, paragraph 4, those organizations shall be invited to send observers to sessions of the General Conference and its commissions.

Article V Executive Board

A. Composition

1. (a) The Executive Board shall be elected by the General Conference and it shall consist of fifty-eight Member States. The President of the General Conference shall sit ex officio in an advisory capacity on the Executive Board.

(b) Elected States Members of the Executive Board are hereinafter referred to as "Members" of the Executive Board.

2. (a) Each Member of the Executive Board shall appoint one representative. It may also appoint alternates.

(b) In selecting its representative on the Executive Board, the Member of the Executive Board shall endeavour to appoint a person qualified in one or more of the fields of competence of UNESCO and with the necessary experience and capacity to fulfil the administrative and executive duties of the Board. Bearing in mind the importance of continuity, each representative shall be appointed for the duration of the term of the Member of the Executive Board, unless exceptional circumstances warrant his replacement. The alternates appointed by each Member of the Executive Board shall act in the absence of its representative in all his functions.

3. In electing Members to the Executive Board, the General Conference shall have regard to the diversity of cultures and a balanced geographical distribution.

4. (a) Members of the Executive Board shall serve from the close of the session of the General Conference which elected them until the close of the second ordinary session of the General Conference following their election. The General Conference shall, at each of its ordinary sessions, elect the number of Members of the Executive Board required to fill vacancies occurring at the end of the session.

(b) Members of the Executive Board are eligible for re-election. Re-elected Members of the Executive Board shall endeavour to change their representatives on the Board.

5. In the event of the withdrawal from the Organization of a Member of the Executive Board, its term of office shall be terminated on the date when the withdrawal becomes effective.

B. Functions

6. (a) The Executive Board shall prepare the agenda for the General Conference. It shall examine the programme of work for the Organization and corresponding budget estimates submitted to it by the Director-General in accordance with paragraph 3 of Article VI and shall submit them with such recommendations as it considers desirable to the General Conference.

(b) The Executive Board, acting under the authority of the General Conference, shall be responsible for the execution of the programme adopted by the Conference. In accordance with the decisions of the General Conference and having regard to circumstances arising between two ordinary sessions, the Executive Board shall take all necessary measures to ensure the effective and rational execution of the programme by the Director-General.

(c) Between ordinary sessions of the General Conference, the Board may discharge the functions of adviser to the United Nations, set forth in Article IV, paragraph 5, whenever the problem upon which advice is sought has already been dealt with in principle by the Conference, or when the solution is implicit in decisions of the Conference.

7. The Executive Board shall recommend to the General Conference the admission of new Members to the Organization.

8. Subject to decisions of the General Conference, the Executive Board shall adopt its own rules of procedure. It shall elect its officers from among its Members.

9. The Executive Board shall meet in regular session at least four times during a biennium and may meet in special session if convoked by the Chairman on his initiative or upon the request of six Members of the Executive Board.

10. The Chairman of the Executive Board shall present, on behalf of the Board, to the General Conference at each ordinary session, with or without comments, the reports on the activities of the Organization which the Director-General is required to prepare in accordance with the provisions of Article VI.3 (b).

11. The Executive Board shall make all necessary arrangements to consult the representatives of international organizations or qualified persons concerned with questions within its competence.

12. Between sessions of the General Conference, the Executive Board may request advisory opinions from the International Court of Justice on legal questions arising within the field of the Organization's activities.

13. The Executive Board shall also exercise the powers delegated to it by the General Conference on behalf of the Conference as a whole.

Article VI Secretariat

1. The Secretariat shall consist of a Director-General and such staff as may be required.

2. The Director-General shall be nominated by the Executive Board and appointed by the General Conference for a period of four years, under such conditions as the Conference may approve. The Director-General may be appointed for a further term of four years but shall not be eligible for reappointment for a subsequent term. The Director-General shall be the chief

administrative officer of the Organization.

3. (a) The Director-General, or a deputy designated by him, shall participate, without the right to vote, in all meetings of the General Conference, of the Executive Board, and of the Committees of the Organization. He shall formulate proposals for appropriate action by the Conference and the Board, and shall prepare for submission to the Board a draft programme of work for the Organization with corresponding budget estimates.

(b) The Director-General shall prepare and communicate to Member States and to the Executive Board periodical reports on the activities of the Organization. The General Conference shall determine the periods to be covered by these reports.

4. The Director-General shall appoint the staff of the Secretariat in accordance with staff regulations to be approved by the General Conference. Subject to the paramount consideration of securing the highest standards of integrity, efficiency and technical competence, appointment to the staff shall be on as wide a geographical basis as possible.

5. The responsibilities of the Director-General and of the staff shall be exclusively international in character. In the discharge of their duties they shall not seek or receive instructions from any government or from any authority external to the Organization. They shall refrain from any action which might prejudice their positions as international officials. Each State Member of the Organization undertakes to respect the international character of the responsibilities of the Director-General and the staff, and not to seek to influence them in the discharge of their duties.

6. Nothing in this Article shall preclude the Organization from entering into special arrangements within the United Nations Organization for common services and staff and for the interchange of personnel.

Article VII National cooperating bodies

1. Each Member State shall make such arrangements as suit its particular conditions for the purpose of associating its principal bodies interested in educational, scientific and cultural matters with the work of the Organization, preferably by the formation of a National Commission broadly representative of the government and such bodies.

2. National Commissions or National Cooperating Bodies, where they

exist, shall act in an advisory capacity to their respective delegations to the General Conference, to the representatives and alternates of their countries on the Executive Board and to their Governments in matters relating to the Organization and shall function as agencies of liaison in all matters of interest to it.

3. The Organization may, on the request of a Member State, delegate, either temporarily or permanently, a member of its Secretariat to serve on the National Commission of that state, in order to assist in the development of its work.

Article VIII Reports by Member States

Each Member State shall submit to the Organization, at such times and in such manner as shall be determined by the General Conference, reports on the laws, regulations and statistics relating to its educational, scientific and cultural institutions and activities, and on the action taken upon the recommendations and conventions referred to in Article IV, paragraph 4.1

Article IX Budget

1. The budget shall be administered by the Organization.

2. The General Conference shall approve and give final effect to the budget and to the apportionment of financial responsibility among the States Members of the Organization subject to such arrangement with the United Nations as may be provided in the agreement to be entered into pursuant to Article X.

3. The Director-General may accept voluntary contributions, gifts, bequests and subventions directly from governments, public and private institutions, associations and private persons, subject to the conditions specified in the Financial Regulations.

Article X Relations with the United Nations Organization

This Organization shall be brought into relation with the United Nations Organization, as soon as practicable, as one of the specialized agencies referred to in Article 57 of the Charter of the United Nations. This relationship shall be effected through an agreement with the United Nations Organization under Article 63 of the Charter, which agreement shall be subject to the approval of the General Conference of this Organization. The agreement shall provide for effective cooperation between the two Organizations in the pursuit of their common purposes, and at the same time shall recognize the autonomy of this Organization, within the fields of its competence as defined in this Constitution. Such agreement may, among other matters, provide for the approval and financing of the budget of the Organization by the General Assembly of the United Nations.

Article XI Relations with other specialized international organizations and agencies

1. This Organization may cooperate with other specialized intergovernmental organizations and agencies whose interests and activities are related to its purposes. To this end the Director General, acting under the general authority of the Executive Board, may establish effective working relationships with such organizations and agencies and establish such joint committees as may be necessary to assure effective cooperation. Any formal arrangements entered into with such organizations or agencies shall be subject to the approval of the Executive Board.

2. Whenever the General Conference of this Organization and the competent authorities of any other specialized intergovernmental organizations or agencies whose purpose and functions lie within the competence of this Organization deem it desirable to effect a transfer of their resources and activities to this Organization, the Director-General, subject to the approval of the Conference, may enter into mutually acceptable arrangements for this purpose.

3. This Organization may make appropriate arrangements with other intergovernmental organizations for reciprocal representation at meetings.

4. The United Nations Educational, Scientific and Cultural Organization may make suitable arrangements for consultation and cooperation with non-governmental international organizations concerned with matters within its competence, and may invite them to undertake specific tasks. Such cooperation may also include appropriate participation by representatives of such organizations on advisory committees set up by the General Conference.

Article XII Legal status of the Organization

The provisions of Articles 104 and 105 of the Charter of the United

Nations Organization concerning the legal status of that Organization, its privileges and immunities, shall apply in the same way to this Organization.

Article XIII Amendments

1. Proposals for amendments to this Constitution shall become effective upon receiving the approval of the General Conference by a two-thirds majority; provided, however, that those amendments which involve funda-mental alterations in the aims of the Organization or new obligations for the Member States shall require subsequent acceptance on the part of two thirds of the Member States before they come into force. The draft texts of proposed amendments shall be communicated by the Director-General to the Member States at least six months in advance of their consideration by the General Conference.

2. The General Conference shall have power to adopt by a two-thirds majority rules of procedure for carrying out the provisions of this Article.

Article XIV Interpretation

1. The English and French texts of this Constitution shall be regarded as equally authoritative.

2. Any question or dispute concerning the interpretation of this Con-stitution shall be referred for determination to the International Court of Justice or to an arbitral tribunal, as the General Conference may determine under its Rules of Procedure.

Article XV Entry into force

1. This Constitution shall be subject to acceptance. The instrument of acceptance shall be deposited with the Government of the United Kingdom.

2. This Constitution shall remain open for signature in the archives of the Government of the United Kingdom. Signature may take place either before or after the deposit of the instrument of acceptance. No acceptance shall be valid unless preceded or followed by signature. However, a state that has withdrawn from the Organization shall simply deposit a new instrument of acceptance in order to resume membership.

3. This Constitution shall come into force when it has been accepted by twenty of its signatories. Subsequent acceptances shall take effect imme-

diately.

4. The Government of the United Kingdom will inform all Members of the United Nations and the Director-General of the receipt of all instruments of acceptance and of the date on which the Constitution comes into force in accordance with the preceding paragraph. In faith whereof, the undersigned, duly authorized to that effect, have signed this Constitution in the English and French languages, both texts being equally authentic. Done in London the sixteenth day of November, one thousand nine hundred and forty-five, in a single copy, in the English and French languages, of which certified copies will be communicated by the Government of the United Kingdom to the Governments of all the Members of the United Nations.

(국문)

이 헌장의 당사국 정부는 그 국민을 대신하여 다음과 같이 선언한다.

전쟁은 인간의 마음 속에서 생기는 것이므로 평화의 방벽을 세워야 할 곳도 인간의 마음 속이다.

서로의 풍습과 생활에 대한 무지는 인류 역사를 통하여 세계 국민들 사이에 의혹과 불신을 초래한 공통적인 원인이며, 이 의혹과 불신 때문에 그들의 불일치가 너무나 자주 전쟁을 일으켰다.

이제 막 끝난 무서운 대전쟁은 인간의 존엄, 평등, 상호존중이라는 민주주의 원리를 부인하고, 이러한 원리 대신에 무지와 편견을 통하여 인간과 인종에 대한 불평등이라는 교의를 퍼뜨림으로써 일어날 수 있었던 전쟁이었다.

문화의 광범한 보급과, 정의·자유·평화를 위한 인류 교육은 인간의 존엄에 불가결한 것이며

또한 모든 국민이 상호원조와 상호관심의 정신으로써 완수해야 할 신성한 의무이다.

정부의 정치적·경제적 조정에만 기초를 둔 평화는 세계 국민들의 일치되고 영속적이고 성실한 지지를 확보할 수 있는 평화가 아니다.

따라서 평화를 잃지 않기 위해서는 인류의 지적·도덕적 연대 위에 평화를 건설하지 않으면 안된다.

이러한 이유에서 이 헌장의 당사국은 교육의 기회가 모든 사람에게 충분하고 평등하게 주어지고

객관적 진리가 구속받지 않고 탐구되며

사상과 지식이 자유로이 교환되어야 함을 확신하면서,

국민들 사이의 소통수단을 발전시키고 증가시키는 동시에,

서로를 이해하고 서로의 생활을 더욱 진실하고 더욱 완전하게 알기 위하여 이 소통수단을 사용할 것을 동의하고 결의한다.

그 결과 당사국은 국민들의 교육·과학·문화상의 관계를 통하여, 국제연합의

설립 목적이며 또한 그 헌장이 선언하고 있는 국제평화와 인류공동의 복리라는 목적을 촉진하기 위하여 여기에 국제연합교육과학문화기구(유네스코)를 창설한다.

제1조(목적과 임무)

1. 이 기구의 목적은 국제연합헌장이 세계의 제 인민에 대하여 인종, 성, 언어 또는 종교의 차별없이 확인하고 있는 정의, 법의 지배 및 인권과 기본적 자유에 대한 보편적인 존중을 조장하기 위하여 교육, 과학 및 문화를 통하여 제 국민간의 협력을 촉진함으로써 평화와 안전에 공헌하는 것이다.

2. 이 목적을 실현하기 위하여 이 기구는 다음의 것을 행한다.

가) 대중통보의 모든 방법을 통하여 제 인민이 서로 알고 이해할 것을 촉진하는 일에 협력함과 아울러 이 목적으로써 언어와 표상에 의한 사상의 자유로운 교류를 촉진하는 데 필요한 국제협정을 권고할 것.

나) 다음과 같이 하여 일반이 교육과 문화의 보급에 새로운 자극을 줄 것. 회원국의 요청에 따라 교육사업의 발전을 위하여 당사국과 협력함으로써, 인종, 성, 또는 경제적·사회적인 차별에 상관없이 교육의 기회균등의 이상을 발전시키기 위하여 제 국민간에 있어서 협력의 관계를 이룩함으로써, 세계아동들로 하여금 자유에 대하여 책임감을 갖도록 하는 데 가장 적합한 교육방법을 시사함으로써,

다) 다음과 같이 하여 지식을 유지하고 증진하며 또한 보급할 것. 세계의 유산인 도서, 예술작품 그리고 역사와 과학의 기념물의 보존과 보호를 확보하고 관계 제 국민에 대하여 필요한 국제협약을 권고함으로써, 교육, 과학 및 문화 분야에서 활동하고 있는 사람들의 국제적 교환과 아울러 출판물, 예술적·과학적으로 의의 있는 물건, 기타 참고자료의 교환을 포함한 지적 활동의 모든 부문에 있어서 제 국민간의 협력을 장려함으로써, 어느 한 나라에서 작성된 인쇄물 또는 간행물이라도 모든 국가의 국민이 이용할 수 있도록 하는 국제협력의 방법을 발의함으로써,

3. 이 기구의 회원국의 문화와 교육제도의 독립, 통일성 및 결실이 많은 다양

성을 유지하기 위하여 이 기구는 회원국의 국내관할권에 본질적으로 속하는 사항에 간섭하지 못한다.

제2조(회원국의 지위)

1. 국제연합의 회원국의 지위는 국제연합교육과학문화기구의 회원국이 될 권리를 수반한다.
2. 이 헌장의 제10조에 의하여 승인된 이 기구와 국제연합간의 협정의 조건에 따를 것을 조건으로 국제연합의 비회원국은 집행위원회의 권고에 의하여 총회의 3분의 2의 다수의 투표로써 이 기구의 회원국으로 인정될 수가 있다.
3. 국제관계의 처리에 책임을 지지 않는 속령 또는 속령의 집단은 그들의 국제관계에 책임을 지는 회원국 또는 기타 당국의 대리신청에 따라 총회에 출석하여 투표하는 회원국의 3분의 2의 다수표로써 준회원국으로 인정될 수 있다. 준회원국의 권리와 의무의 성질과 범위는 총회가 결정한다.
4. 이 기구의 회원국으로 국제연합의 회원국의 권리와 특권의 행사를 정지당한 국가는 국제연합의 요청에 의하여 이 기구의 회원국의 권리와 특권을 정지당한다.
5. 이 기구의 회원국으로 국제연합으로부터 제명된 국가는 자동적으로 이 기구의 회원국에서 제외된다.
6. 이 기구의 회원국 또는 준회원국은 사무총장에게 통고함으로써 이 기구로부터 탈퇴할 수 있다. 이러한 통고는 그 통고를 발한 다음 해 12월 31일부터 발효한다. 이러한 탈퇴는 그 탈퇴가 발효하는 날 현재로 이 기구에 대해서 부담하고 있는 재정상 의무에 영향을 미치지 못한다. 준회원국의 탈퇴통고는 국제관계에 책임을 지는 회원국 또는 기타 당국이 대리하여 행한다.

제3조(제 기구) 이 기구는 총회, 집행위원회와 사무국을 가진다.

제4조(총회)

(가) 구 성

1. 총회는 이 기구의 회원국의 대표자로써 구성한다. 각 회원국의 정부는 국내위원회가 설립되어 있을 때는 이것과, 국내위원회가 설립되어 있지 않을 때는 교육, 과학 및 문화에 관한 제 단체와 각각 협의하여 선정하는 5인 이내의 대표를 임명하여야 한다.

(나) 임 무

2. 총회는 이 기구의 정책과 사업의 중요한 방침들을 결정한다. 총회는 집행위원회가 제출한 사업계획에 대하여 결정을 한다.

3. 총회는 필요하다고 인정할 경우에는 총회가 정하는 규정에 따라 교육, 과학 및 인문과학과 지식의 보급에 관한 국제회의를 소집한다. 또한 그와 같은 규정에 따라 총회나 집행위원회는 같은 주제의 비정부회의를 소집할 수 있다.

4. 총회는 회원국에 제출하는 제안을 채택함에 있어서 권고와 회원국의 승인을 얻기 위하여 제출되는 국제협약을 구별하지 않으면 안된다. 전자의 경우에는 과반수의 투표로써 족하나 후자의 경우에는 3분의 2의 다수를 필요로 한다. 각 회원국은 권고 또는 협약이 채택된 총회의 폐회후 1년의 기간내에 그 권고 또는 협약을 자국의 권한있는 당국에 제출하지 않으면 안된다.

5. 제5조 제5항 다)의 규정에 따를 것을 조건으로 총회는 국제연합이 관심을 가지는 교육, 과학 및 문화에 관한 분야에 있어서 이 기구와 국제연합의 적당한 당국간에 합의한 조건과 절차에 따라 국제연합에 조언한다.

6. 총회는 회원국이 이 기구에 제출하는 전기 제4항에 언급된 권고와 협약의 이행에 관한 보고서를 수령하고 심의하며, 별도의 결정이 있을 때에는 이 보고서의 분석요지를 수령하고 심의한다.

7. 총회는 집행위원회의 위원을 선거하고 또한 집행위원회의 권고에 의하여 사무총장을 임명한다.

(다) 표 결

8. 가) 각 회원국은 총회에서 1개의 투표권을 가진다. 의결은 이 헌장이나

총회의 절차규칙의 규정에 의하여 3분의 2의 다수를 필요로 하는 경우를 제외하고는 단순다수에 따라 행한다. 다수란 출석하고 투표하는 회원국의 과반수로 한다.

나) 회원국은 체납된 회원국 분담금의 총액이 당해년도와 전년도에 지불하여야 할 총액을 초과하는 경우 총회에서 투표권을 상실한다.

다) 다만, 총회는 지불의 불이행이 이러한 회원국에 있어서 불가항력적인 사정에 의한 것이라고 인정할 때는 그 회원국에 투표를 허용할 수 있다.

(라) 절 차

9. 가) 총회는 매 2년마다 정기회의를 갖는다. 총회는 총회가 자체의 결정에 의하거나 집행위원회가 소집할 때 또는 적어도 회원국의 3분의 1 이상의 요청이 있을 때 임시회의를 가질수 있다.

나) 총회는 매 회기마다 차기 정기회의 장소를 결정하여야 한다. 임시회의 개최 장소는 총회가 소집할 때는 총회가 결정하며 그렇지 않을 때는 집행위원회가 결정하여야 한다.

10. 총회는 그의 절차규칙을 채택한다. 총회는 각 회기에 있어 의장과 기타 임원을 선거한다.

11. 총회는 특별위원회와 기술위원회, 기타 총회의 목적을 위하여 필요한 보조기관을 설치한다.

12. 총회는 그 정하는 규칙에 따를 것을 조건으로 회합이 공개되도록 조치하여야 한다.

(마) 옵써버

13. 총회는 집행위원회의 권고에 의하여 또 3분의 2의 다수에 의하여 그 절차규칙에 따를 것을 조건으로 총회 또는 그 위원회의 특정한 회기에 제11조 제4항에 규정되어 있는 바와 같은 국제기구의 대표자를 옵써버로서 초청할 수 있다.

14. 집행위원회가 제11조 제4항에 규정된 방법에 따라 국제비정부기구 또는 준정부기구를 위한 협의협정을 인정하였을 경우에는 이 기구들은 총회와 그 위원회의 회합에 옵써버 파견 권유를 받을 수 있다.

제5조(집행위원회)

(가) 구 성

1. 집행위원회는 회원국이 임명한 대표중에서 총회가 선거하며 51인으로 구성된다. 집행위원은 그가 국적을 가지고 있는 국가의 정부를 대표하여야 한다. 총회의 의장은 직권상 고문의 자격으로 집행위원회에 참석한다.

2. 집행위원회의 위원을 선거함에 있어 총회는 예술, 인문과학, 과학, 교육 및 사상의 보급에 대하여 유력하고, 경험과 능력에 따라 위원회의 행정상 또는 집무상의 임무를 완수할 자격을 갖춘 자를 포함하도록 노력하지 않으면 안된다. 총회는 또 문화의 다양성과 균형있는 지리적 분포에도 고려를 가하지 않으면 안된다. 회원국의 국민은 총회 의장을 제외하고는 1인 이상이 동시에 위원회의 위원이 될 수 없다.

3. 집행위원회의 위원은 그를 선출한 총회 회기의 종료시부터 동 선임회기 이후 2회째의 정기총회의 회기가 종료될 때까지 재임한다. 집행위원은 임기 만료후 즉시로 중임할 수 없다. 총회는 매 정기총회 회기 종료시에 발생하는 결원을 보충하기 위하여 필요한 수의 위원을 선출한다.

4.

　가) 집행위원회의 위원중 사망이나 사임한 자가 있는 경우에는 집행위원회는 당해자가 대표하고 있던 국가의 정부의 지명에 따라 당해자의 잔임기간 동안 후임자를 임명한다.

　나) 후임자를 지명하는 정부 및 집행위원회는 본조 제2항에 규정된 제 요건을 유의하여야 한다.

　다) 집행위원회의 의견으로 보아 집행위원의 교체가 불가피한 예외적 상황이 발생하였을 경우에는 당해 집행위원이 사임을 원치 않더라도 상기 세부조항 가)의 규정에 의해 필요한 조치들이 취해진다.

　라) 집행위원이 소속되어 있는 회원국이 이 기구로부터 탈퇴할 경우에는 당해 집행위원의 임기는 탈퇴가 발효되는 날에 종료된다.

(나) 임 무

5.

　가) 집행위원회는 총회의 의사일정을 준비한다. 집행위원회는 제6조 제3

항의 규정에 따라 사무총장이 제출한 이 기구의 사업계획과 이에 따른 예산안을 검토하고 바람직하다고 생각하는 건의사항을 첨부하여 총회에 제출하여야 한다.

나) 총회의 권위하에서 행동하는 집행위원회는 총회가 채택한 사업계획의 집행에 대한 책임을 진다. 총회의 결정에 따라 또한 두 정기회의 사이에 생기는 사정을 고려하여 집행위원회는 사무총장이 사업계획을 효과적이고도 합리적으로 집행하는 데 필요한 조치를 취하여야 한다.

다) 집행위원회는 총회의 정기회기와 또 다른 정기회기중 자문이 요구되는 문제가 총회에서 이미 원칙적으로 취급되었거나 또는 그 해결책이 총회의 결정사항에 내포되었을 때에는 언제나 제4조 제5항에 규정된 바에 따라 국제연합에 대하여 자문기능을 행할 수 있다.

6. 집행위원회는 신회원국이 이 기구에 가입할 것에 대한 승인을 총회에 권고한다.

7. 총회의 결정에 따를 것을 조건으로 집행위원회는 그 절차규칙을 채택한다. 집행위원회는 그 위원중에서 그 임원을 선거한다.

8. 집행위원회는 정기회기로서 매년 적어도 2회 회합하는 것으로 하고 의장이 그 발의에 의하여 또는 집행위원회의 6인의 위원의 요청에 의하여 소집한 때는 특별회기로서 회합할 수 있다.

9. 집행위원회 의장은 집행위원회를 대표하며, 제6조 제3항 나)의 규정에 따라 사무총장이 준비한 이 기구의 활동에 관한 각종 보고서를 의견을 첨부하거나 첨부하지 않고 총회의 매 정기회기에 제출하여야 한다.

10. 집행위원회는 국제기구의 대표자 또는 위원회의 권한내의 문제에 관계하고 있는 전문가와 협의하기 위한 모든 필요한 조치를 취한다.

11. 집행위원회는 총회의 두 회기중 이 기구의 활동분야에서 발생하는 법적 문제에 관하여 국제사법재판소에 자문을 구할 수 있다.

12. 집행위원회의 위원은 총회에서 위임된 권한을 총회 전체를 대신하여 행사하여야 하며 각자의 정부의 대표자로서 행사하지 못한다.

제6조(사무국)

1. 사무국은 사무총장과 필요한 직원으로써 구성한다.

2. 사무총장은 총회가 승인하는 조건으로 집행위원회가 지명하고 6년의 임기로써 총회가 임명하는 것으로 하고 재임될 수 있다. 사무총장은 이 기구의 행정상의 수석임원이다.

3. 가) 사무총장 또는 그가 지정하는 대표자는 총회, 집행위원회 및 이 기구의 제 위원회의 모든 회합에 투표권 없이 참가한다. 사무총장은 총회 및 집행위원회가 적당한 조치를 취하기 위한 제안을 작성하며, 이 기구의 사업계획안과 이에 따르는 예산안을 집행위원회에 제출하기 위하여 준비하여야 한다.

  나) 사무총장은 이 기구의 활동에 관한 정기보고서를 작성하여 각 회원국과 집행위원회에 통보하여야 한다. 이러한 보고서에 수록될 기간은 총회가 결정한다.

4. 사무총장은 총회가 승인하는 직원규칙에 따라 사무국 직원을 임명한다. 직원의 임명은 성실, 능률과 기술적 능력의 최고수준을 확보할 것에 최대의 고려를 할 것을 조건으로 가급적 광범한 지리적 기초 위에서 행하여져야 한다.

5. 사무총장과 직원의 책임은 성질상 오로지 국제적인 것이다. 사무총장과 직원은 임무수행에 있어서 여하한 정부 또는 이 기구외의 여하한 권력으로부터도 훈령을 구하거나 받아서는 안된다. 사무총장과 직원은 국제적 임원으로서의 지위를 손상시킬 염려가 있는 여하한 행동도 삼가하여야 한다. 이 기구의 각 회원국은 사무총장과 직원의 책임의 국제적인 성질을 존중할 것과 그들의 임무수행에 있어 그들을 좌우하려고 하지 않을 것을 약속한다.

6. 본 조항의 여하한 규정도 국제연합내에서 이 기구가 공통의 업무와 겸임의 직원, 그리고 직원의 교류를 위한 특별한 조치를 체결하는 것을 방해하지 않는다.

제7조(국내 협력단체)

1. 각 회원국은 교육, 과학 및 문화 사항에 관여하고 있는 자국의 주요한 단체를 이 기구의 사업에 참여시키기 위하여 특수사정에 적합한 조치를 취하여야 한다. 그 조치로서는 널리 정부 또는 이러한 단체를 대표하는 국내위원회의 설립에 의하는 것이 요망된다.

2. 국내위원회 또는 국내 협력단체가 있는 경우에는 이들은 이 기구에 관계되는 사항에 관하여 총회에 있어서의 각 자국의 대표단과 자국의 정부에 대하여 조언적 자격으로 행동하고 또한 이 기구에 관계있는 모든 사항에 관하여 연락기구로서의 임무를 행한다.

3. 이 기구는 회원국의 요청에 따라 그 나라의 국내위원회에 대하여 그 사업의 발전을 원조하기 위하여 임시적 또는 항구적으로 사무국 직원 1인을 파견할 수 있다.

제8조(회원국의 보고) 각 회원국은 총회가 결정하는 방법으로 교육, 과학 및 문화의 활동과 기구에 관한 자국의 법령, 규칙 또는 통계에 관하여, 그리고 제4조 제4항에 규정된 권고와 협약에 따라 취한 조치에 관하여 정기적으로 이 기구에 보고하여야 한다.

제9조(예산)

1. 예산은 이 기구에 의하여 운영된다.

2. 총회는 제10조에 따라 체결되는 협정에 규정될 수 있는 국제연합과의 협의에 따를 것을 조건으로 예산 또는 이 기구의 회원국에 대한 재정적 부담의 할당을 승인하고 또 이에 최종적 효력을 부여한다.

3. 사무총장은 집행위원회의 승인을 얻어 정부, 공사의 기관, 협회 또는 개인으로부터 직접으로 증여, 유증 또는 보조금을 받을 수 있다.

제10조(국제연합과의 관계) 이 기구는 국제연합헌장 제57조에 게기된 전문기구의 하나로서 가급적 조속히 국제연합과 관계를 가져야 한다. 이 관계는 국제연합헌장 제63조에 의거한 국제연합과의 협정에 의하여 설정하고 이 협정은

이 기구 총회의 승인을 받아야 한다. 이 협정은 공통의 목적을 달성하기 위한 양 기구간에 있어서의 유효한 협력을 규정하고 동시에 이 헌장에 정한 권한의 범위내에 있어서의 이 기구의 자치를 승인하여야 한다. 이 협정은 특히 국제연합 총회에 의한 이 기구의 예산의 승인과 그 재원의 제공에 관하여 규정할 수 있다.

제11조(타 국제전문기구와의 관계)

1. 이 기구는 타 정부간 전문기구로서 그 관심과 활동이 이 기구의 목적과 관계있는 것과 협력할 수 있다. 이를 위하여 집행위원회의 전반적 권위하에 행동하는 사무총장은 이러한 제 기구와 실효적인 관계를 설정할 수가 있고 또 유효한 협력을 확보하기 위하여 필요한 공동위원회를 설치할 수 있다. 이러한 제 기구와 체결하는 정식의 협정은 집행위원회의 승인을 받아야 한다.

2. 이 기구의 총회 그리고 목적과 임무가 이 기구의 권한내에 있는 타 정부간 전문 제 기관의 권한있는 당국이 그 자산과 활동을 이 기구에 이양하는 것을 희망한다고 인정할 때는 언제든지 사무총장은 총회의 승인을 조건으로 이 목적을 위하여 상호간에 수락할 수 있는 협정을 체결할 수 있다.

3. 이 기구는 회합에 상호간의 대표를 출석시키기 위하여 타 정부간 제 기관과 적절한 협정을 체결할 수 있다.

4. 국제연합교육과학문화기구는 그 권한내의 사항에 관계하고 있는 민간의 국제 기관과 협의 또는 협력을 위한 적당한 조치를 할 수 있고 그리고 이들의 제 기관에 특정한 임무를 청부할 것을 권유할 수 있다. 이러한 협력은 총회가 설립한 자문위원회에 이들 기구의 대표자가 적당히 참가하는 것을 포함한다.

제12조(이 기구의 법적 지위) 국제연합의 법적 지위와 특권 및 면제에 관한 국제연합 헌장 제104조와 제105조의 규정은 이 기구에도 마찬가지로 적용된다.

제13조(개정)

1. 이 헌장의 개정 제안은 총회의 3분의 2의 다수에 의하여 승인을 받았을 때 효력을 발생한다. 다만, 이 기구 목적의 근본적 변경 또는 회원국에 대한 새로운 의무를 수반하는 개정이 효력을 발생하는 데는 그 승인후 회원국의 3분의 2가 수락할 것을 필요로 한다. 개정 제안의 초안은 총회에 의한 심의의 적어도 6개월 전에 사무총장이 회원국에 통보하여야 한다.

2. 총회는 본조의 규정을 실시하기 위한 절차규칙을 3분의 2의 다수에 의하여 채택할 권한을 가진다.

제14조(해석)

1. 이 헌장의 영어와 불어의 본문은 동등하게 정문으로 간주한다.

2. 이 헌장의 해석에 관한 의문 또는 분쟁은 총회가 그 절차규칙에 의거하여 결정하는 것에 의하여 국제사법재판소 또는 중재재판소에 결정을 위하여 위탁한다.

제15조(효력의 발생)

1. 이 헌장은 수락을 받지 않으면 안된다. 수락서는 영국정부에 기탁하여야 한다.

2. 이 헌장은 영국정부의 기록에 서명을 위하여 개방하여 둔다. 서명은 수락서의 기탁전이나 후라도 행할 수 있다. 수락은 서명전에 행하여졌던가 또는 후에 행하여지지 않으면 효력을 발생치 않는다.

   이 기구로부터 탈퇴한 국가가 회원국으로 복귀하기 위해서는 단지 새로운 수락서를 기탁하면 된다.

3. 이 헌장은 서명국중의 20개국이 수락하였을 때 효력을 발생한다. 그 후의 수락은 즉시로 효력을 발생한다.

4. 영국정부는 모든 수락서의 수령과 이 헌장이 전항에 의거하여 효력을 발생하는 날을 국제연합의 모든 회원국과 사무총장에 통지한다.

이상의 증거로서 하기자는 이를 위하여 정당하게 위임을 받아 영어와 불어를 동등하게 정문으로 하는 이헌장에 서명하였다.

　1945년 11월 16일 런던에서 영어와 불어의 정문 각 1통을 작성하였다. 인증
등본은 영국정부가 국제연합의 모든 회원국에 송부한다.

[출처] 유네스코 한국위원회, http://www.unesco.or.kr/data_center/sub_02_view.asp?
　　　articleid=124&cate=data01

【부록 4】 유네스코 활동에 관한 법률(유네스코법)

제1장 총칙

제1조(목적) 이 법은 국제연합 헌장 및 국제연합교육과학문화기구 헌장과 세계인권선언이 추구하는 숭고한 정신을 구현하기 위하여 대한민국 정부와 국민이 국제연합교육과학문화기구의 활동에 적극적으로 참여하도록 하고, 그 활동을 지원하기 위하여 필요한 사항을 정함을 목적으로 한다.

제2조(정의) 이 법에서 "유네스코 활동"이라 함은 국제연합교육과학문화기구(이하 "유네스코"라 한다)의 목적을 실현하기 위하여 행하는 다음 각 호의 활동을 말한다.
1. 교육·과학·문화 등 관련 분야 국제협력의 증진과 정보 및 인적 교류
2. 교육·과학·문화 등 관련 분야 연구 및 사업 지원
3. 그 밖에 유네스코의 목적을 실현하기 위한 활동

제2장 유네스코 활동

제3조(유네스코 활동의 목표) 대한민국에서의 유네스코 활동은 교육·과학·문화 등 관련 분야의 국제적 교류와 협력을 증진함으로써 국가간·문화간 상호이해와 친선을 증진하고 새롭고 다양한 문화와 지식을 널리 확산시켜 세계평화의 확립과 인류의 복리 증진에 기여하는 것을 목표로 한다.

제4조(유네스코 활동을 위한 국제협력) 대한민국에서의 유네스코 활동은 다

음 각 호의 국제기구, 외국 정부 및 기관·단체와의 협력을 통하여 수행되어야 한다.

1. 유네스코
2. 국제연합 및 국제연합 전문기구
3. 유네스코 회원국(이하 "회원국"이라 한다)의 정부와 회원국이 유네스코 헌장 제7조에 따라 설립한 국가위원회
4. 대한민국과 유네스코 간의 협정에 따라 설립된 기관과 단체
5. 그 밖에 유네스코 활동과 관련된 국제기구·단체 및 회원국의 기관·단체

제5조(국가와 지방자치단체의 유네스코 활동) 국가와 지방자치단체는 제3조에 따른 유네스코 활동의 목표를 달성하기 위하여 스스로 유네스코 활동을 하거나 제4조 각 호에 따른 국제기구 등과의 협력 사업을 적극 지원하여야 한다. 이 경우 제7조에 따른 유네스코한국위원회와 긴밀하게 협력하여야 한다.

제6조(국민의 유네스코 활동) ① 국민은 유네스코의 이념과 목표를 실현하기 위하여 스스로 유네스코 활동에 참여하거나 유네스코 활동을 적극적으로 추진할 수 있다. 이 경우 제7조에 따른 유네스코한국위원회와 긴밀하게 협력하여야 한다.
② 국가와 지방자치단체는 국민의 유네스코 활동에 대하여 필요하다고 인정되는 경우 예산의 범위 안에서 재정적 지원을 하여야 한다.

제3장 유네스코한국위원회

연혁 제7조(유네스코한국위원회의 설치) ① 유네스코 헌장 제7조에 따라 대한민국에서의 유네스코 활동을 촉진하고, 유네스코와 대한민국 정부, 교육·과학·문화 등 관련 분야 전문기관·단체 간의 연계·협력을 원활하게 하기 위하여 유네스코한국위원회(이하 "위원회"라 한다)를 둔다.
② 위원회의 설치와 운영에 관한 사무는 교육부장관이 관장한다. 〈개정

2008.2.29., 2013.3.23.〉

제8조(기능과 역할) 위원회는 다음 각 호의 기능을 수행한다.
1. 국가 및 지방자치단체, 유네스코 활동 관련 분야의 기관·단체와 개인의 유네스코 활동의 참여 진작
2. 유네스코 활동과 관련된 정부의 정책 수립, 국제 협약의 체결 등에 필요한 사항의 조사·심의 및 관계 중앙행정기관의 장에 대한 건의·자문
3. 유네스코 총회에 제출할 의안의 작성, 유네스코 총회에 파견할 대표의 선정 등에 관한 심의 후 관계 중앙행정기관의 장에 대한 건의
4. 유네스코 총회 등 유네스코 활동과 관련된 국제회의에서 결정된 사항의 국내 이행에 관한 사항의 심의 및 그 이행 방안과 관련하여 관계 중앙행정기관의 장에 대한 건의
5. 유네스코 활동과 관련된 국내외 기관·단체와의 협력 및 유네스코와 관련된 사업·활동의 수행과 그 조정
6. 유네스코 회관의 관리·운영과 그 밖에 유네스코 활동에 필요한 재원을 마련하기 위한 사업
7. 그 밖에 유네스코 활동의 촉진을 위하여 필요한 사업

연혁 제9조(외교정책과 관련된 업무의 협의 등) 위원회는 그 업무가 정부의 외교정책과 관련되는 경우에는 외교부장관과 협의하여야 하고, 외교부장관은 위원회의 대외적인 사무처리와 관련하여 필요한 정보·의견 및 편의를 위원회에 제공하여야 한다.〈개정 2013.3.23.〉

연혁 제10조(위원회의 구성 등) ① 위원회는 위원장 1인, 부위원장 5인 및 사무총장 1인을 포함하여 60인 이내의 위원으로 구성한다.
　　② 위원회의 위원장(이하 "위원장"이라 한다)은 교육부장관이 되고, 부위원장은 다음 각 호의 사람이 된다.〈개정 2008.2.29., 2013.3.23., 2014.11.19.〉
1. 교육부차관

2. 미래창조과학부차관
3. 외교부장관이 지정하는 외교부차관 1인
4. 문화체육관광부차관
5. 위원회의 위원(이하 "위원"이라 한다) 중 제15조에 따른 총회(이하 "총회"라 한다)에서 선출하는 사람 1인

③ 위원장, 제2항제1호부터 제4호까지의 규정에 따른 부위원장과 사무총장이 아닌 위원은 다음 각 호의 어느 하나에 해당하는 사람으로서 제18조에 따른 집행위원회(이하 "집행위원회"라 한다)의 심의를 거쳐 위원회가 추천한 사람 중에서 교육부장관이 위촉한다. 다만, 제3호에 해당하는 사람은 집행위원회의 심의 및 위원회의 추천을 거치지 아니한다.〈개정 2008.2.29., 2013.3.23.〉

1. 유네스코 활동과 관련된 기관·단체가 선임하는 대표자 20인 이내
2. 유네스코 활동과 관련된 전문가 20인 이내
3. 국회의장이 지명하는 국회의원 6인 이내
4. 유네스코 활동과 관련하여 관계 중앙행정기관의 장이 추천하는 공무원 중 4인
5. 유네스코 활동과 관련하여 지방자치단체의 장이 추천하는 공무원 중 4인

④ 제3항에 따른 위원의 위촉과 관련하여 필요한 사항은 제24조에 따른 위원회의 운영규칙(이하 "운영규칙"이라 한다)으로 정한다.
⑤ 사무총장을 제외한 위원은 비상임으로 한다.

제11조(위원장 등의 임무) ① 위원장은 위원회의 사무를 총괄하고, 위원회를 대표한다.
② 위원회의 부위원장(이하 "부위원장"이라 한다)은 위원장을 보좌하고, 위원장이 부득이한 사유로 직무를 수행할 수 없는 때에는 위원장이 지명하는 부위원장이 그 직무를 대행한다.

연혁 제12조(위원의 임기 등) ① 제10조 제3항에 따라 위촉된 위원의 임기는 3년으로 하되, 1차에 한하여 중임할 수 있다.

② 교육부장관은 제10조 제3항에 따라 위촉된 위원이 임기 중 사직하거나 제13조에 따라 해촉된 경우에는 지체 없이 후임 위원을 다시 위촉하여야 한다. 이 경우 새로 위촉된 위원의 임기는 전임 위원의 잔여 기간으로 한다.〈개정 2008.2.29., 2013.3.23.〉

연혁 제13조(위원의 결격 사유 등) ①「국가공무원법」제33조 각 호의 어느 하나에 해당하는 사람은 위원이 될 수 없다.

② 위원이 임기 중 제1항에 해당하게 되거나 제10조 제3항 제1호·제3호부터 제5호까지의 규정에 따른 위원이 그 직을 그만 둔 때에는 당연히 해촉된 것으로 본다.

③ 교육부장관은 위원이 다음 각 호의 어느 하나에 해당하는 때에는 집행위원회의 심의를 거쳐 해촉할 수 있다.〈개정 2008.2.29., 2013.3.23.〉

1. 심신의 장애로 직무수행이 불가능하게 된 때

2. 직무와 관련하여 부정한 행위를 하거나 그 밖에 위원의 품위를 현저히 손상한 때

제14조(감사) ① 위원회의 업무와 회계를 감사(監査)하기 위하여 위원회에 감사(監事) 2인을 둔다.

② 감사는 위원을 겸할 수 없다.

③ 감사는 집행위원회의 심의를 거쳐 총회에서 선임한다.

④ 감사의 임기는 2년으로 하되, 중임할 수 있다.

⑤「국가공무원법」제33조 각 호의 어느 하나에 해당하는 사람은 감사가 될 수 없다. 이 경우 감사가 임기 중「국가공무원법」제33조 각 호의 어느 하나에 해당하게 된 때에는 당연히 해임된 것으로 본다.

⑥ 총회는 감사가 제13조 제3항 각 호의 어느 하나에 해당하게 된 때에는 집행위원회의 심의를 거쳐 해임할 수 있다.

⑦ 제5항 및 제6항에 따라 감사가 해임된 때에는 총회는 제3항에 따라 3개월 이내에 감사를 선임하여야 한다. 이 경우 감사의 임기는 전임 감사의 잔여 기간으로 한다.

⑧ 감사는 비상임으로 한다.

⑨ 감사(監事)는 매년 위원회의 업무와 회계에 대한 감사보고서를 총회에 제
출하여야 한다.

⑩ 감사(監査)의 방법·시기·절차 등에 필요한 사항은 운영규칙으로 정한다.

제15조(총회) ① 위원회의 중요한 사항을 심의·의결하기 위하여 위원회에
총회를 둔다.

② 총회는 위원 전원으로 구성한다.

③ 총회는 정기총회와 임시총회로 구분하되, 정기총회는 매년 1회 운영규칙
으로 정하는 바에 따라 위원장이 소집하고, 임시총회는 위원장이 필요하
다고 인정하거나 위원 10인 이상이 요구하는 때에 위원장이 소집한다.

제16조(총회의 기능) 총회는 다음 각 호의 사항을 심의·의결한다.

1. 위원회의 예산안과 사업계획

2. 위원회의 결산 및 사업실적

3. 제10조 제2항 제5호에 따른 부위원장 및 제18조 제2항 제2호에 따른 집행
위원회 위원의 선출

4. 감사의 선임 및 해임

5. 운영규칙에 관한 사항

6. 위원장, 총회 또는 집행위원회가 총회의 심의·의결에 부치는 사항

7. 그 밖에 이 법에서 총회의 권한으로 정하는 사항

제17조(총회의 운영 등) ① 위원장은 총회의 의장이 되고, 위원장이 부득이
한 사유로 직무를 수행할 수 없을 때에는 위원장이 지명하는 부위원장이 그
직무를 대행한다.

② 총회는 재적 위원 과반수의 출석과 출석 위원 과반수의 찬성으로 의결한다.

③ 그 밖에 총회의 운영에 필요한 사항은 운영규칙으로 정한다.

제18조(집행위원회) ① 총회의 심의를 돕고, 총회에서 위임한 사항과 총회에

서 의결된 사항의 집행 등에 관한 사항을 심의·의결하기 위하여 위원회에 집행위원회를 둔다.

② 집행위원회는 다음 각 호의 위원(이하 "집행위원"이라 한다)으로 구성한다.

1. 위원장·부위원장 및 사무총장

2. 제10조 제3항 제1호 및 제2호에 따라 위촉된 위원 중 총회에서 선출한 위원 10인

3. 제10조 제3항 제4호에 따라 위촉된 위원 중 위원장이 지명하는 위원 2인

③ 총회는 제2항 제2호에 따른 위원이 제13조에 따라 해촉된 때에는 3개월 이내에 후임 집행위원을 선출하여야 한다.

④ 위원장과 부위원장은 각각 집행위원회의 위원장과 부위원장이 된다.

⑤ 집행위원회의 회의는 정기회와 임시회로 구분하여 개최하되, 정기회는 3개월마다 1회, 임시회는 집행위원회 위원장이 필요하다고 인정하거나 집행위원회 위원 5인 이상이 요구하는 때에 집행위원회 위원장이 소집한다.

⑥ 제17조는 집행위원회의 운영 등에 관하여 준용한다. 이 경우 "총회"는 각각 "집행위원회"로 본다.

제19조(집행위원회의 기능) 집행위원회는 다음 각 호의 사항을 심의한다.

1. 총회에 부칠 의안의 작성

2. 총회에서 의결된 사항의 집행계획 수립과 그 집행의 감독

3. 총회에서 위임된 사항

4. 감사의 선임 및 해임에 관한 사항

5. 위원의 위촉 및 해촉에 관한 사항

6. 사무총장의 추천에 관한 사항

7. 그 밖에 이 법에 따라 그 권한에 속하는 사항

제20조(분과위원회 등) ① 위원회의 활동을 효율적으로 수행하기 위하여 총회의 의결을 거쳐 위원회에 위원으로 구성되는 분과위원회와 전문가로 구성되는 전문위원회를 둘 수 있다.

② 제1항에 따른 분과위원회와 전문위원회의 설치·구성 및 운영 등에 필요

한 사항은 운영규칙으로 정한다.

제21조(실비의 지급) 위원·감사 및 제20조에 따른 전문위원회의 위원에게는 운영규칙으로 정하는 바에 따라 예산의 범위 안에서 직무 수행에 따른 경비 등 실비를 지급할 수 있다.

제22조(사무처) ① 위원회의 사무를 처리하기 위하여 위원회에 사무처를 둔다.
② 사무처에는 사무총장 1인과 필요한 직원을 둔다.
③ 사무총장은 집행위원회의 추천을 받아 위원장이 임명하되, 그 임명에 필요한 사항은 운영규칙으로 정한다.
④ 사무총장은 위원장의 지휘·감독을 받아 사무처의 사무를 총괄한다.
⑤ 사무총장의 임기는 4년으로 하되, 1차에 한하여 중임할 수 있다.
⑥ 사무처 직원의 임면, 사무총장과 사무처 직원의 보수 등에 필요한 사항은 운영규칙으로 정한다.

연혁 제23조(보고) 사무총장은 다음 각 호의 사항에 대하여 교육부장관에게 보고하여야 한다.〈개정 2008.2.29., 2013.3.23.〉
1. 위원회의 예산 및 결산
2. 제14조 제9항과 관련된 감사 결과

제24조(운영규칙) 위원장은 총회의 의결을 거쳐 위원회의 운영에 필요한 사항을 운영규칙으로 정할 수 있다.

제4장 유네스코 아시아·태평양 국제이해교육원〈신설 2012.1.26.〉

연혁 제25조(유네스코 아시아·태평양 국제이해교육원의 설립) ① 아시아·태평양 지역에서 국제이해교육(國際理解敎育)을 증진시키기 위하여 유네스코 아시아·태평양 국제이해교육원(이하 "아태교육원"이라 한다)을 설립한다.

② 아태교육원은 법인으로 한다.

③ 아태교육원은 그 주된 사무소의 소재지에 설립등기를 함으로써 설립된다.

④ 아태교육원은 다음 각 호의 사업을 수행한다.

1. 국제이해교육을 수행하는 데 필요한 국가적·지역적 역량 강화사업

2. 국제이해교육에서의 아시아·태평양 지역과 다른 지역 간의 국제적 교류 협력 촉진사업

3. 국제이해교육 교육과정의 연구·개발 사업

4. 국제이해교육 훈련 워크숍 및 세미나의 운영사업

5. 국제이해교육 교육자료 및 그 밖의 출판물의 제작·보급 사업

6. 그 밖에 아시아·태평양 지역 내 국제이해교육 증진을 위하여 필요한 사업

⑤ 아태교육원에는 정관으로 정하는 바에 따라 임원과 직원을 둔다.

⑥ 아태교육원은 교육부장관의 허가를 받아 정관을 변경할 수 있다. 〈개정 2013.3.23.〉

[본조신설 2012.1.26.]

제26조(경비 지원) 국가는 예산의 범위에서 아태교육원의 운영과 사업에 드는 경비를 지원할 수 있다.

[본조신설 2012.1.26.]

제27조(「민법」의 준용) 아태교육원에 대하여 이 법에서 규정한 사항을 제외하고는 「민법」 중 재단법인에 관한 규정을 준용한다.

[본조신설 2012.1.26.]

펼침 부칙 〈법률 제8332호, 2007.4.6.〉 부칙보기

제1조(시행일) 이 법은 공포 후 3개월이 경과한 날부터 시행한다.

제2조(위원 등에 관한 경과조치) ①이 법 시행 당시 종전의 규정에 따라 총회

에서 선출된 부위원장·집행위원과 위원·분과위원회의 위원으로 위촉된 사람은 이 법에 따라 선출 또는 위촉된 것으로 본다. 이 경우 위원의 임기는 종전의 규정에 따르되, 종전의 규정에 따라 재임한 것에 대하여는 제12조 제1항의 개정규정에 따른 중임 횟수에 1회를 산입한다.

② 이 법 시행 당시 종전의 규정에 따라 총회·집행위원회가 한 의결은 각각 이 법에 따른 총회·집행위원회의 의결로 본다.

③ 이 법 시행 당시 종전의 규정에 따라 임명된 사무총장은 이 법에 따라 임명된 것으로 본다. 이 경우 사무총장의 임기는 종전의 규정에 따르되, 종전의 규정에 따라 재직한 것에 대하여는 제22조 제5항의 개정규정에 따른 중임 횟수에 1회를 산입한다.

④ 이 법 시행 당시 종전의 운영규칙은 이 법에 따른 운영규칙으로 본다.

제3조(다른 법률과의 관계) 이 법 시행 당시 다른 법률에서 종전의 규정에 따라 위원회·총회·집행위원회 및 분과위원회 등을 인용하고 있는 경우에는 이 법에 따른 위원회·총회·집행위원회 및 분과위원회 등을 각각 인용한 것으로 본다.

펼침 부칙 〈법률 제8852호, 2008.2.29.〉 (정부조직법) 부칙보기

제1조(시행일) 이 법은 공포한 날부터 시행한다. 다만, … 〈생략〉 … , 부칙 제6조에 따라 개정되는 법률 중 이 법의 시행 전에 공포되었으나 시행일이 도래하지 아니한 법률을 개정한 부분은 각각 해당 법률의 시행일부터 시행한다.

제2조부터 제5조까지 생략

제6조(다른 법률의 개정) ①부터 〈88〉까지 생략
〈89〉 유네스코 활동에 관한 법률 일부를 다음과 같이 개정한다.

제7조 제2항 중 "교육인적자원부장관"을 "교육과학기술부장관"으로 한다.

제10조 제2항 각 호 외의 부분 중 "교육인적자원부장관"을 "교육과학기술부장관"으로 하고, 같은 항 제1호, 제3호 및 제4호를 각각 다음과 같이 하며, 같은 항 제2호를 삭제한다.

1. 교육과학기술부차관
3. 외교통상부장관이 지정하는 외교통상부차관 1인
4. 문화체육관광부차관

제10조 제3항 각 호 외의 부분 본문, 제12조 제2항 전단, 제13조 제3항 각 호 외의 부분 및 제23조 각 호 외의 부분 중 "교육인적자원부장관"을 각각 "교육과학기술부장관"으로 한다.

⟨90⟩부터 ⟨760⟩까지 생략

제7조 생략

펼침 부칙 ⟨법률 제11217호, 2012.1.26.⟩ 부칙보기

제1조(시행일) 이 법은 공포 후 3개월이 경과한 날부터 시행한다.

제2조(경과조치) ① 이 법 시행 당시 「대한민국 정부와 국제연합교육과학문화기구 간의 아시아태평양국제이해교육원의 설립에 관한 협정」에 따라 설립된 유네스코 아시아·태평양 국제이해교육원(이하 "종전의 아태교육원"이라 한다)은 이 법 시행 전에 정관을 작성하여 교육과학기술부장관의 허가를 받아야 한다.

② 제1항에 따라 허가를 받은 종전의 아태교육원은 제25조 제3항의 개정규정에 따라 설립등기를 하여야 한다.

③ 이 법에 따른 아태교육원은 종전의 아태교육원의 권리·의무 및 재산을 승계한다.

④ 이 법 시행 당시 종전의 아태교육원 임직원은 이 법에 따른 아태교육원의 임직원으로 보며, 임원의 임기는 종전의 임명일부터 기산한다.

펼침 부칙 〈법률 제11690호, 2013.3.23.〉 (정부조직법) 부칙보기

제1조(시행일) ① 이 법은 공포한 날부터 시행한다.
② 생략

제2조부터 제5조까지 생략

제6조(다른 법률의 개정) ①부터 〈56〉까지 생략
〈57〉 유네스코 활동에 관한 법률 일부를 다음과 같이 개정한다.

제7조 제2항, 제10조 제2항 각 호 외의 부분, 같은 조 제3항 각 호 외의 부분 본문, 제12조 제2항 전단, 제13조 제3항 각 호 외의 부분, 제23조 각 호 외의 부분 및 제25조 제6항 중 "교육과학기술부장관"을 각각 "교육부장관"으로 한다.

제9조 및 제10조 제2항 제3호 중 "외교통상부장관"을 각각 "외교부장관"으로 한다.

제10조 제2항 제1호 중 "교육과학기술부차관"을 "미래창조과학부차관"으로 하고, 같은 항에 제2호를 다음과 같이 신설하며, 같은 항 제3호 중 "외교통상부차관"을 "외교부차관"으로 한다.

2. 교육부차관

〈58〉부터 〈710〉까지 생략

제7조 생략

펼침 부칙 〈법률 제12844호, 2014.11.19.〉 (정부조직법) 부칙보기

제1조(시행일) 이 법은 공포한 날부터 시행한다. 다만, 부칙 제6조에 따라 개정되는 법률 중 이 법 시행 전에 공포되었으나 시행일이 도래하지 아니한 법률을 개정한 부분은 각각 해당 법률의 시행일부터 시행한다.

제2조부터 제5조까지 생략

제6조(다른 법률의 개정) ①부터 〈29〉까지 생략
〈30〉 유네스코 활동에 관한 법률 일부를 다음과 같이 한다.
제10조 제2항 제1호 및 제2호를 각각 다음과 같이 한다.
1. 교육부차관
2. 미래창조과학부차관
〈31〉부터 〈258〉까지 생략

제7조 생략

【부록 5】 기타 올림픽 관련 자료

1) 올림픽 관련 기구 약어표

(1) NOC관련 기구

약어	정식 명칭	국문
ANOC	Association of National Olympic Committees	국가올림픽위원회연합회
ANOCA	Association of National Olympic Committees of Africa	아프리카국가올림픽위원회연합
PASO	Pan-American Sports Organisation	전미스포츠기구
OCA	Olympic Council of Asia	아시아올림픽평의회
EOC	European Olympic Committees	유럽올림픽위원회
ONOC	Oceania National Olympic Committees	오세아니아국가올림픽위원회

(2) 올림픽 종목 단체

[동계 종목]

약어	정식 명칭	국문
AIOWF	Association of the International Olympic Winter Sports Federations	동계 올림픽국제연맹총협회
IBU	International Biathlon Union	국제바이애슬론연맹
FIRT	International Bobsleigh and Tobogganing Federation (Federation International de Bobsleigh et de Tobogganing)	국제봅슬레이그겔데톤연맹
WCF	World Curling Federation	국제컬링연맹

IIHF	International Ice Hockey Federation	국제아이스하키연맹
FIL	International Luge Federation (Federation Internationale de Luge de Course)	국제루지연맹
ISU	International Skating Union	국제빙상연맹
FIS	International Ski Federation (Federation Internationale de Ski)	국제스키연맹

[하계 종목]

약어	정식 명칭	국문
ASOIF	Association of Summer Olympic International Federations	하계올림픽국제연맹 총협회
FINA	International Swimming Federation (Federation Internationale de Natation Amateur)	국제수영연맹
FITA	International Archery Federation (Federation Internationale du Tir l'Arc)	국제양궁연맹
IAAF	International Association of Athletics Federations	국제육상경기연맹
BWF	Badminton World Federation	국제배드민턴연맹
FIBA	International Basketball Federation (Federation Internationale de Basketball Amateur)	국제농구연맹
AIBA	International Boxing Association (Association Internationale de Boxe Amateur)	국제복싱연맹
ICF	International Canoe Federation	국제카누연맹
UCI	International Cycling Union (Union Cycliste Internationale)	국제사이클연맹
FEI	International Equestrian Federation (Federation Equestre International)	국제승마연맹
FIE	International Fencing Federation (Federation International d'Escrime)	국제펜싱연맹

FIFA	International Association Football Federation (Federation Internationale de Football Association)	국제축구연맹
FIG	International Gymnastics Federation (Federation Internationale de Gymnastique)	국제체조연맹
IHF	International Handball Federation	국제핸드볼연맹
FIH	International Hockey Federation (Federation Internationale de Hockey)	국제하키연맹
IJF	International Judo Federation	국제유도연맹
UIPM	International Union of the Modern Pentathlon (Union Internationale de Pentathlon Moderne)	국제근대5종연맹
FISA	International Rowing Federation (Federation Internationale des Societes d'Aviron)	국제조정연맹
ISAF	International Sailing Federation	국제요트연맹
ISSF	International Shooting Sport Federation	국제사격연맹
ITTF	International Table Tennis Federation	국제탁구연맹
WTF	World Taekwondo Federation	세계태권도연맹
ITF	International Tennis Federation	국제테니스연맹
ITU	International Triathlon Union	국제트라이애슬론연맹
FIVB	International Volleyball Federation (Federation Internationale de Volleyball)	국제배구연맹
IWF	International Weightlifting Federation	국제역도연맹
FILA	International Federation of Associated Wrestling Styles (Federation Internationale des Luttes Associees)	국제레슬링연맹

[기타]

약어	정식 명칭	국문
CAS	Court of Arbitration for Sport	스포츠 중재 재판소
CGF	Commonwealth Games Federation	영연방 경기대회 연합
CIJM	International Committee of Mediterranean Games	국제 지중해 대회 위원회
CISM	International Military Sports Council	세계 군인 체육회
FISU	International University Sports Federation	국제 대학 스포츠연맹
IF(s)	International Federations(s)	국제 경기연맹
IOA	International Olympic Academy	국제 올림픽 아카데미
IPC	International Paralympic Committee	국제 장애인 올림픽위원회
JMPA	Joint Marketing Programme Agreement	공동마케팅 프로그램 협약서
MEMOS	Executive Masters in Sport Organisations Management	고급 스포츠 행정가 석사
NOC(s)	National Olympic Committee(s)	국가 올림픽 위원회
OGKS	Olympic Games Knowledge Management Programme	올림픽 대회 정보 서비스
TAFISA	Trim & Fitness International Sport for All	세계 생활체육 연맹
WOA	World Olympians Association	세계 올림피언 협회
WADA	World Anti-Doing Agency	세계 반도핑 기구

2) 올림픽 재정관련

(1) 방송 중계권료의 성장

(단위: 백만 달러)

연도	동계도시	방송중계권료	하계도시	방송중계권료
1960	스퀘시티	0.05	로마	1.2
1964	인스브루크	0.937	도쿄	1.6
1968	그르노블	2.6	멕시코	9.8
1972	삿포로	8.5	뮤니치	17.8
1976	인스브루크	11.6	몬트리올	34.9
1980	레이크 플라시드	20.7	모스크바	88
1984	사라예보	102.7	로스앤젤레스	286.9
1988	캘거리	324.9	서울	402.6
1992	알베르빌	291.9	바르셀로나	636.1
1994	릴레함메르	352.9		
1996			애틀랜타	898.3
1998	나가노	513.5		
2000			시드니	1331.6
2002	솔트레이크 시티	738		
2004			아테네	1494
2006	토리노	831		
2008			베이징	1739
2010	밴쿠버	1279.5		
2012			런던	2569

(2) TOP 프로그램의 진화

TOP 프로그램	참여 회사수	파트너	참가 국가수	수익 (US 백만 달러)
TOP I 1985~1988 Calgary/Seoul	9	3M, Brother, Coca-Cola, Federal Express, Kodak, Panasonic, Philips, Sports Illustrated/Time, Visa	159	106
TOP II 1989~1992 Albertville/ Barcelona	12	3M, Bausch & Lomb, Brother, Coca-Cola, Federal Express, VISA, Kodak, Mars, Panasonic, Philips, Ricoh, Sports Illustrated/Time	169	192 (including VIK*)
TOP III 1993~1996 Lillehammer/ Atlanta	10	Bausch & Lomb, Coca-Cola, IBM, John Hancock, Kodak, Panasonic, Sports Illustrated/Time, UPS, VISA, Xerox	197	376 (including 185 in VIK)
TOP IV 1997~2000 Nagano/ Sydney	11	Coca-Cola, IBM, John Hancock, Kodak, McDonalds, Panasonic, Samsung, Sports Illustrated/Time, UPS, VISA, Xerox	199	579 (including 276 in VIK)
TOP V 2001~2004 Salt-Lake City/ Athens	10	Coca-Cola, John Hancock, Kodak, McDonalds, Panasonic, Samsung, Schlumberger-Sema, Sports Illustrated/ Time(for Athens only), VISA, Xerox	202	650 (including 280 in VIK)
TOP VI 2005~2008 Turin/Beijing	11	Coca-Cola, GE, Kodak, Lenovo, Manulife, McDonalds, Omega, Panasonic, Samsung, Atos, VISA	202	866
TOP VII 2009~2012 Vancouver/ London	11	Coca-Cola, Acer, Atos, Dow, GE, McDonalds, Omega, Panasonic, P&G, Samsung, VISA	204	950
TOP VIII 2013~2016 Sochi/Rio	10	Coca-Cola, Atos, Dow, GE, McDonalds, Omega, Panasonic, P&G, Samsung, VISA	–	–

* VIK=Value-in-Kind(현물서비스)

3) MDGs 달성에 있어 스포츠의 기여*

새천년 개발목표 (MDGs)	스포츠의 기여
1. 극심한 빈곤과 기아의 퇴치	- 스포츠에 참여하는 사람이나, 자원봉사자 그리고 코치 등이 생활을 위한 기술을 습득하게 됨으로써 자신들 스스로의 고용가능성을 높임 - 스포츠를 기반으로 하는 봉사활동을 통해 취약계층이 지역공동체의 서비스와 지원으로 연계 - 스포츠 프로그램의 개발과 운영, 스포츠 기구의 생산 자체가 일자리를 창출하고 기술이 발전을 도모 - 스포츠는 개인이나 공동체가 질병으로 인해 일할 수 없게 하거나, 건강관리 비용을 쓰게 만드는 것을 막음 - 스포츠는 수치심을 줄이고 동기를 부여하여 자신감을 가지고 사회적 기술을 활용하게 하여 고용률을 높임
2. 보편적인 초등교육의 성취	- 학교 체육 프로그램은 아이들로 하여금 학교에 등록하고 출석하게 하며 학업 성취도를 높일 수 있음 - 학교를 중심으로 공동체의 교육프로그램은 학교를 다니지 않는 아이들에게 교육의 기회라는 대안을 선택할 수 있게 함 - 스포츠는 장애를 지닌 어린이들 학교를 다닐 수 있도록 도와 그들의 낙인으로 인한 수치심을 줄이는 데 도움이 됨
3. 성평등과 여성의 권위향상	- 스포츠는 여성의 육체적 정신적 건강을 증진시키고 사회적으로 교류하며 우정을 만들 수 있는 기회를 제공함 - 스포츠 참여는 스스로 자신감을 증진시키고, 동기가 부여되며 전반적으로 자신의 몸을 조정할 수 있는 능력을 증진시킴 - 소녀들과 여성들이 사회지도층으로 성장할 수 있는 경험을 제공함 - 사회적 성역할에 대한 인식을 긍정적으로 제고하고 여성들과 소녀들의 삶에 큰 안전과 그들 삶을 스스로 개척할 힘을 줌 - 장애를 가진 소녀들과 여성들은 스포츠에 기반을 둔 건강관련 정보와 기술, 사회적 관계와 리더십경험을 얻을 기회를 가짐
4. 아동사망률의 감소	- 스포츠를 통해 건강관련 정보를 전달하고 교육할 기회를 젊은 엄마들에게 줄 수 있고 어린이들의 건강이 나아지는 효과를 얻을 수 있음

---

* Sport for Development & Peace, International Working Group(SDP IWG), *Harnessing The Power of Sport for Development and Peace*(2008), p.11.

	- 육체적 건강의 증진은 어린이들의 면역력을 향상시킴 - 스포츠는 청소년의 임신률을 낮추는 데 도움이 됨 - 스포츠에 기반을 둔 백신 제공과 예방 활동은 풍진이나 말라리아, 폴리오에 의한 아이들의 죽음이나 장애를 줄일 거나 예방할 수 있음 - 통합을 중시하는 스포츠프로그램은 사회적 수용력을 증가시켜 장애아에 대한 포용력을 높임
5. 모성의 　건강증진	- 스포츠 프로그램은 소녀들과 여성들에게 재생산이 가능한 정보와 서비스를 제공 - 건강이 증진됨에 따라 산후 회복속도를 빠르게 함
6. HIV와 AIDS, 　말라리아와 　기타 질병의 　퇴치	- 스포츠 프로그램은 HIV나 AIDS에 걸린 이들에 대한 사회적 낙인을 줄이고 사회경제적 통합을 증진시킴 - 스포츠 프로그램은 HIV 감염 등 건강에 위해가 되는 행동을 줄일 수 있도록 연계할 수 있음 - HIV 예방 교육을 제공으로 HIV 감염률의 상승을 줄일 수 있음 - 스포츠는 풍진이나 폴리오와 같은 질병의 백신제공률을 높일 수 있음 - 유명 선수들이나 대중적 스포츠 행사를 통해 말라리아나 결핵, 그리고 다른 질병에 대한 교육과 예방 캠페인을 펼 수 있음
7. 지속가능한 　환경의 확보	- 스포츠 기반의 대중 교육 캠페인은 환경 보호와 지속가능성에 대한 의식을 깨어나게 할 수 있음 - 스포츠 기반의 사회적 운동의 시작은 공동체의 참여를 증진시킴으로써 지역의 환경을 개선할 수 있음
8. 개발을 위한 　전지구적 　협력관계 강화	- 스포츠를 통한 개발과 평화는 정부, 제공자, 비정부기구와 스포츠 관계간의 글로벌 협력관계를 강화하는 데에 도움이 됨

4) 2018 평창 동계 올림픽 개최도시 선정 유치 경과

날짜	절차
2009.4.23	KOC, 2018 동계 올림픽 국내 후보도시로 '평창' 선정
2009.5.14	문화부 유치 승인
2009.6.22	재정부 국제행사 심사위 유치 승인
2009.9.14	유치위 창립 총회
2009.9.23	유치위 설립 허가
2009.10.12	유치위 사무처 발족
2009.10.16	IOC, 2018 동계 올림픽 신청 3개도시 발표 — 대한민국 평창, 독일 뮌헨, 프랑스 안시
2010.3.10	신청도시 파일 및 보증서 IOC 제출
2010.6.22	IOC 집행위원회, 2018 동계 올림픽 공식 후보 도시 선정
2011.1.11	후보도시 파일 및 보증서 IOC 제출
2011.2.14	IOC 조사 평가단 평창 실사 방문 - 안시(2011.2.7~13), 뮌헨(2011.2.27~3.5)

2011.2.27~ 3.5	후보도시 IOC 초청 공식 PT 실시(9회)
	 - ANOC 총회('10.10월, 아카풀코), OCA 총회('10.11월, 광저우),
	  EOC 총회('10.11월, 베오그라드), AIPS 총회('11.3월, 서울),
	  ONOC 총회('11.3월, 뉴칼레도니아), 스포츠어코드('11.6월, 런던),
	  IOC 테크니컬브리핑('11.5월, 로잔), ANOCA 총회('11.6월, 로마),
	  IOC 총회('11.7월, 더반)

2011.7.6	2018 동계 올림픽 개최지 결정(IOC총회: 남아공 더반) — 평창 63표, 뮌헨 25표, 안시 7표로 평창 결정 * 역대 동하계 올림픽 사상 최다 득표

【부록 6】 조직도

1) 국제노동기구(ILO)

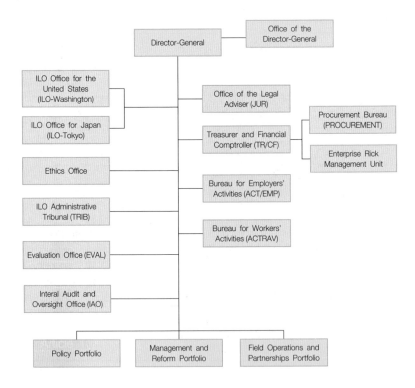

2) 유엔 교육과학문화기구(UNESCO)

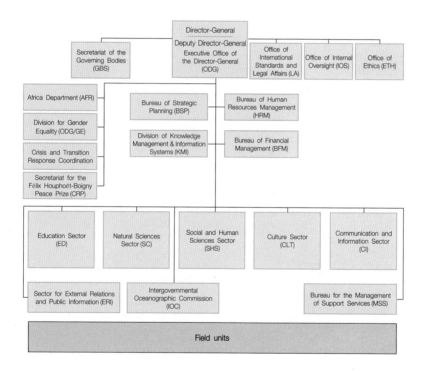

3) 국제올림픽위원회(IOC)

(1) IOC 조직도

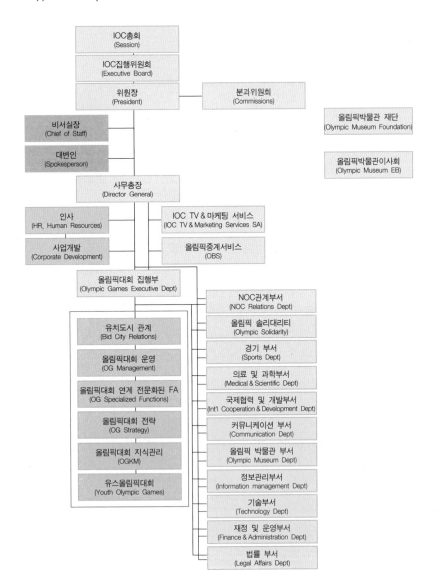

(2) 사무국 조직도

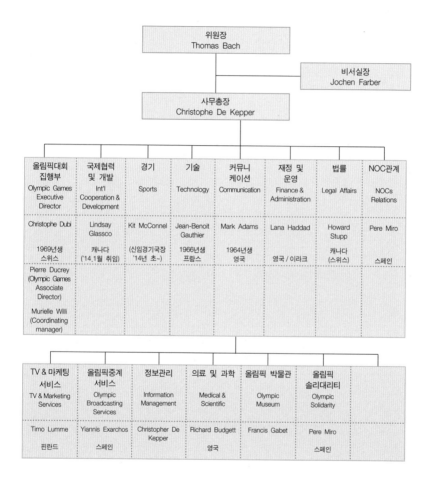

색 · 인

필·자·소·개
(원고 게재순)

▌최동주
  현 | 숙명여자대학교 글로벌서비스학부 교수
  영국 University of London(SOAS) 대학원 정치경제학 박사
  연구분야: 저개발국 발전, 국제정치경제, 국제협력

▌정우탁
  현 | 유네스코 아시아태평양 국제이해교육원 원장
  서강대학교 정치외교학 박사
  연구분야: 국제기구, 국제개발협력, 국제이해교육

▌조현주
  현 | 한국스포츠개발원 정책개발실 연구원(국제체육)
  Loughborough University 스포츠 정책(올림픽학) 박사
  연구분야: 국제 스포츠 정책, 메가 스포츠 이벤트, 스포츠와 개발 및 평화